JN436809

내 삶에 날개를 달아준

교환학생

내 삶에 날개를 달아 준 교환학생

초판 1쇄 인쇄 2012년 01월 04일
초판 1쇄 발행 2012년 01월 11일

지은이 | 김다영
펴낸이 | 손형국
펴낸곳 | (주)에세이퍼블리싱
출판등록 | 2004. 12. 1(제2011-77호)
주소 | 서울시 금천구 가산동 371-28 우림라이온스밸리 C동 101호
홈페이지 | www.book.co.kr
전화번호 | (02)2026-5777
팩스 | (02)2026-5747

ISBN 978-89-6023-718-6 03810

내 삶에 날개를 달아준

교환학생

김다영 사진·글

Dayoung~
Welcome to our family

ESSAY

프롤로그

도전이 있다면 세상은 내 편이다

이 책을 쓰게 된 계기는 공립 교환학생 시절 통신원 일기로부터 시작되었다. 교환학생 프로그램에 참가한 1년 동안 기관 홈페이지에 블로그 형식의 일기를 통해 부모님뿐 아니라 많은 사람들에게 미국에서의 내 소식을 전했고 1년 후에 100여 장에 걸쳐 통신원 일기를 완성하였다. 그 이후 본격적인 유학 생활을 하는 동안 먼 훗날 돌아볼 수 있도록 사립학교의 생활, 사건, 느낀 점을 기록했다. 하지만 단지 내가 적은 일기를 세상에 펼치고자 함이 이 책을 집필하고자 하는 이유는 아니다.

청소년 자서전이 인기 있는 나라는 아마 우리나라밖에 없을 것이다. 서구의 많은 나라에는 청소년이 집필한 책은 전문가답지 못하고, 더군다나 자서전을 쓰기에는 경험이 많이 부족하다고 장르조차 존재하지 않는다. 하지만 우리나라에는 유난히 성공이나 공부의 비법과 관련된 이상적인 청소년 책들이 인기가 많다. 한국을 방문한 미국인 친구가 서점의 청소년 자서전 코너를 보고 “남의 얘기가 뭐 그렇게 궁금하다고 읽지?”라고 한 말이 기억난다. 그래서 내가 지난 3년간의 이야기를 토대로 책을 집필한다는 것은 웃긴 모순이라는 생각도 든다.

나는 현실적인 사람이다. 내 인생관은 컵에 물이 반쯤 차 있다, 혹은 반쯤 비었다기보다는 그냥 반쯤 있다고 받아들인다. 지나친 긍정은 위기와 편견을 초래하고 지나친 부정은 인생의 밝은 면을 놓치게 한다. 그러므로 나는 이 책 내용을 예쁘게 포장하거나, 영웅화하거나, 과장하지 않았고 폄하하지도 않았다. 나는 나 자신이 대단하다고 생각해 본 적도 없고 그렇다고 지나치게 겸손해 본 적도 없다.

내가 한국 땅을 떠나 미국으로 간 것에는 많은 이유가 있다. 더 넓은 세상에서 나의 잠재력을 키워나가기 위해, 다양한 문화를 경험하기 위해, 유별나게 영어를 좋아했고 창의적인 생각과 토론식 수업을 적용하는 교육 방법을 지향하는 미국교육을 접하기 위해서는 표면적 이유일 뿐이다.

미국에 가기 전까지 내 인생은 대한민국 대부분의 학생들과 별 차이가 없었다. 교사이신 부모님 아래 한국에서 태어나 학교-학원-집을 쳇바퀴를 구르듯 생활하며 미래와 성공에 대한 어렴풋한 희망을 품었고, 오로지 시험 100점, 전교 1등을 하기 위해 쉼 없이 공부하며 아는 문제를 실수할까 봐 마음 졸이며 인생의 최고 목표가 행복 추구이듯 행복하기 위해서 성공을 해야 하고, 성공하는 지름길이 공부를 잘해야 본인이 원하는 일을 할 수 있다는 단순한 공식을 배웠다.

하지만 공부만 열심히 잘하는 한국의 교육 방법은 내가 추구하는 삶이 아니었다.

교환학생 프로그램에 참가하겠다는 내 인생의 가장 위대한 결정이 가져다 준 결과는 가치를 매길 수 없다. 한국을 떠나 미국에서 처음 고등학교를 시작할 때, 나는 처음으로 내 인생에 대한 오롯한 책임을 부여받은 듯했다. 학교나 사회에 얽매이지 않고 자유롭게 내가 찾고자 하는 것을 좇고, 갈망하고, 따라가며 그 속에서 수많은 시행착오 겪으며 갈고 닦아진 지난 3년은 나의 인생관을 완전히 바꾸어 놓았다.

나는 '현재를 희생하여 미래의 행복을 추구하라'는 대한민국의 대표 고등학교 인생 모토를 걷어차고 싶었다. 지금 내가 행복하지 않으면 미래에 행복해진다는 보장은 오히려 희박하다고 생각한다. 공부를 하면서 10대에는 보다 많은 스포츠를 통해 성취감을 느끼고 예술적 감각을 통해 삶의 에너지를 얻고, 가슴으로 봉사와 배려를 배우며, 여행을 하면서 자신을 돌아보는 경험, 그 속의 추억과 감정들이 인생을 풍부하게 한다고 믿는다.

새로운 것을 시도해 보고 생각지도 못했던 것에 도전해 보고 때로는 생산적인 일을 하려 하기보단 아무것도 하지 않으며, 그냥 한 걸음 물러서 느긋하게 인생을 즐기고 의미를 찾는 것. 아직 닥치지도 않은 먼 훗날을 걱정하며, 남의 눈을 의식하며, 자신을 돌아볼 시간조차 없는 10대가 되고 싶지 않았다.

시간은 빨리 흘러간다. 모든 것을 더욱 새로운 눈으로 바라볼 수 있는 어릴 때일수록 많은 경험을 해야 한다고 생각한다. 교환학생 프로그램은 현재를 감사하게 해 주었고, 내 삶에 큰 날개를 달아주었으며 나를 더욱 성숙하게 해주었고 더 큰 자유와 정의를 추구하도록 도와주었다. 꼭 미국이 아니어도 된다. 꼭 교환학생이 아니어도 된다.

이 책을 통해서 유학을 꿈꾸는 많은 학생들에게 진실된 정보와 미국의 생생한 문화와 교육을 전하고자 하며, 부족한 글 솜씨이지만 지난 3년간의 교환학생 유학이야기가 유학을 꿈꾸거나 세상을 향해 도전장을 내미는 사람들에게 희망으로 한 걸음 다가설 수 있는 계기가 되길 바란다.

이제 나는 기회의 도시 위스콘신 매디슨이라는 새로운 공간에서 또다시 꿈을 꿀 것이다. 그리고 그 꿈을 이루기 위한 도전을 다시 시작할 것이다.

마지막으로 끝까지 나의 도전정신과 학업에 대한 열정과 의지 그리고 꿈을 응원해 주신 부모님께 깊은 감사를 드린다.

2011년 11월 김다영

차례

CHAPTER 2

한걸음 더 나아가서 주니어 시절

CHAPTER 3 미래를 향한 시니어 시절 For the Future, Senior ·193

CHAPTER 1

꿈을 향한 첫걸음

"A Step to the Journey"

01 뉴욕에서의 3박 4일

4 Days and 3 Nights in New York

내가 속한 미국의 PAX교환학생 본사는 매년 뉴욕에서 이 프로그램에 참가하는 전 세계 학생을 대상으로 오리엔테이션을 가진다. 15년간 살아온 대한민국 상공을 비행기가 이륙할 때의 기분은 이루 말할 수 없었으며 드디어 기다리던 JFK 국제공항에 도착했다. 미국은 내가 늘 상상했던 것과 같이 역동적이었다. 공항에 도착해서 숙소인 Adelphi University에 도착하기 위해 버스를 타고 가는 동안 창 밖으로 비치는 미국의 모습에 눈이 휘둥그레졌다. 미국의 첫 인상은 "크다"였다. 미국은 모든 것이 컸다. 집, 건물, 자동차, 도로, 나무, 강아지, 컵, 음료수, 가방, 그리고 사람까지 모든 것들이 한국보다 두 배는 커 보였다. 이것이 바로 그 유명한 "American Size"(미국형 크기)였다.

몇 분 후 우리는 뉴욕 중심가에 위치한 Adelphi University에 도착했다. 대학캠퍼스에는 앞으로 미국에서 지내면서 질릴 정도로 보게 될 다람쥐가 여기저기서 출몰했는데, 그때는 그게 너무 신기해 따라다니며 사진을 찍으니, 담당 안내원이 오히려 그런 나를 신기해 하는 눈치였다.

안내된 숙소로 올라가자 이미 여러 나라에서 온 학생들이 복도에서 떠들고 있었다. 모두들 자신들이 미국에 온 것이 믿기지 않은 듯 각국의 악센트가 깊게 들어간 영어로 인사를 주고받았고, 사진을 찍었다. 대화는 대부분이 “Where are you from?”(너는 어디에서 왔니?) “I'm from Korea. What about you?”(한국에서 왔어. 그럼 너는 어디에서 왔니?) “I'm from Brazil! (나는 브라질에서 왔어!)” “That is so amazing!!(그거 엄청 멋지구나!!)”으로 시작했고 서로 이렇게 다양한 국가 사람들은 본 적이 없는 듯 플래시가 곳곳에서 터졌다. 그때의 그 설렘, 짜릿함이 아직도 느껴진다.

오리엔테이션은 3박 4일 동안 이루어졌는데 미국 문화, 문화 충격, 향수병, 호스트 가족, 학교 수업, 친구 사귀기 등과 같은 기본적인 수업을 진행했고 마지막 날은 재미있는 활동을 하며 서로 알아가는 시간을 가졌다. 3박 4일은 짧은 시간이었지만 각 나라 학생들의 특징을 발견하기엔 충분한 시간이었다. 기숙사에서 조용히 지내는 아시아계 학생들과는 달리 유럽 학생들은 밤만 되면 방에서 시끄러운 음악소리가 새어 나왔고 밖에서는 축구경기가 한창이었다. 입는 옷이나 헤어스타일, 혹은 행동만 봐도 어느 나라 출신일 거다, 라고 대충 짐작이 갔다.

하루는 뉴욕 시내를 둘러볼 기회가 있었다. 타임스퀘어부터 엠파이어 스테이트 빌딩, 센트럴파크, 자유의 여신상과 같은 책에서만 보았던 뉴욕의 유명한 곳에서 발 도장을 찍었다. 별의별 인종이 섞인 거대한 회색의 도시가 바쁘게 움직이는 모습은 현기증이 나게 했다. ‘미국’ 하면 가장 먼저 떠오른다는 그 도시 뉴욕에 내가 직접 돌아다닌다는 것이 너무 신기했다. 하지만 내게 주어진 단 하루의 시간동안 도시를 즐기며 둘러 볼 시간은 턱없이 부족 했었다.

점심을 먹은 후, 한 시간 정도 자유시간이 있어 내 룸메이트와 거리를 활보하고 다녔다. 이곳 저곳 방문 중 우리는 뉴욕에서 폼 나게 스타벅스 커피를 마셔보겠다고 근처 스타벅스에서 커피를 처음으로 시켰다. 거기서 만나게 된 어떤 프랑스 아저씨와 한참 얘기 중 시간이 훌쩍 지나간

것을 안 후 헐레벌떡 약속 장소로 가려고 했지만 막상 발이 떨어지지 않아 서로만 멀뚱멀뚱 쳐다 보고 있었다. 알고 보니 우리는 서로만 믿고 어디 가는지도 몰랐던 것이다. 나는 길치 중의 길치로 방향감각이 전혀 없는데 그 친구도 당연히 내가 길을 외우고 있다고 생각했나 보다. 당황한 우리는 걷던 길을 되돌아 가려고 했는데 그 길이 그 길 같았다. 지나가는 사람을 붙잡고 휴대전화를 빌리려 애썼지만 모두 우릴 이상하게 쳐다볼 뿐, 무시하고 가던 길을 계속 갔다. 우리는 근처 은행으로 달려가 전화를 빌렸다. 천만다행으로 지사에서 나눠준 명찰 뒤에 미국 지사와 Adelphi University 전화번호가 있었다. 우여곡절 끝에 연락이 닿았고, 거리 이름으로 우리가 있는 위치를 추적했다. 하마터면 국제 미아가 될 뻔한, 지금 돌아보면 웃음만 나는 부끄러운 사건이다.

마지막 날은 뉴욕 오리엔테이션의 하이라이트인 디스코 파티가 있었다. 댄스를 겸비한 파티는 처음이었던 우리는 뭘 입어야 할지 고민이었다. "야, 우리 한복 입을래?"라고 내가 엉뚱한 제안을 하자 처음에는 모두 "별로야, 디스코 파티인데 한복은 좀 안 어울리지 않냐?"라는 반응이 나왔지만 달리 대안으로 입을 만한 옷도 없었기에 모두 군말 없이 입기, 라는 약속과 함께 한국 여학생들은 한복을 차려 입었다. 반응은 최고! 전통 옷을 입은 학생들이 우리나라 여학생들밖에 없었기에 우리들은 금세 인기가 폭발했다. 여러 학생들이 예쁘다며 사진을 같이 찍고 싶어 했고 남학생들에게 댄스요청도 많이 받았다.

난생처음 와본 댄스파티에 우리는 어쩔 줄 몰라 멀뚱멀뚱 서 있었는데 유럽계와 남미 학생들은 개방적으로 춤을 추었다. 미국 고등학교 파티, 하면 빼놓을 수 없는 DJ Casper의 Cha Cha Slide와 The Village People의 YMCA를 통해 현지 분들의 동작에 맞춰 춤을 췄다. 전 세계적으로 많이 알려진 미국의 음악이 흘러 나오자 모두가 가사를 따라 불렀고 몸이 가는 대로 춤을 췄다. 한번은 한때 유행하던 한국 아이돌 음악이 나왔는데 처음에는 어색해하던 외국 아이들이 차차 리듬을 타고 춤을 추는 걸 보고 정말 신나고 뿌듯했다.

디스코파티로 뉴욕에서의 날이 막을 내렸다. 다음날은 모두들 자신이 배정된 주로 떠나야 했다. 나는 뉴욕에서 유타 주를 가기 위해 동부에서 서부로 거대한 대륙 횡단을 해야 했다. 짧은 시간이었지만 친해진 전 세계에서 온 내 친구들과 헤어지기가 싫었다. 나라가 다르지만 교환학생 프로그램과 영어라는 언어로 친해질 수 있어 행운이었다.

02 또 하나의 가족, Thurston

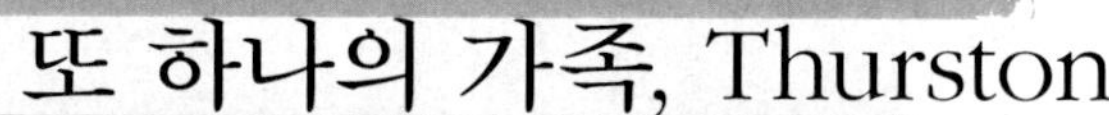

드디어 내가 1년간 머물게 될 유타 주를 가기 위해 하루 만에 뉴욕이 있는 동부에서 라스베이거스 공항이 있는 서부로 대륙횡단을 하고 나니 머리가 어질했지만 1년 동안 함께 지낼 가족을 만날 생각하니 마음이 들떴다.

공항에 도착하자 멀리서 거대한 체구의 남자와 미소가 아름다운 짧은 금발의 여자, 작은 남자아이와 여자아이가 어렴풋이 보였다. 혹시, 하고 달려가 보니 사진 속의 가족이 맞았다. 호스트 동생들인 Gunner와 Medelyn이 준비해둔 Dayoung~ Welcome to our family가 적힌 현수막을 펼쳤다. 얼마나 오랫동안 기다렸던 날이며 또 얼마나 먼 길을 왔던가! 감동의 물결이 흘렀다. 호스트 맘이 미국식의 찐한 포옹으로 반겨주자 비로소 도착했다는 느낌이 들었다.

집으로 오는 동안 멀미가 심해졌다. 호스트 맘은 이런 나를 보고 미안하다는 듯한 표정을 지었다. 호스트 동생들은 너무 좋아서 재잘재잘거리면서 벌써 내가 누구와 더 놀아줄 것인지에 대해 다투고 있었다. 아이들은 생각보다 훨씬 작았다. 호스트 부모님이 너무 커서 상대적으로 작아 보인 것인지도 모르겠다.

▶ 환영 인사의 플래카드에서 동생들과 함께

▶ 유타 주에서 머문 나의 집

사진 속에서 봤던 집에 도착했다. 문을 열자 집 특유의 냄새가 코끝을 간질였다. 나중에 알고 보니 호스트 맘이 향기 나는 양초를 좋아하셔서 집안 곳곳에서 나는 양초향기였다. 방은 내가 생각했던 것보다 훨씬 귀엽고 여성스러웠다. 미국에 오기 몇 달 전에 내가 제일 좋아하는 색을 물어본 적이 있었는데, 내 방을 페인트칠하기 위해서였다는 걸 알았다. 푸근한 파스텔 톤의 초록색에 레이스와 핑크 소품들로 방이 꾸며져 있었다. 책상이 없어 순간 당황하긴 했지만, 이 문제는 호스트께 얘기하니 며칠 내로 쓸만한 책상을 구해다 주셨다(대부분의 미국 가정에는 학생들의 방에 책상이 없다). 방 안에는 내가 1년간 빼곡히 쓰게 된 일기장과 용기를 준다는 나무인형, 그리고 호스트 동생들이 직접 만든 귀여운 카드가 놓여 있었다.

감사한 선물들! 거실에 모인 호스트 가족에게 한국에서 가져온 선물 개봉을 했다. 우리나라 한복에 전통 장신구를 풀자 감탄사가 이어졌다.

선물 개봉식 이후에는 가족 첫 저녁을 먹었다. 저녁은 뒤뜰에서 직접 키운 주키니(오이 비슷한 서양 호박)에 닭 가슴살, 그리고 나를 위해 특별히 준비해 놓은 밥이었나(한국식 찰진 밥은 아니었지만 날 생각해주신 마음이 고마웠다). 그런데 너무 오래 비행기와 차를 타고 와 멀미가 가시질 않아서 한입 베어 물자 헛구역질이 났다. 첫 저녁이라 꼭 맛있게 먹고 싶었는데 너무 미안했다. 호스트는 괜찮다며 오늘 먼 길 오느라 고생했을 테니 일찍 자라고 하셨다. 호스트 부모님께서는 그날 밤 내가 음식 적응을 못 할까 봐 많이 걱정하셨다고 한다. 하지만 다음날 아침 멀미가 가시자 새벽 5시에 엄청난 허기가 느껴진 나는 배가 고픈데 호스트를 깨우지는 못하고 음식 창고에서 이것저것 꺼내서 먹고 있었다. 이상한 소리를 듣고 깨어나신 호스트 맘이 주방 구석에서 혼자 시리얼을 열심히 먹고 있는 날 발견하곤 우리 둘 다 집이 떠나가도록 웃었다.

Jeff Thurston은 가장 친절한 나의 호스트 아빠다. 자상하고 로맨틱한 남편이자 책임감이 넘치고 다정한 가장이다. 호스트 부모님은 30대 중반으로 한국에 계신 우리 부모님보다 10년이나 젊으셨다. 호스트 아빠는 삼십 대 중반으로 Conelco라는 회사에서 전기공으로 일하고 계신다. 한국에 계신 초콜릿 복근의 아빠와는 달리 푹신한 산타클로스 배를 가지고 계신 호스트 아빠는 유머감각이 풍부하다. '니모를 찾아서'에 나오는 거대한 채식 상어 브루스와 닮아서 별명이 브루스였다. 호스트 아

▸ 호스트 부모님, 그리고 동생들과 함께

빠와 처음에는 낯가림이 좀 있으셔서 나를 대하는 데 굉장히 조심하시는 것 같았다. 하지만 친해지고 나니 거리낌 없는 친구 같았다.

Melanie Thurston은 내 미국생활의 가장 큰 지지자였다. 세상의 엄마는 다 똑같다고 하던가? 호스트 어머니께서는 나를 친딸 이상으로 보살펴 주셨다. 호스트 맘은 미용사이셨는데 집 한쪽에 있는 미용실에서 예약손님을 받으셨다. 덕분에 미국에서 미용실 한 번 가지 않아도 되었다. 호스트 맘은 집안에 드디어 큰딸이 생겨 같이 미용할 수 있어 좋다고 하셨다. 주말만 되면 새로운 헤어스타일을 구상했다. 호스트 맘 덕에 내 머리 색은 몇 달마다 바뀌었다. 미국은 미용실에 한 번 가려면 비싼 돈을 지불해야 한다.

Madelyn Thurston 은 내게 처음 생긴 여동생이다. 바비 인형처럼 생긴 금발의 소녀는 일곱 살로 전형적인 좌충우돌 공주님이다. 나를 자기 집에 새로 온 애완견 정도로 생각을 했는지 가끔은 사생활 침범이 통제하기 힘들었다. 항상 "언니와 함께!"를 주장하며 내가 가는 모든 곳에 따라가길 원했고 자기가 가는 모든 곳에도 내가 따라가길 원했다. 또 언니 물건은 자기 물건이라고 주장하는 이 아이 때문에 화장품이나 보석 같은 것은 보이지 않는 곳에 숨겨놓아야 했다. 어찌나 고집이 센지 자기 뜻대로 되지 않으면 막무가내로 울고 소리를 질러 밤만 되면 집안을 시끄럽게 만드는 장본인이었다. 어떤 때는 천사 같다가도 뒤돌아서면 작은 악마로 변해있는 Madelyn 때문에 이만저만 고생이 아니었지만 그 아이가 아니었다면 많이 외로웠을 것이다. 비록 매일 속을 뒤집어 놓았지만 Madelyn은 자기 나름대로 매일 내게 사랑한다고 표현하였다.

Gunner Thurston은 Madelyn과 정반대의 성격을 가진 아이다. 키스를 좋아하는 귀여운 다섯 살짜리 남자애는 틈만 나면 내게 안겨 천사 같은 키스를 날려주었다. Madelyn에 비하면 내 말을 열 배는 더 잘 들었고 돌보기가 훨씬 쉬웠다. 그 작은 몸에서 어찌나 힘이 솟아나는지 하루 종일 집 안을 통통 뛰어다녔다. Gunner는 굉장히 귀여웠고 활발하고 순수하고 착하고 사랑스러웠다. 공룡과 자동차를 좋아해 틈만 나면 공룡 울음 소리를 내고 장난감 자동차를 집에서 조종했다. 아름다운 금발에 구릿빛 피부가 어찌나 매력적인지 세월이 흐른 후에 어떻게 자랐는지 꼭 보고 싶다.

가족과 지낸 지 몇 달이 지난 후에 Madelyn과 Gunner이 둘 다 입양되었다는 사실을 알게 되었다. 호스트 부모님과 피부색과 머리 색이 같아 친아들, 친딸이라 의심하지 않았는데 입양이라니 뜬금없는 소리 같았다. 호스트 부모님께서는 별거 아니라는 듯 임신을 할 수가 없어 둘 다 입양한 것이라고 했다. 나중에 친지들을 만났을 때 만난 5명의 사촌 아이들도 입양되었다는 사실을 알게 되었다. Thurston 가족은 입양을 좋아하나 보다. 놀라운 사실은 어린 아이들이 모두 자신이 입양되었다는 사실을 이해한다는 것이다. "나는 날 낳아주신 엄마가 있고 길러주신 지금의 엄마가 있어요"라고 자신 있게 이야기하는 Madelyn이 입양

문화가 익숙하지 않은 나에게는 다소 충격이었다. 미국은 정말 많은 아이들이 생모가 아닌 입양한 부모와 산다. 5명에 1명 꼴로 만나는 친구들마다 입양이 되었다고 하니 지금은 별로 놀랄 일이 아니다.

Oscar는 나와 동고동락했던 강아지로 짧은 꼬리가 매력적인 슈나우저이다. 낯가림 없이 경계하지 않고 나를 향해 거의 날다시피 달려왔던 이놈이 너무 귀여워 강아지를 돌보는 일을 내가 맡았다. 나중에는 가족 누구보다도 나와 친해졌다. 강아지 침대도 내 방으로 옮겨 정식으로 룸메이트가 되었다. 너무 사랑스러운 강아지 Oscar는 내 둘도 없는 룸메이트였다.

03 사막에 위치한 모르몬교들의 주, 유타

A State of Deserts and Mormons

유타는 와이오밍, 콜로라도, 애니조나, 네바다, 아이다호 주들에 둘러싸여 있는 미국의 서부 주이다. 아메리카 대륙을 남북으로 가로지르는 로키산맥 서편을 따라 도시가 남북으로 형성되어 있어 산지가 많으며 기후는 건조하다.

유타 주는 1847년 7월 24일 종교 자유를 찾아 브리감 영(Brigham Young)이 이끄는 모르몬교 신교들이 이주하여 정착촌을 건설하면서부터 시작되었다. 이 정착촌이 지금의 주도인 솔트레이크 시이다. 인구의 65%가 주도인Salt Lake City솔트레이크 시티에 살며 인구의 절반 이상(62.4%, 2006년)이 모르몬교 인이다(특히 주도인 솔트레이크 시에는 모든 시민이 모르몬교인이다. 그래서 모르몬교인들의 천국이라고 불린다.)

유타 주는 모르몬교도들 중심으로 발전한 까닭에 주민 대부분(93.8%, 2005년)이 백인이다. 내가 있었던 공립 학교에도 흑인이 한 명도 없었으며 아시아 인은 나를 포함해서 3명이었다.

유타 주는 모르몬교 때문에 다른 주에 비해서 범죄율이 적고 안전하게 생활할 수 있으며 사람들이 다른 주에 비해서 친절하다는 장점이 있다. 모르몬교도들은 정직과 청렴, 근면 등을 교리로 하고 있기 때문에 사람들이 착하고 순수하며 담배와 술을 멀리한다. 그래서 미국으로 처음 유학을 떠나는 학생들에게는 아주 좋은 환경을 제공한다. 종교의 영향이 크기 때문에 다른 주에 비해 폐쇄적인 경향은 있지만, 생활하는데 있어서는 다른 주와 별 다른 점은 없다.

유타는 내가 바라던 주는 아니었다. 사실 들어보지도 못해 안중에 두지 않았다는 표현이 더 옳다. 순수한 우연으로 나의 프로필이 미국 전역으로 돌던 중, 유타에 계시는 호스트 가족이 나를 선택했고 그렇게 하여 '유타'라는 주로 가게 된 것이다. 이 때문에 공립교환학생 프로그램은 '도박'이라는 말을 자주 한다. 내가 아는 친구는 바다에 접한 더운 지역에 가길 간절히 원했는데 황당하게도, 알래스카에 배정받았다. 동부를 원했던 사람은 남부로, 중소도시를 원했던 아이는 시골 골짜기에 배정받기도 했다. 내가 배정된 곳은, 솔트레이크 시티와는 거리가 먼, 일년 내내 건조하고 더운 Saint George 라는 아주 작은 도시였다. 초록색 나무를 보기 힘든, 온통 붉은 빛이 도는 사막의 도시에서 나는 미국에서의 첫해를 맞이하게 되었다.

▶ Saint George의 낮과 밤 풍경

신성한 충격, 모르몬교

A Holy Shock of Latter Day Saints

한국에 있는 우리 가족의 종교는 불교다. 어렸을 적 딱 한 번 친구를 따라 교회에 가본 적이 있었는데 완전 다른 세계 사람들 같아서 많이 생소했던 기억이 난다. 처음 본 사람에게 사랑합니다! 라고 외치며, 하나님이 날 항상 지켜보고 있다고 했다.

부모님이 불교를 믿으시지만 난 종교에는 그때만 해도 관심이 없었다. 이런 내가 기독교파 중에서도 엄격하다고 알려진 모르몬교와 맞닥뜨린 것이다. 프로그램 준비 당시 "호스트 가족의 종교를 존중하고 체험하겠습니까?"라는 질문에 "네"라고 대답했었다(사실 이것은 내 의지보다 미국은 종교적인 나라이기 때문에 체크를 하지 않으면 호스트 배정이 불가능 할 수 있다고 해서). 몇 달 후 배정받은 호스트 가족 정보를 읽었을 때 종교란에 "모르몬교"라고 적힌 걸 보고 그 생소함에 걱정이 되었다. 곧장 컴퓨터로 달려가서 검색을 해 보았는데 "기독교의 한 분파"라고 하는 정보가 있는 방면 "이단"이라고 말하는 의견도 있었다. "도대체 이건 뭐지?" 하고 당황했지만, 에이 뭐 호스트 가족의 종교일 뿐인데 뭐, 하며 크게 신경 쓰지는 않았다.

모르몬교의 정식 명칭은 예수 그리스도 후기 성도교회(The Church

of Jesus Christ of Latter-day Saints)로 기독교계 종교이다. 성경과 더불어 모르몬경(The Book of Mormon)과 같은 경전을 공인하고 있기 때문에 모르몬교라고 부르는 것이다. 다른 기독교와는 달리 모르몬경은 상당한 교리적인 차이점이 있기 때문에 여러 기독교 파들이 모르몬교를 종종 인정하지 않는다. 그래서 내가 인터넷에 검색했을 때 다른 교도들이 사이비니, 이단이니 했던 것이다. 이후 내가 플로리다로 고등학교를 옮겼을 때도 다른 기독교인들이 모르몬교는 절대 기독교가 아니라고 무시하고 이단시하는 경우가 다수였다. 또한 모르몬교들은 일부다처제의 사이코 집단이라고 욕을 하는 경우도 많았다. 모르몬경이 요셉 스미스(Joseph Smith)라는 사람이 야훼의 계시를 받아 작성한 책으로 정통 기독교에서는(성경 이외의 다른 책을 믿으면 안된다) 이단종파로 비췄기 때문이다. 하지만 유타에서 모르몬 교회를 간 사람으로서 그런 말은 무지한 발언일 뿐이란 걸 말해두고 싶다. 교리가 어쨌든 간에 내가 본 모르몬 교회는 여느 기독교 파와 다름없었고, 오히려 그들의 도덕성이나 인격은 다른 교에 비해 훨씬 높았다고 생각한다. 그렇다고 내가 모르몬교를 믿으며 찬양하는 것은 아니지만, 교리적인 차이점이 있다고 해서 비난을 하고, 멸시를 하는 것은 옳지 않다고 본다. 내 것이 더 옳다고, 내 것만이 진짜라고 우기는 정말이지 어린애들 싸움 같다. 교리가 다르되, 모르몬교는 분명히 예수와 하나님을 믿고 있는 기독교였다. 바로 이 모르몬 교회의 본부가 유타 주의 솔트레이크 시티(Salt Lake City)에 있었다. 유타 주민들은 이 점을 정말 자랑스럽게 생각한다. 나는 이 점을 받아들였고, 앞으로의 유타에서의 생활에 들떴다.

유타에서 생활하면서 종교가 이 주에 미치는 영향이 얼마나 큰 것인지 알게 되었다. 한국에서의 내 인생이 종교와 전혀 관계없었다면, 유타는 생활 하나 하나가 종교와 연관되어 있었다. 유타 주는 곧 모르몬교일 정도로 사람들의 가치관, 행동, 정치적 의견, 여가생활이 모르몬 교회를 중심으로 이루어져 있었고, 그 때문에 미국의 다른 주들에 비해 많은 차이를 보였다. 나중에 플로리다에 갔을 때, 내가 유타에 있었다고 하니 한 친구는 유타를 "미국의 왕따 주"라고 표현했었다. 이런 종교적인 주에서 호스트 가족과 지낸 것은 내겐 정말 큰 변화였다. 미국의 그 어떤 문화보다도 생소했으며, 적응하기 힘들었다.

가장 명백하고도 기본적인 변화는 교회에 가는 것이었다. 일요일은 교회를 가는 신성한 날이기 때문에 모든 가게들이 쉬었고, 사람들이 교회 이후 집에 있었기 때문에 교회 외에 달리 갈 곳이 없었다. 물론 나의 이런 생각은 실제 교회에 가는 것에 전혀 반영되지 않았지만 말이다. 교회를 간다는 것은 내게 생소한 활동이었지만 많은 호기심을 보이며 질문을 하자 신이 난 호스트 가족은 준비해 뒀던 성경과 함께 한국어 번역판으로 특별 주문한 모르몬교의 성서인 The book of Mormon을 주셨다(사실 한국판 번역이 너무 고어로 되어 있어 무슨 말인지 도통 알아들을 수가 없어 다시 영어판을 사야 했다). 믿음을 전파하는 것을 의무로 생각하기 때문에 호스트 가족은 나의 관심에 정말 기쁘게 반응했다. 기독교나 모르몬교에 대해 아는 것이 아무것도 없었기에 틈만 나면 가르쳐 주셨고, 기독교와 모르몬교에 대한 지식은 날로 커져만 갔다.

▸ 교회로 향하는 호스트 아빠 Jeff 와 동생 Gunner

일요일에 교회에 가기 위해선 격식을 차려 입어야 했기에 어깨가 드러나지 않고, 가슴을 덮으며 무릎 아래로 내려오는 긴 드레스를 몇 벌 사야 했다. 호스트 엄마 도움을 받아 머리를 하고 가족과 아침 식사를 하고 나면 집 앞 3분 거리의 교회에 도착했다.

일요일은 여느 교회와 같이 예배(Sacrament Meeting)를 드리고 주일학교(Sunday School)에 가서 모르몬교에 대한 공부를 하고 청년회(Young Women)에 갔다. 짧게는 한 시간, 길게는 한 시간 반 정도로 합쳐 약 네 시간에서 다섯 시간 정도가 걸렸다. 예배는 내가 생각하던 다른 교회의 예배와는 달리 주교님(Bishop)의 간단한 안내 말씀이 지나면 예수그리스도의 살과 피를 뜻하는 빵 조각과 물을 마셨고, 찬송가를 불렀다. 그 이후에는 교회 회원들이 일주일에 돌아가면서 증언(Testimony)을 하는 것으로 예배를 이끌어갔다. 여기서 증언이란, 법정에서 하는 증언처럼 원리가 같다. 그날 지원한 모든 사람 앞에 서서 모르몬교가 자신을 어떻게 변화시켰는지를 증언하며 모르몬경에 다른 사람과 나눌 수 있는 좋은 구절 몇 개를 읽었다. 대부분의 사람들은 다소 감정적이 되어 그 자리에서 훌쩍이기도, 엉엉 울부짖기도 했다. 그러면 앉아 있는 사람들은 감동을 받고 기도를 하는 것이었다. 내게는 새로운 세계였다.

예배가 끝나면 나이별로 배정된 주일 학교에 가서 그 교회의 어른(우리 호스트 아빠뿐 아니라 거의 모든 부모들이 주일학교를 이끌었다)으로부터 성경과 모르몬경을 읽었다. 돌아가면서 구절을 읽고, 그 속의 도덕을 배우고, 기도하는 식으로 마쳤다. 내가 생각하는 바와 다른 점이 많았고, 일방적으로 들어야 한다는 부담감에 불편하기도, 지루하기도 한 시간이었다.

마지막으로 Young Women이라는 내 또래 여자 아이들과 하는 청년회에 참석을 했다. 청년회는 매주 다양한 활동을 했다. 일요일은 주로 이야기를 나누고, 앞으로 할 활동 계획을 짰다. 활동은 화요일 저녁 두 시간에서 세 시간 정도, 일요일 교회를 마친 후, 방학이나 휴일에 진행이 되었다. 서로의 생일을 챙겨줬고, 기부모금을 했고, 누군가 임신을 하면 파티를 열어주었고, 휴일엔 캠프를 갔고, 공연을 준비했고, 저녁식사 파티를 열었고, 할로윈 땐 호박을 팠고, 크리스마스 땐 선물을 만들었고, 때로는 초청 연사를 불러 강의를 들었다. 이름처럼 어린 자매들과 그들을 보살피는 어른 자매들이 함께 모여 사교생활을 하는 것이다. 그 덕에 학교에서 자주 보지 않는 아이들과 친구가 될 수 있었고, 교회에 적응하는 데 많은 도움이 되었다. 호스트 엄마의 적극적인 장려로 화요일 저녁은 항상 Young Women에 참가해 지역사회와 더 친해질 수 있는 계기가 되었다.

▶ 교회의 Young Women 활동

이처럼 교회는 우리 가족의 이웃들과 친해지는 데 한몫을 했다. 교회에서 처음으로 우리 옆집, 앞집, 뒷집 사람들을 만났고 그분들은 집에서 직접 구운 빵이나 브라우니 등을 주면서 환영해 주었다. 자기 집에 사는 이국학생의 자랑에 열성적인 호스트 맘으로 인해 교회는 이미 나에 대한 소문이 자자했다. 교회 특유의 환영과 친절은 날 부담스럽게 했지만 무관심보다는 훨씬 낫다고 생각했다. 모두들 내게 너무 따뜻하고 친절해 미국에서 처음으로 무언가에 속한다는 공동체 의식을 느꼈다. 개인주의가 강한 나라에서 교회만큼 결속력 좋은 단체는 없다고 생각했다. 이때를 계기로 종교는 미국에서의 내 삶에 조금씩, 조금씩 비집고 들어왔다.

05 좌충우돌 미국 공립고등학교 생활

My American Public High School Life

학교 전 준비물 Before School Starts

학교는 내가 도착한 4일 뒤에 개학하기 때문에 시차적응이 되자마자 준비물을 사러 월마트에 갔다. 과연 미국의 대량생산과 소비의 대표 회사답게 월마트는 건물과 물건 모두 거대한 크기를 뽐냈다.

·파일: 미국은 도서관에서 빌린 교과서와 선생님이 내주신 프린트 중심으로 수업이 진행되기 때문에 구멍이 세 개 뚫린 파일이 필요하다. 과목별 파일을 사는 것도 괜찮고 큰 파일 하나에 과목별로 섹션을 만들어 분류하는 것도 좋다. 종이는 파일에 맞게 묶음으로 판다.

·필기도구: 필기도구는 미국의 것보다 한국의 것이 훨씬 아기자기하고 질도 좋아서 한국에서 많이 가져왔다. 미국 아이들은 한국 필기도구를 엄청 좋아 한다. 선물 겸 쓸 겸 많이 가져오면 좋다.

·가방: 미국의 교과서는 크기도 훨씬 크고 무게도 많이 나가기에 큰 백팩이 필요하다. 여학생의 경우 옆으로 매는 가방에 책을 조금 넣고 나머지는 손에 들고 가는 것을 보기도 했는데 나 같은 경우는 책 무게가 너무 많이 나가서 큰 백팩이 아니면 들지 못했다.

- 그래픽 계산기: 미국의 수학수업에서는 계산기를 사용한다. Algebra 붙어는 그래픽 계산기로 그래프를 그리고, Calculus나 Statistic 등 대부분의 수업에서 필요하기 때문에 구입해야 한다. 가격은 100달러 정도 하는데 누구나 그래픽 계산기는 있으니, 학교를 마친 동네 어른들께 빌려도 된다. 나는 학교에서 10달러를 주고 1년 동안 빌려 썼었다.
- 새 학기 옷: 새 학기에는 부모가 학생에게 옷을 몇 벌 사 주는 것이 전통이라 하여 호스트 맘께서 옷을 몇 벌 사 주셨다. 미국의 스타일은 한국과 많이 다르기 때문에 쇼핑을 하는 것도 괜찮다.

미국 공립 고등학교 교육
Education in Public High School

영화나 드라마에서 보던 노란 스쿨버스를 타고 처음 등교를 했을 때의 감동은 이루 말로 표현할 수가 없었다. Desert Hills High School은 새로 지은 학교로 학교의 첫 발걸음은 마치 공항에서 수속을 밟는 듯했다.

이 학교는 유타 주에서 대대적으로 지은 학교로 도시 전체에서 가장 크고 시설이 좋은 학교였다. 유명한 디자이너가 설계한 우리 학교는 마치 거대한 현대 미술관을 보는 듯한 느낌이 든다. 가장 큰 본관 건물은 1,2층 오른쪽 왼쪽으로 각각 수학, 과학, 영어, 사회과학을 담당한다. 캠퍼스는 풋볼 경기장부터 테니스 코트, 야구, 농구, 축구 경기장이 있고 그 외에 잔디가 깔린 넓은 평지가 있다.

새로 지은 학교의 장점은 물론 모든 것이 새것이라는 것. 빌리는 교과서부터 책걸상, 컴퓨터 등 각종 시설이 모두 새것이었다. 또한 도시의 다른 네 군데 학교에서 학생들이 모였기 때문에 나뿐만이 아니라 많은 사

▶ 스쿨버스 정류장을 따라 쭉 오면 드러나는 본관

▶ F건물. 체육 관련 수업과 시설들

▶ E 건물. 컴퓨터실, 미술실, 강당 등이 있다

람들이 서로 이방인 같았다. 유타는 11,12학년이 되면 부모님 동의 하에 다른 학교로 전학 갈 수 있어 주변 학교의 많은 고학년들이 새로운 학교에서 대학에 가기 전 즐겁게 지내기 위해 많이 지원을 했다. 그래서 고학년들의 수가 많았다.

단점이라면, 신설학교이기 때문에 아직 다른 학교에 이미 개설되어 있는 수업과 클럽활동들이 많이 부족했다는 것이다. 클럽들은 우리가 직접 동의 하에 설계해야 하였기에 일년 내내 활동보다도 클럽 설계에 많은 시간이 투자됐다. 또한 다른 학교에 비해 밴드, 드라마 클럽 등은 아무런 명성이 없었으므로 많은 부담이 갔고 노력이 배로 필요했다. 때문에 분위기가 아무래도 조금 어수선했고, 학교가 다른 학교처럼 운영되는 데까지 시간이 걸렸다.

한 나라의 교육은 나라 자체를 반영한다고 했다. 미국의 학교는 자유분방함과 동시에 여러 가지 책임이 따랐다. 한국에 비해 훨씬 자유분방한 분위기에 학생들은 각자의 개성이 뚜렷한 옷을 입고 다녔고, 자기 주장을 스스럼 없이 표현했으며 자연스럽게 이성교제를 했다. 학교 측에서도 크게 피해가 가지 않는다고 생각하는 것은 학생에게 자유롭게 맡겨 놓았고 대신 엄격하게 규칙을 정해 어길 시에는 이에 대한 책임을 학생에게 물게 했다.

미국 공립 고등학교에서의 1년은 내 교육관에 큰 변화를 가져다 주었다. 한국의 주입식 교육과는 다른 토론식 탐구 학습 방법이 가장 큰 변화였다. 한국에서 학생의 의무는 선생님 말씀을 잘 듣는 것이고 노트 필기를 열심히 하며 교과서에 나와 있는 내용을 몽땅 외우는 것이다. 교과서로도 부족해 상당수의 문제집을 사서 푸는데, 문제집조차도 무엇을 어떻게 외워야 할 것인지 방향제시까지 해 주고 있으니 학생이 생각할 시간을 주지 않는 편이다. 한국 학생이 OECD 국가 중 공부하는 양은 1위지만 그 능률은 하위권에 속한다는 신문 기사를 보았다. 공부를 잘 하기 위해 열심히 외우고 문제집을 푸는데 과연 이렇게 배운 내 지식이 정말 날 똑똑한 사람으로 만드는 것일까, 아니면 다만 외우기를 잘 하는, 응용도 제로의 학생으로 만드는 것일까, 하루에 수십 번 질문해 보았다.

공부를 하는 자세에 있어서는 학교에서 나를 따라올 자가 없었다. 선생님 한 분 한 분마다 나처럼 수업 준비가 철저하고 강의를 열심히 듣는 학생이 없었다고 할 정도니까. 하지만 시간이 갈수록 내가 많이 부족하다는 느낌이 들었다. 미국 아이들이 자칭 말하는 valedictorian(수석자)과 같은 수재 학생들은 리더십이 강하고 토론을 잘 하며 에세이나 리포트를 쓰는 수준이 상당했다. 뿐만 아니라 다양한 스포츠나 클럽에서 두드러지고 모든 아이들이 그를 좋아하고 따르게 하는 매력이 있었다. 한국에서와 같이 단순히 시험 성적이 높은 것은 별 소용이 없다는 것을 알았다.

한국식 교육에 익숙했던 나는 선생님 강의를 들으면 그 지식을 그대로 흡수하려는 태도가 강했는데 이러한 태도가 미국에선 오히려 장애물이 되었다. Trent는 앞서 말한 소위 valedictorian이다. 나와 수업이 세 개나 같아(AP Calculus AB, AP US History, Concert Choir) 친해진 친구이다. 그 친구는 질문이 참 많았다. 내가 그런가 보다, 라고 받아 적는 동안 그 아이는 왜? 어떻게? 라는 질문을 항상 했다. 또 그 지식을 제대로 이해하고 나면 내가 생각지도 못한 문제를 응용해서 선생님도 난해해 하는 그런 질문을 하는 것이다. 선생님 또한 그 친구와 동등한 위치에서 열띤 토론을 벌이면서 수업을 진행했고 다른 학생들의 질문도 장려했다. 단순히 외우는 것은 가장 천박한 종류의 지식이라고 Trent가 말했다. 왜? 라는 질문을 항상 가지고 수업에 임하다 보면 단순히 지식을 외우는 것이 아니라 지식을 내 것으로 만드는 것 같았다.

그날 배운 지식을 통해 자신의 의견을 에세이로 쓰거나 발표를 하는 것이 내겐 주 관문이었다. 에세이를 쓰라고 하는 날은 히말라야 산을 하루 만에 등반해야 하는 것처럼 막막했다. 아이디어가 있어도 에세이를 잘 쓰는 데에는 많은 연습이 필요했다. 글을 잘 정리해서 쓰는 것뿐만 아니라 에세이 양식과 문법에 맞게 쓰는 법도 배워야 했다. 가장 좋은 방법은 많이 쓰면서 선생님께 교정을 받는 것이다. 이러한 방식에 익숙해지다 보니 나중에는 오히려 내게 이점이 되었다. 토론이나 발표, 에세이와 같은 방식의 수업은 누가 얼마나 열심히 수업 준비를 했는지 표시가 금방 난다. 열심히 준비만 해 가면 영어가 부족해도 토론에 참여할 수 있는 기회가 주어졌다. 또 선생님은 학생의 참여도와 태도에 따라 점수를 좌우할 수 있으니 시험 성적이 약간 낮아도 금방 회복이 되는 것이다. 시험 또한 내게 유리한 쪽으로 작용했다. 미국 선생님들은 웬만하면 객관식보다는 주관식을 선호한다. 퀴즈는 객관식이 많아도 큰 시험은 항상 에세이 부분이 있다. 한국에서 나는 덤벙대는 성격 때문에 객관식에서 어이없는 실수를 많이 했는데 미국에서는 주관식이나 에세이식의 문제가 훨씬 많아 실수의 빈도가 줄어들었다.

미국 교육에도 문제가 많았다. 미국의 보수파들은 미국 공교육이 1960년대 이래의 사회적 동향 때문에 교실에서의 규율, 교육에 대한 도덕적 기반, 학생들이 학습을 해야 한다는 국민적인 공감대가 파괴되었다고 믿는다. 특히 공립 학교에서 학생들이 선생님을 존중하지 않고 멋대로 행동하다 퇴학을 당하는 경우가 많다. 이러한 학생들은 주로 집안 사정이 좋지 않은 학생들인데 학생에게 자기 행동에 대한 책임을 지게 하는 것이 미국의 학교이므로 학생이 학교를 결석하든, 폭력을 행사하든, 마약을 하든 학교 측에서는 처벌 그 이상의 책임을 지지 않는다. 그래서 1,000명의 학생이 공립 학교에 입학하면 졸업할 즈음에는 800명 정도가 남는 것이다.

스포츠와 과외활동 비중이 크다 보니까 미국 공립학교의 평균 교육

수준이 다른 나라에 비해 낮게 보도되었다. 또한 사립 학교가 있어 부의 무와 유에 따라 받는 교육의 질이 차이가 나니 빈부 격차를 늘릴 뿐이라는 목소리가 커지고 있다. 공립 학교에서는 별의별 아이들이 함께 반에서 수업하지만 사립 학교에서는 질 높은 교수진과 공부를 하고자 하는 학생들로 불평등한 교육을 창출하고 있다는 것이다. 실제로 대학에 진학하는 학생 비율을 보면 공립 고등학교는 사립 고등학교에 비해 상당히 떨어진다.

하지만 미국의 공립학교는 마음 먹기에 달렸다. 많은 문제에도 불구하고 미국 공립학교는 학생에게 최대한의 교육 기회를 제공한다고 생각한다. 마음 먹기에 따라 대충 다닐 수도 있고 학교를 120% 이용해 배우고 싶은 것을 난이도에 따라 맘껏 배울 수 있고 새로운 것을 경험해 볼 수 있는 곳, 쉽게 다닐 수도 있고 어렵게 다닐 수도 있는 곳이 미국의 공립학교이다.

커리큘럼 소개 및 시간표 짜기
Curriculum Intro and Scheduling

개학하기 이틀 전에 처음으로 내가 1년간 다니게 될 학교에 등록하러 갔다. 나는 내 나이에 맞게 sophomore에 배정되었다(4년제 미국 고등학교는 1,2,3,4학년을 Freshmen, Sophomore, Junior, Senior이라고 부른다). 시간표를 짜기 위해선 개별로 학교 Counselor 와 이야기를 해야 했다. 카운슬러는 미국에 처음 간 외국인 학생에게 학년에 맞는 필수과목을 추천해 준다. 쉽다고 생각되는 과목은 한 단계 높여도 되고(특히 수학의 경우), 어렵다고 생각되는 과목은(영문학이나 미 역사의 경우)

낮춰 달라고 부탁하면 된다.

학교에 따라 제공되는 프로그램이 다를 수도 있지만, 대부분의 미국 고등학교에서의 수업은 일반 수업, Honors(상급반), Pre-AP(AP 과정을 대비하는 수업), AP(대학과정)으로 나누어진다. AP 과정은 Advanced Placement 의 약자로 고급과정의 학습을 통해 고등학교에서 대학 학점을 이수하는 것을 말한다. 많은 대학들이 입학 전형 자료로 활용하고 있다. AP 수업은 단순히 과목을 선정하여 듣는 것이 아니라 5월에 치르는 AP 시험에서 5점 만점에 3점 이상 통과해야 대학 학점을 이수할 수 있어 일년 내내 열심히 공부해야 한다.

처음부터 AP를 듣는 것은 무리일 수 있다. AP 과목 중, 우리나라와 교육과정이 같은 과목은 없기 때문에 학교에 Pre-AP(AP 과정을 대비하는 수업)과정이나 Honors(상급반)이 있으면 그 수업들을 먼저 들어 보는 것이 좋다. 또 무리하게 AP를 들어 나중에 AP 시험을 통과하지 못할 것 같으면 아예 수강하지 않는 것이 나을 수 있다. 혹 나중에라도 AP 수업이 듣고 싶다면, 어느 정도 적응을 했을 때 카운슬러에게 부탁하여 반을 옮기는 것이 좋다. 하지만 시간표를 자주 바꾼다는 것은 꽤나 번거로운 일이기 때문에 가급적 자제하는 것이 좋다.

시간표는 공립 교환학생 프로그램이 끝난 뒤 귀국하여 한국 고등학교를 계속 다닐 것인지 아니면 사립 고등학교로 전환하여 유학생활을 계속 할 것인지에 따라 유의하여 짜야 한다. 사립 고등학교를 염두에 두고 있는 사람이라면, 사립학교에 갔을 때 높은 과목을 들을 수 있도록 준비할 수 있는 필수과목의 Honors나 Pre-AP 과정을 밟는 것이 좋다. 예를 들어 Sophomore 때 Honors Biology를, Junior 때 Pre-AP Biology를, Senior 때 AP Biology를 듣는 것이다. 귀국하여 한국 고등학교에 다닐 것이라면, 위와 같이 고학년 때의 상황까지 고려하지 않아도 된다고 생각한다.

공립학교에서 필수과목은 English(영문학), Science(과학), Math(수학), Social Studies(사회과학) 이 네 가지이며 실력에 따라 혹은 학년에 따라 반이 나뉜다. 그 외 선택 과목은 학교에 따라 다양한데, Foreign Languages(외국어), Music(음악), Art(미술) 등 다양한 반 학기짜리 Electives(선택과목)이 있다.

우리 학교는 최소 6과목에서 최대 8과목을 들을 수 있었다. 필수과목으로는 10학년 영어 수업인 Language Art, Chemistry(화학), AP Calculus AB(AP 미적분 AB과정), AP US History(AP 미국역사)를 들었다. 영문학은 높은 학년이나 상급반 수업이 어려울 것이라 예상하고 우리 학년 것을 수강하였고, 과학은 첫날 Biology(생물)시간에 있다가 선생님의 수업방식이 마음에 들지 않아 옆 화학반으로 옮겼는데 선생님과 친구들이 마음에 들어 그 수업에 눌러앉게 되었다.

수학은 처음에 카운슬러가 추천해 준 대로 10학년들이 듣는 Algebra2(대수학2) 를 들었는데 너무 쉬운 바람에(한국에서 수년 전에 배운 방정식을 공부하고 있었다) 반을 전전하다가 결국은 학교에서 가장 높은 수학 수업에 배정받았다. 한국에서 수학은 선행과정을 공부한 터라 갑자기 학교에서 6명밖에 되지 않는 12학년들과 가장 높은 수업을 들으니 기분이 우쭐했다. 한국에서 열심히 공부한 학생이라면 미국 수학은 그리 어렵지 않을 것이다.

미국역사는 AP를 수강할 생각은 안중에도 없었다. 미국 역사에 대해 아무것도 알지 못하는 외국인이 대학과정을 선행하여 듣는다는 것은 무모한 도전이었다. 그런데 공립학교이다 보니 AP 수업 이외에 일반 수업의 질이 내 수준에서는 약간 낮은 듯했다. 그리고 신설학교라 Pre-AP 수업이 설계되어 있지도 않아 내게 주어진 선택권은 일반 수업과 엄청 어려운 대학과정 수업, 이 두 가지밖에 없었다. 그래서 기왕에 하는 거, 어려운 것이 낫겠다 싶어 새로운 도전을 하게 되었다.

나머지 4과목의 수업은 내가 듣고 싶은 재미있는 수업을 골라 듣기로 했다. 음악수업 하나-Concert Choir, 미술 수업 하나-Advanced Art, 그리고 외국어를 2과목 들었다-Spanish1, Japanese1. 국제 학생이라면 원래 외국어를 듣지 않아도 되지만, 들어둔다고 해서 나쁠 것 없다. 오히려 대학들은 국제 학생이 제 3,4외국어를 수강하면 좋게 본다. 일어는 처음 생긴 수업으로, 안타깝게도 더 높은 단계가 없었다. 한국에서 기본 일어는 익혀두었는데, 미국에서 재미있게 수업하고 싶었다. 스페인어는 미국의 제 2외국어로 많은 사람들이 제 2외국어로 수강한다. 그 외에 Cooking(요리), Ceramic(도자기), Social Dance(사교댄스), Computer Design(컴퓨터 디자인), Photography(사진술)과 같이 듣고 싶은 수업이 정말 많았는데, 8과목밖에 듣지 못하는 것이 너무 안타까웠다.

학기는 2학기 제도에 4쿼터로 이루어졌다. 크리스마스를 기준으로 이전이 1학기, 이후가 2학기로 한 학기에는 2쿼터로 나뉘어졌고, 매 쿼터마다 성적이 나왔다.

수업은 미국의 많은 공립 학교에서 시행하는 A, B 제도를 사용하였다. 총 8교시를 반으로 나누어 A, B로 부르고 하루 건너 하루씩 다른 4교시 수업을 했었다. 예를 들어, 나의 A day 수업들은 Concert Choir, AP US History, AP Calculus AB, Language Art였고 B day 수업들은 Japanese, Spanish, Advanced Art, chemistry로 월요일이 A day 수업이었으면 화요일이 B day, 다음주 월요일이 B day 수업 이런 식으로 번갈아 갔다. A, B day 제도의 장점은 하루에 8교시를 아침 8시부터 오후 3시까지 짧은 시간 안에 하려는 것보다 하루에 4교시씩 나누어 수업의 시간과 질을 높였다. 또한 숙제가 주어지면 당장 그날 저녁에 하지 않아도 되고 하루가 더 주어져서 학생들 입장에서도 여유가 있었다. 나의 경우에는 A day가 B day보다 훨씬 할 일이 많았는데, 덕분에 과제를 이틀 동안 부담할 수 있어 좋았다.

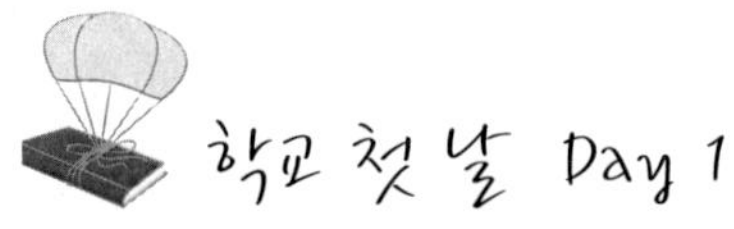

학교 첫날 Day 1

첫날 학교에 가면 수업을 이해하지 못할까 걱정이 많이 되었다. 하지만 다행히도 선생님께서 하시는 말씀을 거의 다 알아들을 수 있었다. 평소에 미국 드라마에 푹 빠져서 몇십 편씩 보던 것이 나도 모르는 새 도움이 엄청 된 것 같았다. 내가 항상 봐 오던 미국 드라마의 한 장면이 현실에서 이루어지고 있는 것이라 생각하니 생각보다 쉽게 수업을 따라갈 수 있었다. 사람은 적응력이 참 빠르다는 것을 알았다. 하루 종일 반을 전전하며 선생님이, 학생들이 구사하는 영어를 듣다 보니, 금새 패턴이 들렸고 몇 시간 안에 그들의 영어가 내 귀에 완벽히 스며 드는 것을 느꼈다. 한국에서는 영어를 접할 기회가 많이 없어 조금 익숙해진다 싶으면 한국어를 쓰지만 이젠 한국어를 접할 기회가 거의 없다고 생각하니 나의 뇌가 새로운 언어 환경에 적응하려고 발버둥을 쳤다. 이때부터 석 달 동안 나의 영어실력이 가장 많이 늘었던 날들이라 생각된다.

미국의 학교는 수업과 수업시간 사이 쉬는 시간이 5분밖에 되지 않으니 수업 중간중간에 쉴 틈이 없었다. 한 수업이 끝나면 락커로 달려가 책을 바꾸고 다른 수업으로 뛰어가야 하는 것이다. 이렇게 8교시 마지막 수업이 끝나자마자 5분 내로 떠나는 스쿨버스를 달려가 잡아 타야 했다. 한국 학교처럼 학교에서 여유롭게 무언가를 할 기회가 별로 없는 것 같았다. 그래서 매일매일 학교에서의 시간은 정말 휭하니 지나갔고 집에 도착하면 온몸에 힘이 다 풀렸다.

친구들을 사귈 수 있는 시간은 주로 아침에 일찍 도착했을 때와 점심

시간이었다. 아침에 학교에 가면 락커 주변이나 학교 곳곳에서 아이들이 떠들며 이야기를 했다. 그러다가 시작종이 울리면 수업을 받으러 헤어졌고, 운이 좋으면 수업시간에 만나고 점심시간에 놀고 다시 수업을 받고 바로 집에 가는 것이다.

학교가 끝나고 나면 스포츠나 과외활동이 바로 시작되었다. 과외활동은 짧게는 1시간 길게는 3-4시간으로 이어졌다. 이때가 친구들을 사귀고 어울릴 수 있는 최대의 시간이 주어진다. 또 스포츠나 과외활동을 마치면 집에 와서 그날 주어진 과제를 해야 하고, 많은 미국 학생들은 용돈을 마련하기 위해 아르바이트도 했으며 집에서는 집안일도 도와야 했다. 내가 생각했던 것보다 미국 아이들은 훨씬 더 바빴다. 단지 학교 수업이 짧아 한국보다 생활이 더 쉬울 것이라고 생각하는 것은 오산이다.

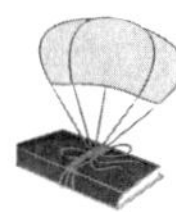

수업 소개 Classes I took

☑ A-day 1교시 <Concert Choir>

Desert Hills High School은 음악과 미술 프로그램이 아주 특별한 공립 고등학교이다. 비록 처음 생긴 학교였지만, 댄스 관련 수업, 음악 관련 수업, 미술 관련 수업, 디자인과 모델링 수업 등이 웬만한 예술 고등학교만큼 잘 설계되어 있었다. 평소에 예능을 아주 좋아하는 나로서는 너무 잘된 일이었다. 듣고 싶은 수업은 많으나 8과목 안에 필수과목까지 넣자니 음악과목, 미술과목을 단 하나만 들을 수 있다는 사실이 야속하기만 했다. 평소 노래를 즐겨 부르던 나였기에, 친구도 많이 사귈 수 있고 즐거워 보이는 Concert Choir를 택했다. Concert Choir는 말 그대로 콘서트를 위한 합창단으로 학교 내 음악회와 대회를 목적으로 만들어진 반이다. 내 단짝 친구들 대부분 Victoria, Heather, Jessica, Chris, Zach과 같은 반이어서 더욱더 신났던 반이다. A day의 1교시였기 때문에 하루를 친구들과 즐겁게 노래 부르는 것으로 시작했다.

▶ 합창단 친구 Jessica, Victoria

Concert Choir에는 피아노를 담당하는 잘생긴 남학생가 있었다. 이 학생은 우리 학교의 음악 대표로 불릴 정도로 탁월한 목소리와 피아노 실력을 갖추고 있었다. 이 학생의 흠잡을 데 없는 반주로 대회 때마다 높은 점수를 받을 수 있었다. 잘생긴 얼굴 때문에 아침마다 이 학생의 피아노 실력과 목소리를 들으려는 여학생들이 수업 시작 5분 전까지 그 친구를 둘러쌌다. 댄스 시즌만 되면 그 학생과 같이 가고 싶어하는 여학생들이 하루 종일 그의 곁을 맴돌았다. 그런데 이런 구애를 모르는 척 즐기면서 여러 여학생들과 시시덕거리는 카사노바가 난 좀 신경에 거슬렸다. 내 친구들이 종종 "He is kind of a jerk"(걔 생각보다 재수없어)라고 경고장을 줬기 때문에 일년 내내 나는 그 친구한테 좀 못되게 굴었다. 그런데 한번 내가 소프라노 파트에서 문제가 있었을 때, 우리 집까지 찾아와 한 시간 동안 연습을 도와 주었는데, 생각보다 마음씨 착한 친구라는 걸 깨달았다. 미안함에 그때부터 잘 대해줬는데, 그 일을 계기로 좋은 친구가 되었다.

Miss Person은 젊은 선생님이셨는데 음악에 대한 열정이 대단하셨다. 화음도 맞지 않고 어수선하기만 하던 우리를 어느샌가 카리스마로 휘어잡아 몇 주 후에는 우리들도 놀랄 만큼의 아름다운 화음을 내게 하신 분이다. 수업시작은 스트레칭과 함께 호흡운동을 하였고, 노래 부르는 내내 허리를 쭉 펴고 바른 자세로 앉게 하였다. 바른 자세로 앉는 것이 말이야 쉽지 사실 고도의 집중력을 필요로 하는 것이었다. 대부분의 미국인들은 한국에서 그랬다면 선생님께 크게 혼이 날 법한 책상에 다리를 걸치거나 뒤로 기댄 자세로 수업을 들었는데 90도 각도로 다리를 모으고 한 시간 이상 앉으려니 온몸이 쑤셨나 보다. 실제로 몇몇 학생들은 이런 자세 조건 때문에 반을 나갔다.

본격적으로 노래를 부르기 전에는 10분간 Miss Person표 발성연습을 하고 마지막으로 자세를 점검했다. 노래는 유명한 고전부터 가곡, 뮤지컬 곡, 성가대 곡 등의 다양한 장르를 선택했다. 나는 소프라노에 배정되었는데, 몇 주의 평가 후에 소프라노의 리더가 될 수 있는 자격이 주어졌다. 리더로서, 소프라노끼리 따로 연습할 때 아이들이 협동할 수 있도록 지도해야 했다.

수업은 참여도가 70%로 가끔씩 숙제나 프로젝트가 주어졌는데 점수 따기가 쉬웠다. 하루는 내가 너무 정신이 없어 점심시간에 모여 대회로 떠나야 하는 약속을 까먹은 적이 있었다. 집에 돌아오고 나서야 이 무지막지한 사실을 떠올리게 되었다. 비록 내가 없어도 합창은 했겠지만, 나 하나로 인해 팀 전체의 화음이 비뚤어졌을 것이란 생각을 하니 죄책감이 들었다. 아니나 다를까, 다음날 A 성적이 B-로 내려간 것을 보았다. 수업과 대회 참여도가 성적의 대부분을 차지하기 때문에 앞으로 대회에 빠짐없이 참여한다고 해도 성적을 복구하기가 힘들어 보였다. 그날 아침, 선생님께 까먹었다고 솔직하게 말씀 드리고 점수를 메꾸어야 한다고 부탁하니, “Turn in a suitable project to me that you think you deserve. I'll think about it then”(네가 해야 마땅하다고 생각되는 합당한 프로젝트를 해 오거라, 그럼 생각해 보겠다)라는 명을 내리셨다. 고민 끝에 나는 내 소프라노 부분을 가족들 앞에서 공연하였고, 그들의 소감문을 받아냈다. 또한 재즈에 관한 7장 분량의 리서치 페이퍼를 제출했다. 다시 한번 죄송하다는 말과 함께 내 성적은 복귀되었다. 실수를 했지만 솔직하게 털어놓았던 나를 용서해 주신 선생님이 고마웠다.

안타깝게도 우리 DHHS Concert Choir Team은 주 대회까지 가지 못했다. Miss Person께서는 심사의원들이 다 그 학교 출신이고, 특정 학교를 선호한 비리가 담긴 대회였다고 마구 따졌다. 그러나 우리는 Art and Concert Night라고 3개월에 한 번씩 학부모님과 친구들을 초대해 학교에서 펼친 공연에서는 많은 박수와 갈채를 받았다. 일년 동안 풋볼 대회 때는 Stars Spangled Banner(성조기여 영원하라-미국의 애국가)를 불렀고, 각종 학교 행사와 졸업식 때 많은 공연을 펼쳤다. 특히 졸업식 때 체육관을 뒤덮은 Homeward Bound와 When you believe 는 졸업생들의 눈시울을 뜨겁게 만들었다. 수업 시간에 친구들과 즐거운 시간을 보내고 학교에서 공연을 펼칠 수 있는 멋진 기회를 준 Concert Choir는 탁월한 선택이었다.

☑ A-day 2교시 <AP US History>

“반만년의 역사를 자랑하는 우리나라 역사를 공부했는데 200년 남짓한 미국 역사가 어려워 봤자 얼마나 어렵겠어”라고 미국의 역사를 조롱했던 나는 큰코다쳤다. 230년 정도의 역사지만 미국의 근대교육 역사는 200년이 넘는다. 그렇기 때문에 세부사항에 대한 자료가 넘쳐나고, 미국 곳곳에서는 역사의 순간을 기리는 여러 크고 작은 박물관이 있다. 학교에서는 미국 1960년대만 중점으로 가르치는 과목이 있을 정도로 미국의 역사는 짧지만 자세하고 또 복잡하다.

한국에서 미 역사책을 꼭 읽어 가야 한다고 하여 간단한 미 역사책을 몇 권 읽어 갔는데, 미국 역사 내용이 워낙 상세하고 방대하기 때문에 별다른 도움이 되지 않았다. 미 역사가 생소하여 어려웠던 것보다 오히려 미 역사 공부 방식이 어려웠던 것 같다. 생소한 내용을 모르는 단어가 수두룩한 교과서를 읽고 토론하고 에세이를 쓰는 것이 너무 어려웠다. 역시 고급 영어 구사가 문제였다.

앞서 언급한 것처럼, 학교의 좋은 미 역사 수업의 부재로 얼떨결에 나는 AP US History를 듣게 되었다. 공립학교는 사립학교에 비해서 필수과목의 수업 수준이 많이 차이가 난다. 수업은 AP였지만, 선생님은 학생들을 AP 시험에 제대로 준비시키지 않았으며, 학생들의 수준도 AP를 통과하기에는 낮았기 때문에 이 수업을 듣는다고 해서 AP를 통과한다는 보장이 없었다(나중에 AP 시험을 쳤을 때는 학교에서 나름 어렵다고 생각하며 배웠던 수준보다 훨씬 높아 많이 힘들었던 기억이 난다). 그래서 한 반에 통과하는 사람이 15% 남짓이었다.

AP US History가 힘들었던 이유는 아래와 같다.

★ AP는 대학교 학점을 따기 위해 만들어진 수업으로 분량이 많고 힘들며 어렵다. AP 수업은 시험을 위한 것이기 때문에, 미국 역사에 대해 거의 다 안다는 가정하에 진행된다.

★ 역사이기 때문에 책을 많이 읽어야 하는데, 이제 막 미국에 간 학생으로서 하루에 깨알같이 빼곡한 교과서를 몇 장식 읽고 이해한다는 것은 많은 시간과 노력을 필요로 했다.

★ 역사에 대한 암기보다는 역사를 이해하고 해석하여 작문을 작성해

야 하는데 나는 이러한 수업방식에 전혀 준비가 되어있지 않았다.

★ 미국 역사는 미국 문화에 대한 많은 배경지식이 필요하다. 선생님이 항상 예시를 들어 설명을 하는데 나는 그 예시조차 무슨 말인지 몰라 애를 먹었다.

★ 무엇보다도 이 모든 것을 한참 더디게 만든 나의 부족한 고급 영어 실력이 가장 큰 문제였다.

미국 역사 시간은 갈수록 스트레스로 변했다. 미국인이어야 이해할 수 있는 예시를 통해 설명하실 때는 분명히 영어를 알아 듣는데 무슨 외계어처럼 들렸다. 수업시간은 발표와 토론으로 진행이 되었는데, 집에서 나름 예습해 온다고 해도 꿀 먹은 벙어리가 되기 일쑤였고 선생님이 내게 돌발 질문을 할까 마음이 조마조마했다. 또 그룹별 활동을 하면 도움은커녕 폐만 끼쳤고, 시험은 D 이상을 기대하기 힘들었다. 내용을 외우는 것만 해도 벅찬데 에세이를 쓰라고 하니 막막하고 정말 대책이 없었다.

미국에서 가장 힘든 토론/에세이/발표의 장벽과 부딪히는 순간이었다. 한국에서의 국사 수업은 100% 단순히 외우기만 하는 주입식 교육밖에 되지 않았다는 걸 새삼 깨달았다. 내가 그간 배운 국사가 도대체 무슨 도움이 되었나? 지금은 미 역사를 배우고 있으니 열심히 외워놓았던 국사를 자연스레 까먹고 있었다. 정보 습득에 급급해 그 이상의 어떤 한국인으로서의 역사관을 습득하긴 했나 의문이 들 정도였다.

우리나라 역사가 우리의 관점에서 쓰였듯이, 미국 역사는 미국의 관점에서 쓰였다. 미국은 베트남 전쟁 전까지 단 한번도 전쟁에서 져본 적이 없는 승리에 승리를 거친 역사를 자랑하기에 다소 슬픈 역사를 가진 우리나라 역사책과는 사뭇 다른 느낌을 받았다(물론 노예제도와 남북전쟁 등 슬픈 면도 많다). 미국 역사의 관점을 두고 가장 열띤 토론

중의 하나가 미 대륙을 발견한 Christopher Columbus(크리스토퍼 콜럼버스)에 관한 것이다. 콜럼버스가 최고의 선원 및 탐험가로 미주 유럽을 연결하여 세계를 확대한, 세계의 역사를 바꾼 탐험가로 인식하는 사람이 있는 반면, 콜럼버스는 옹졸하고 이기적이고 인종차별주의자로서 수천 명의 원주민들이 희생되고 그들의 문화를 파괴되게 한 인물로 역사에 대한 영광을 차지하지 않아야 한다고 생각하는 사람들도 있었다. 역사는 정말이지 주관적인 것 같았다.

내가 미 역사를 가장 몰랐지만, 성적은 높았다. 이유는 반영비율이 또한 높은 프로젝트와 숙제를 열심히 했으며 Extra Credit(추가점수)가 있을 때마다 꼬박꼬박 해갔기 때문이다. 또한 시간이 지나면서 나만의 미 역사 공부 방법을 터득했기 때문이다.

Summarize the Textbook(교과서를 요약하라)

심각하게 지루하고 긴 교과서를 하루에 10페이지씩 읽는다는 것은 무리다. 어차피 읽어봤자 자세한 내용은 까먹을 터, 중요한 흐름부터 파악하는 것이 우선이다. 교과서에서 단원, 소단원, 제목, 중요하게 프린트된 단어를 중심으로 요약 정리하여 노트에 적고, 나머지 자세한 부분은 눈으로 빠르게 읽어 내려간다.

Make a Index Card(노트카드를 만들어라)

인덱스 카드, 혹은 ID 카드인데 월마트에 가면 쉽게 구입할 수 있다. 앞장은 설명, 뒷장은 단어를 적어 손에 들고 다니며 외울 수 있도록 만들어져 있다. 대개 영어시간에 단어 암기용으로 많이 사용된다.

Buy AP Summary Guides/Books(요약본이나 가이드책을 구매하라)

서점에 가면 AP US History에 관련된 요약본이나 시험 책, 노트 카드

등이 즐비하다. 두꺼운 교과서에 비해 훨씬 얇고 가벼운 이 책들은 핵심 내용과 영향, 예시 등이 잘 설명되어 있다. 시간이 없을 때에는 교과서를 읽는 대신 이 책으로 공부했는데 교과서를 혼자서 겨우 읽어 갔을 때와 별반 차이가 없었다.

Visualize your Chapter(배우는 내용을 시각화해라)

한 단원이나 사건마다 관련된 영화나 노래가 꼭 있다. 인터넷에 검색해 보면 많은 시각 자료가 있는데, 봐 두면 기억이 오래간다. 미국 History Channel 사이트에 가면 웬만한 미국 역사는 정리되어 있다. 유투브에서 관련 노래를 들어도 되고, 인터넷에서 학교 선생님들이 만들어둔 파워포인트를 다운받아도 된다. 인터넷은 무궁무진하다. 찾고자 하는 의지만 있으면 훨씬 쉽게 공부할 수 있는 길이 널려 있다.

Do not miss Extra-Credit Opportunities(추가 점수 기회를 놓치지 마라)

미국의 사립학교와는 달리 공립학교는 추가 점수 기회가 아주 많다. 미국의 공립학교는 열심히 노력만 하면 아무리 못하는 과목이라도 높은 점수를 받을 수 있도록 설계되어 있기 때문에, 추가 점수와 같은 기회만 잡아도 낮은 점수를 금방 회복시킬 수 있다. 나의 미 역사 선생님께선 매주 수요일 점심시간마다 역사 관련 히스토리 채널을 1시간 틀어주셨는데, 이 영상을 점심을 먹으며 시청하고 간단하게 요약해서 내면 퀴즈 점수를 올릴 수 있는 추가 점수를 주셨다. 덕분에 나는 내 실력과는 과분한 성적을 받을 수 있었다.

공교롭게도 내가 간 해가 미국의 최초 흑인 대통령이 당선된 역사적인 시기였다. 미국 두 당이 서로 다투어 캠페인을 벌이고, 역사적 연설을 하고, 사람들은 자신이 속하지 않은 다른 당을 비판하며, 역대 최대의 투표율을 기록한 광경들은 참 귀한 경험이었다. 나는 민주당을 지지하여 기뻤지만, 우리 호스트 가족을 비롯한 유타의 많은 사람들이 공화당을 지지하여 한동안 분위기가 침울했던 것이 기억난다. 앞으로 미국에서 공부하게 될 한국인으로서 미국 역사를 배우고 또 역사적인 순간들을 함께할 수 있어 운이 좋았다.

A-day 3교시 <AP Calculus AB>

나는 문과 성향이 다분해 평소 수학을 좋아하는 편이 아니었는데, 미국에 오자 수학수업이 너무 사랑스러워졌다. 갑자기 수학이 좋아진 것이 아니라 수업이 다른 과목에 비해 점수 받기가 너무 쉬워졌기 때문이다.

한국에서 고등학교 1학년 1학기를 마치고 왔고 수1을 예습해 갔지만 미국의 미적분학은 한국의 수학 교과과정과는 달리 미적분만 공부하기 때문에 장단점이 있었다. 한국에서 배운 부분보다 배우지 않은 부분이 더 많았지만 이론 이해를 중점으로 다뤘기 때문에 어렵지 않았다. 한국처럼 심화문제도 거의 없고 기초 이론만 익히고 넘어가는 식으로 공부했기 때문에 굳이 예습을 하지 않아도 수업시간에 집중만 하면 금방 배울 수 있었다. 어려운 부분은 한국 EBS와 같은 동영상 강의를 참고하려 했는데 범위가 일치하는 부분도 없고 중점도 달라서 전혀 도움이 되지 않았다. 서점에서 미적분 참고서를 사서 공부하는 것이 가장 효과적인 것 같았다. 물론 최고의 방법은 선생님께 질문을 많이 하고 그때 배운 내용을 저녁에 공부하려고 미루지 않고 수업 시간에 해결하는 것이다.

AP Calculus AB 시간은 학생수가 6명으로 다른 정원 20-30명짜리 수업 시간에 비해 수업의 질이 좋았다. 나를 제외한 모든 학생들이 Senior(12학년)이었기 때문에 나는 귀여움을 많이 받았다. 그러나 아무리 학년별 선후배 관계라든지 나이 차이가 상관없는 미국이지만 혼자

10학년이다 보니 별로 공감대가 형성되지 않았다. 특히 12학년들은 일년 내내 SAT나 진학 진로 문제로 이야기를 했는데 이제 겨우 10학년인 내가 뭘 알겠는가? 그래도 그들 덕에 이런 저런 좋은 이야기도 많이 듣고 조언도 들었다.

Calculus 시간에는 난생 처음 그래픽 계산기를 사용했다. 계산기를 전혀 사용할 줄 모르는 날 보고 "한국에서는 계산기를 쓰지 않니?" 라고 물었다. 한국에서는 머리로 다 계산한다고 하니 모두 놀라운 표정을 지었다. 미국에서의 문제는 한국처럼 딱 떨어지는 답이 아니라 10.9245와 같은 답이 많아서 계산기가 필요했다. Calculus 같은 경우에는 그래프를 항상 그려야 했기 때문에 따로 계산기 사용법을 익혀야 했다. 미국 아이들은 '할 줄 알기만 하면 되지, 계산은 내가 왜 해?' 라는 태도를 가지고 있다. 가끔가다 9 x 3도 계산기를 사용하는 폐해가 발생하기도 하지만 말이다.

☑ A-day 4교시 <Language Art>

새벽부터 운동하고, 힘 빠지게 노래 부르고 AP 수업을 두 개 듣고 난 후 비실거리며 찾아가는 곳이 영어수업이다. Language Art는 10학년이 듣는 영어 수업으로 문법, 단어공부, 작문, 읽기를 공부하며 11, 12학년 영어수업을 대비하는 반이다. 책은 10학년이 읽어야 할 필독 도서를 읽고 그에 따른 리서치 페이퍼 등 리포트 쓰는 연습을 한다.

특별히 생각나는 책은 John Steinbeck의 'Of Mice and Men'이라는 유명한 소설로 1960년대 당시 대공황 속의 노동자 생활을 배경으로 두 친구의 우정을 그린 책인데, 비속어가 워낙 많아서 읽는 데 애를 많이 먹었다. 안 그래도 다른 아이들에 비해 책 읽는 시간이 느린데 읽기 힘든 축약이 심한 비속어가 섞인 언어로 적혀있으니 답답했다.

"We got ten bucks between us. Look, if me an' Lennie work a month an' don't spen' nothing, we'll have a hundred bucks. I bet we could swing her for that. Then you an' Lennie could go get her started an' I'd get a job an' make up the res', an' you could sell eggs an' stuff like that"(우리 둘이서 10달러밖에 없어. 그런데 만일 나와 레니가 한 달 일을 하고 한 푼도 쓰지 않는다면 100달러가 생기게 될 거야. 그것만 가지고도 이 일을 처리할 수 있을 거야. 교섭이 잘 되면 영감과 레니는 일을 시작하고 나는 직장을 구해서 나머지 돈을 보충하고 자네들은 달걀 같은 것을 팔 수도 있을 테지.)

같은 반에 있는 단짝 Chris가 많이 도움을 줬다. 점심시간에 어려운 글을 읽어 주며 정식 영어로 바꿔 주기도 했고 퀴즈가 있는 날에는 요약 정리도 해 줬다. 그때 이후로 가장 유용하게 썼던 사이트가 Sparknotes로 다양한 과목에서의 학습 가이드와 토론을 제공하는 포럼인데 문학 섹션이 가장 유명하다. 웬만한 책은 스파크노트에 검색만 하기만 하면 캐릭터와 주제, 플롯에 대한 축약형 분석과 요약이 공짜로 제공되어 있어 문학 시간에 많은 학생들이 고맙게 사용하는 사이트이다. 바쁠 때는 책 읽기 대용으로 봐도 무관할 만큼 설명이 잘 되어 있어 Sparknotes의 도움을 정말 많이 받았다.

Language Art는 영문학 수업이 아니라 문법공부, 작문공부, 단어공부도 했다. 일반 수업이었기 때문에 큰 무리 없이 따라잡을 수 있었다. 문법 관련 수업을 할 때는 오히려 정식 영어를 배운 내가 미국 아이들보다 더 잘했다. 미국 학생들은 문법 공부 없이 자연스레 아는 것이 영어라지만, 간단한 주어, 동사, 형용사, 부사 찾기도 못하는 아이들이 몇몇 있어 어이가 없었다. 내게는 모국어가 영어가 아니라서 수강하는 과목이지 미국 아이들에게는 아주 쉬워야 하는 수업인데 이 수업조차

Fail(패스 하지 못하면 재수강을 해야 한다)하는 아이들이 있었다.

Language Art 시간이 공립학교의 일반 수업이다 보니 앞서 힘든 AP 수업과 너무 차이가 났다. AP 수업 학생들이 너나 할 것 없이 열심히 공부하는 반면에 이 수업시간에는 삼분의 일이 단잠을 자고 있고 삼분의 일이 떠들고 장난을 쳐 선생님께서 이 부류에게 소리를 지르느라 시간이 지나갔으며 나머지 삼분의 일이 어느 정도 공부를 했다. 미국 학생들의 학업성취도는 천차만별인 것 같다.

☑ B-day 1교시 <Japanese 1>

일 년 중 가장 재미있었던 수업은? 성적이 가장 높았던 수업은? 라는 물음의 답은 Japanese 1이다. 미국 공립학교에는 대개 Spanish와 더불어 French, Latin, German이 있고 동양 언어를 제공하는 학교는 잘 없는데, 공교롭게도 신설인 우리 학교에 Japanese 1 수업이 개강되었다. 미국인은 '일본' 하면 미지의 동양의 섬세한 스시, 환상의 애니메이션과 게임, 고도의 디지털을 가진 아주 신기한 나라로 여겼다. 일본이라는 이국적이고 모호한 환상에 사로잡힌 많은 아이들이 수업 신청을 했지만 하루 이틀 수강 후 만만치 않다는 것을 깨달았는지 하나 둘 그만두기 시작했다. 히라가나 가타가나를 외우지 못하겠다, 언어처럼 느껴지지가 않는다, 내가 생각했던 일본이 아니다, 별별 이유를 대며 불평을 해대는 학생들에게 선생님도 많이 실망하셨다.

나는 일본에 가본 적은 없으나 나 또한 어렸을 적 일본 애니메이션에 빠졌던 경험이 있어 웬만한 일본 회화 정도는 익히고 있었다. 또 일본어는 문법 구조, 발음 구조, 한자어 단어들이 한글과 비슷해 내겐 배우기 쉬운 언어였다. 하지만 나머지 미국 아이들에게는 배워도 배워도 익히기 어려운 고난도의 언어인 것 같았다. 일본어 발음이 어찌나 형편없던지 동양인이 영어를 배울 때의 힘겨움을 그들도 고스란히 경험하는 듯했다. 동양인이 영어의 "r"을 발음하기 힘들듯이 거꾸로 혀를 굴리지 않고 일어를 발음하는 것은 불가능으로 들렸다. 또한 영어와 닮은 구석이 하나도 없는 문법과 글쓰기에 혼란스러워했다.

일어가 그들에게 어려운 것은 둘째치고 제대로 예습 복습도 해 오지 않은 학생들 때문에 예정됐던 진도가 느려지자 하루는 선생님이 화가 나셨다. 이에 나도 한술 떠 내가 영어를 유창하게 하기까지 얼마나 공부를 해야 했는지에 대해 이야기해 주었다. 또한 대부분의 나라들이 배우기 어려운 영어를 의무적으로 많은 시간을 할애하며 공부하는데 이 정도의 노력도 하지 않느냐고 이야기를 하자 많은 학생들이 감동한 것 같았다. 나는 선생님의 총애를 어찌나 받았던지, 일어 시간만 되면 AP US History 시간에 주눅들었던 시간들이 회복되는 듯했다.

스미스 센세, Mr. Smith는 컴퓨터 디자인을 전공하신 분이지만 선교활동을 일본으로 다녀오셔서 일본어1을 가르치고 계셨다. 수업 시간마다 선생님보다 훨씬 발음이 좋은 나를 내세워 책을 읽게 했다. 히라가나, 가타가나, 또 간단한 칸지(한자) 정도는 한 주 안에 외울 법한데 미국 아이들에게는 몇 달씩이나 걸리는 일이었다. 항상 빨리 배우고 하나를 가르치면 열을 아는 날 선생님께선 하루가 멀다 하고 입이 마르게 칭찬하셨다. 예를 들어 みなさんしゅくだいのじゅんびしたんですか.(미나산, 슉타이노 쥰비 시탄 데스카? - 여러분 숙제준비 했습니까?)라고 질문을 하시면, 내겐 숙제 준비가 됐습니까? 라고 어렴풋이 들리는 덕분에 배우지 않은 문장도 이해가 갔다.

일본 문화에 대해 배울 때에는 일본에 대해 이미 많은 배경지식을 가지고 있는 나로서는 아주 쉽게 느껴졌다. 스페인어 시간에 부모님이 남미 출신인 아이들이 스페인어에 훨씬 유리한 것과 비슷한 것이었다. 또한 일어 시간은 한국과 일본의 차이점, 역사적 사건들에 대해 설명할 기회가 많아 좋았다. 선생님께서는 내게 일제 강점기나 독도 분쟁 등에 대해 발표를 할 기회도 주셨다.

☑ B-day 2교시 <Spanish 1>

미국에 오면 꼭 다른 언어를 배워보기로 다짐했었다. 스페인어는 미국의 남미계 인구로 인해 제 2외국어처럼 널리 쓰이는 언어이다. 영어와 유사한 점이 많아 배우는 데 큰 어려움은 없었다. 혀를 굴리는 double r "rr" 발음이 내게 매력적으로 다가왔다.

스페인어는 쓰이는 곳에 따라 발음이나 단어가 다르다. 미국에서는 주로 멕시코 스페인어를 배운다. 멕시코 스페인어는 본토 스페인에서 쓰이는 스페인어와 발음상, 구조상, 단어상의 차이가 많다. 고등학교를 졸업하고 스페인에 Victoria를 만나러 갔었는데 내가 배웠던 스페인어와 많이 달라 당황했던 것이 기억난다.

선생님은 멕시코에서 오신 나이 드신 Mr. Garza으로 솔직히 썩 좋은 선생님은 아니었다. 특유의 느릿느릿함과 멕시코 악센트가 고스란히 배인 영어는 종종 수업을 이해할 수 없게 만드셨다. 선생님께서도 교육용 비디오가 자기보다 훨씬 낫다는 것을 아셨는지 몇 개월 후에는 선생님 지도용 교육용 비디오를 시청하고 워크북을 푸는 것으로 수업을 진행했다.

스페인어는 여성, 남성용 단어에 따라 관사가 바뀌고 대명사에 따라 동사형태가 바뀌어 문법이 어려웠다. 하지만 문장의 구조 배열은 영어보다 오히려 한국어와 비슷했다.

미국의 많은 서비스 업계들이 스페인어를 지원하고 있다. 남미 이민자들이 많이 거주하는 마이애미 같은 도시에서는 스페인어를 거의 공용어로 쓰고 있으니 앞으로 스페인어의 중요성이 더욱 커질 것이다.

☑ B-day 3교시 <Advanced Drawing/Painting>

평소 미술을 좋아하는 내게는 즐겁고 행복한 시간이다. 친한 친구 Lauren과 수다를 떨며 그야말로 즐겁게 예술을 창조하는 시간으로 많은 학생들이 선택과목으로 듣는 수업이다. 엉뚱한 Mrs. Kerkseik께서는 "Great art comes from great music"(위대한 미술은 위대한 음악에서 비롯된다)이라면서 수업 내내 자기 취향의 음악을 틀어놓으셨다. 혼자서 음악에 취해 노래도 부르고 막 춤도 추시고 항상 발랄하고 예술을 창조하시는 선생님 덕에 거의 그만뒀던 미술에 대한 열정을 살릴 수 있었다. 그 덕에 난 미술을 대학에서 부전공으로 하고 있다.

Advanced Drawing이 반 년짜리 수업이기 때문에 2학기 때는 Advanced Painting이 너무 듣고 싶었다. 하지만 카운슬러가 졸업을 하기 위해서는 적어도 1년의 체육수업이 필수라고 하셔서 Fitness for Life라는 체육수업을 들어야 했다(나중에 알고 보니 Varsity Sports 팀에 2년 이상 있었으면 면제가 되었다. 나는 3년 동안 수영을 꾸준히 했기 때문에 면제가 되었는데 카운슬러가 이렇게 중요한 정보를 얘기 안 해주는 바람에 미술 대신 체육수업을 들어야 했다). 미술을 좋아하는 나는 2학기 때 수강하지 못한다는 사실이 슬펐다. 그래서 선생님께 사정을 말씀드리자 특별 제자로 삼아주셨다. 일주일에 세 번 점심시간에 찾아가면 오늘 배운 내용을 간단하게 설명해 주시고 숙제를 내 주셨다. 그러면 집에서 과제를 완성해서 다음날 검사를 맡아 개별로 수업 학점도 따도록 조치를 취해 주셨다. 점심시간에 식사하기도 바쁘실 터인데 시간을 내

주셔서 너무 감사했다. 한국의 전통 손지갑으로 고마움을 표현했다. 덕분에 집에서 해야 할 과제가 하나 더 늘었고 점심시간이 희생되었지만 내가 정말 하고 싶은 것을 계속 할 수 있다는 마음에 뿌듯했다.

☑ B-day 4교시 <Chemistry>

미국에서의 과학 교육은 한국의 과학교육과는 많이 달랐다. 실험과 보고에 중점을 더 맞추는 것 같다. 미국에 처음 왔을 때부터 나도 모르게 과학 과목을 꺼리기 시작했다. 원래 한국인으로서 수학, 과학 과목이 역사나 문학과목들에 비해 점수를 따기가 쉬운데 안타깝게도 나는 과학에 별 흥미가 없었다. 가장 무난하고 즐길 수 있을 것이라고 예상해 수강한 과목이 화학이다. 상급반이나 AP 과정이 아니기 때문에 쉽게 배울 수 있었다. 쿼터별로 주제를 정해서 공부를 했는데 금속의 성질과 이온, 주기율 표, 분자모델 구성, 냄새, 날씨 등에 대해 배웠다. 2학기 때는 체육 시간 바로 다음이라 가끔 졸음이 쏟아지기도 했다.

새로 구입한 온갖 화학 기구들을 우리가 처음 사용하는 영광을 누리게 되었다. 화학 랩이 있는 날에는 기구들을 가지고 재미있는 실험을 할 수 있어서 기대가 됐다.

Mr. Fonnesbeck은 한국으로 선교활동을 다녀오신 분이었다. 처음 출석 체크를 하실 때 내 이름을 완벽한 한국어로 불러 주시면서(미국인들은 내 이름을 절대로 제대로 발음하지 못한다) "한국인이죠? 만나서 반갑습니다."라고 하는 바람에 놀라서 의자 뒤로 넘어질 뻔했다. 나는 영어로 질문하고 선생님께서는 한국어로 대답하시는 아이러니한 상황까지 연출됐다. 내게는 지루한 화학을 즐겁게 배울 수 있어 행운이었다.

☑ Between Periods, <Lunch Time!>

점심시간 50분은 너무 짧았다. 학교 클럽활동들이 점심시간에 모임을 가지기 때문에 틈만 나면 모임을 하러 가야 했고, AP US History 추가 점수를 받으러 가야 했고 미술 수업을 받으러도 가야 했다.

학교에 다니면서 점심을 앉아서 먹어본 적이 거의 없었다. 바쁘지 않은 점심시간에는 친구들이 늘 먹는 구역에서 나를 반기고 있었다. 그래서 점심은 웬만하면 집에서 싸와 걸어 다니며 먹으려 했는데, 조그마한 샌드위치로 배가 절대 차지 않았다. 그래서 학교 식당에서 플라스틱 판에 점심을 받고 복도를 걸어 다니면서 급하게 먹어야만 했다.

정말 이해할 수 없는 미국인들의 특징 중 하나가 같은 점심을 일 년 내내 먹는 것이다. 수많은 이들이 매일 똑같은 종류의 샌드위치에(그것도 빵에 대충 햄이나 터키 고기를 끼워 넣은) 똑같은 음료수와 과자를 싸 온다. 나는 일주일만 먹어도 질려 구역질이 나는데 이들은 일 년 내내 개의치 않고 맛있게 먹는다.

한국에서 급식을 불평했던 적이 생각이 나서 반성을 했다. 영양가 있고 조리 방법과 메뉴도 다양하며 웰빙식 한국의 급식과는 달리 미국의 학교 점심은 마치 패스트푸드점을 연상케 했다. 일회용 급식판에 칩, 샐러드, 빵, 소스, 우유 하나도 빠짐없이 대량생산으로 찍어낸 허술한 음식에 너무 실망을 했다. 이렇게 대충 먹고 살아도 되나? 왜 아무도 항의를 하지 않는 거지? 먹는 수준은 왜 제 3세계 수준인 거지? 라고 수없이 불평을 해댔다. 집에서 도시락을 싸오는 데에 한계가 있었지만 학교 점심은 양만 많고 질이 너무 열악했다. 그래도 점심시간 때가 되면 새벽에 수영을 한 탓에 배가 고파 허겁지겁 맛있게 먹었던 것으로 기억한다.

▶ 학교 급식

▶ 집에서 싸온 도시락

나는 귀찮다는 이유 하나로 이렇게 대충 학교 음식을 먹었지만 건강이 정말 걱정되는 분이라면 집에서 싸 오는 것이 가장 좋다. 호스트 가족이 먹고 싶은 점심거리를 냉장고에 가지고 있지 않을 가능성이 크기 때문에 주말에 가족들이 장을 보러 가면 따라가 일주일간 먹을 점심거리를 사는 것이 좋다. 미국 식료품점에 가면 다양한 종류의 Lunch Meat(점심용 고기-햄, 터키, 소고기 등)와 치즈를 판다. 식빵도 흰 빵보다는 밀이나 다른 곡류로 만들어진 빵이 몸에도 더 좋기에 영양분 표기를 비교해 가며 사면 좋다. 과자 대신에는 채소나 과일을, 소다 대신에는 칼로리가 없는 차를 만들어 가는 것도 좋은 방법이다. 학교에서 예쁘고 날씬한 치어리더에게 물어보니 자기는 집에서 엄마가 채소만 있는 샐러드와 직접 만든 과일 드레싱만 먹는다고 했다. 나도 마음먹고 따라하려 했는데 역시나 식이요법은 대단한 의지를 필요로 했다. 결국 나는 여러 가지 사정으로 학교 패스트푸드를 택했다.

과외활동 Extracurricular Activities

'과외활동은 몇 개나 하는 것이 옳은가?'에 대한 답은 없다. 과외활동은 개수가 중요하지 않다. 하나를 해도 열심히 오랫동안 하며 그를 뒷받침할 수 있는 상이나 리더십을 획득하는 것이 중요하다. 과외활동은 스포츠 활동이나 클럽 활동으로 나뉜다(스포츠 활동은 다음 편에서 자세히 나와 있다). 리더십이 강한 학생들은 학생회에서 학교를 이끌어갔다. 악기를 다룰 수 있는 학생들은 학교 오케스트라 부에서 활약을 하고 무대에서 연기를 좋아하는 학생들은 드라마 클럽에서 활동을 했다. 나는 학교 Concert Choir부에 있었는데, 연습 시간이 많이 들기 때문에 학교에서는 수업으로 만들었다(내가 A day 1교시에 수강하는 수업이 사실 과외활동이다).

학교에 따라 차이가 있지만 관심 있는 분야의 과외활동을 얼마든지 찾을 수 있는 곳이 공립학교이다. 우리 학교는 신설인 이유 때문에 클럽이 몇 개 개설되어 있지 않았다.

교환학생 신분으로 미국 공립 고등학교를 다닐 때에는 호스트에 과외활동을 맞추어야 한다. 호스트 가족이 과외활동 때문에 라이드를 해줄 수 없는 경우에는 과외활동 하기가 어려워 진다. 예를 들어, 내 친구는 학교와 집 거리가 30분 이상이나 되었는데, 드라마 클럽 연습 때가 되면 스쿨버스를 타지 못하니 집으로 갈 라이드가 필요했다. 이것을 호스트 부모님이 협조해 주지 못하면 굉장한 골칫거리가 된다. 나도 호스트 부모님께서 따로 학교에서 집으로 라이드를 해 주실 형편이 되지 않았다. 그래서 클럽 활동이 있을 때마다 나와 집이 가까운 친구에게 태워달라고 부탁을 했다. 내가 속한 클럽은 학교 수업으로 하는 Concert Choir와 Service Club 그리고 NHS(National Honor Society)가 있었다.

Service Club은 Key Club이라고 불렸으며 미국 학교라면 꼭 있는 학교 봉사활동 클럽이다. 미국에서 봉사활동을 뭘 해야 할지 고민인 학생들에게는 방향 제시를 해주는 좋은 클럽이다. 우리 학교 Service Club은 학교에서 학생들로부터 자금을 모으는 것에 중점을 뒀다. 매 달마다 색다른 아이디어로 기부금이나 물품을 모아 아프리카의 학교로 보냈다. 주말에는 단체로 노인 복지 회관에 가기도 하고 동물 보호 단체에서 일하기도 했으며 무료로 불우 이웃 가정에 가서 그 집 빨래와 청소도 도와줬다. 미국의 학교는 대학에서도 비중을 두고 볼 만큼 상당량의 봉사활동을 요구한다. 단순히 시간 채우기가 아니라 또 하나의 학생의 활동

▸ 점심시간에 연 Service Club 활동

으로 간주한다. 봉사활동에는 자신의 관심사에 따라 남을 도울 수 있는 다양한 방법들이 있다는 것도 배웠다.

National Honor Society는 미국 대학 또는 고교의 명예 학생 단체이다. 명예 학생 단체에 들려면 문서를 작성해 학교로부터 뽑혀야 가입할 수 있다. 조건 자격으로는 높은 GPA(평점-미국 고등학교 성적), 원만한 교우관계, 평소 태도, 봉사활동, 스포츠 활동, 음악/미술 활동, 봉사활동, 지역 활동, 직업 경험 등이 필요하다. National Honor Society는 1학기 중반에 선발공고가 나왔다. 아직 미국에 온 지 얼마 되지 않아 지원 서류에 딱히 적을 만한 내용이 없었지만 한국에서의 학교 성적표와 미국 첫 쿼터 성적, 또 지금까지 미국에서 참여한 과외활동과 봉사활동을 적었다. 또한 내가 좋아하는 일어 선생님께 추천서를 받고 Personal Essay(자기 소개서)를 제출했다. 몇 주 후 합격 소식이 왔고 멤버들의 부모님 혹은 가디언, 친척들이 참석할 수 있는 Ceremony(식)가 열릴 예정이라 했다. 나는 호스트 부모님을 모시고 멤버가 되는 Ceremony에 참석하였다. 멤버로는 학생회 멤버들, 공부를 잘하는 똑똑한 학생들, 각종 스포츠에서 활약하는 학생들, 미술이나 음악에서 탁월한 소질을 가진 학생들, 봉사활동이 투철한 학생들, 컴퓨터에 능해 이미 프로그램 회사에서 일하고 있는 학생 직장인들 등 다양한 종류의 학생들이 가입서 상장을 받을 수 있는 기회를 가졌다.

NHS는 가입 자체가 주 목표이기 때문에 활동은 다른 클럽에 비해 많지는 않았다. 가끔 학교를 위해 봉사하거나 고학년이 저학년에게 조언을 해주고 인맥을 쌓을 수 있는 기회를 주었다. 이 특권을 교환학생으로서 첫해에 누리게 되어 영광이었다.

미국 십대들의 사교생활
The Social Life of American Teenagers

내게 이메일을 보내는 많은 학생들이 항상 이런 질문을 해왔다. "미국에 곧 가는데 친구를 사귀지 못할까 봐 너무 두려워요. 어떻게 해야 친구를 사귈 수 있나요?" "친구를 쉽게 사귀는 방법이 없나요?"

나도 미국에 가기 전에 문화 차이 때문에 친구를 못 사귈까 걱정을 했었다. 하지만 막상 아이들과 지내다 보니 한국의 아이들과 별반 다를 바 없다는 걸 느꼈다. 한국에서 친구를 사귀는 과정과 미국에서 친구를 사귀는 과정은 똑같다. 서로 가벼운 대화를 통해 만남이 시작되고, 공통 관심사가 생기면 가까워지고, 많은 시간을 함께 보내면서 좋은 친구가 되는 것이다. 그러므로 한국에서 친구 사귀는 데 문제가 없다면 굳이 걱정하지 않아도 된다.

공립 고등학교는 정말 다양한 종류의 사람들이 있기 때문에 그 속에서 마음 맞는 친구는 많다. 미국 학교는 우리나라처럼 한 교실에 같은 사람들과 지내는 것이 아니고 듣는 수준의 수업에 따라 반을 옮겨 가기 때문에 수업 단위보다는 학교 락커가 가까운 사람들, 과외활동 단위, 스포츠 단위, 소꿉 친구 단위, 스타일 단위 등으로 공통 관심사 단위의 친구가 많다. 대개 학교에선 단짝 몇 명을 비롯한 자신의 친구 그룹(Clique)과 몰려 다니는 경우가 흔하다. Clique은 우리말로 파벌, 혹은 패거리란 뜻인데 고등학교 내에 존재하는 친구 그룹 같은 것이다. 얼마 전 MTV에서 이런 Clique에 붙는 라벨 때문에 학생들의 원만한 사교생활이 무너지고 있는 것에 관한 프로그램을 본 적이 있다. 학교 위치와 크기에 따라 Clique 현상이 심할 수도 있고 거의 없을 수도 있다. 하지만 공립 고등학교에서는 여전히 이러한 Clique들이 존재한다. 굳이 전형적인 미국 공립학교 Clique들을 아주 일반화하고 고정관념화해서 정리하자면 아래와 같다.

·The Jocks: 이들은 운동을 하는 여러 무리의 남학생 패거리로 주로 풋볼, 축구, 농구, 야구에 따라 그룹이 나뉜다. 형제애로 죽고 살며 스포츠 유니폼을 즐겨 입는다. 학교 대표 스포츠에 들면 자연스레 소속되는 이 Clique은 한번 들어가면 빠져 나오기 어렵다는 단점과 단지 스포츠에 있다는 이유로 여러 명과 친구가 될 수 있다는 장점이 있다. Prep Girls랑 데이트를 하고 대개 머리가 좋지 않다는 고정관념이 있다.

·The Nerds: 우리말로 하면 범생이인 공부만 하는 학생들로(그렇다고 꼭 공부를 잘하는 것은 아니다) 수학이나 과학 또는 컴퓨터에 능하다. 사교능력이 제로이고 저학년 때는 괴롭힘을 당하는 경우가 있다. 과학시간에 랩 파트너가 되고 싶은 순위 1위. 착하고 고운 마음씨를 가지고 있다.

·The Punks: 소위 "펑크족"으로 Punk 음악에서 유래된 것이다. 핑크나 초록같이 드라마틱한 헤어스타일과 과도한 복장으로 학교측에서 가장 싫어하는 부류이다. 폭력적이고 사고를 물고 다닌다. 우리 학교에는 이런 펑크족은 거의 없었다.

·The Class Clowns: 수업시간에 엉뚱하고 웃긴 질문으로 선생님을 힘들게 하는 반면 학생들에게는 인기가 많은 소위 "수업광대"들이다. 이건 Clique이라기보다는 개개인 명칭으로 더 쓰인다.

·The Goths: 검정색 부류의 옷을 입고 음울한 분위기를 잡으며 필사적으로 자신의 진술을 내세우려고 한다. 반대 성별의 옷을 입는 경우가 있고 자신들만의 방법으로 불공평을 항의하려 한다. 검은색 계통의 옷과 특이한 헤어스타일에 사람들이 가끔 무서워한다.

·The Emos: 본래는 감정적인 하드코어(Emotional Hardcore)라는 락 음악 스타일에서 나온 것. 말 그대로 굉장히 감정적이고 세상을 비관

적으로 바라본다. The Goths처럼 검은색 계통의 옷을 입고 다니고 피부는 하얗게 유지한다. 내성적이고 말이 없으며 사진 찍는 것을 좋아한다.

·The Preps: 사교적이고 부모님이 돈이 많은 부자다. 명품 옷을 입고 다니며 학교를 운영한다. 사람들이 친해지고 싶어하면서도 거리를 두는 부류. 우리 학교에는 거의 없었는데, 일 년 후에 간 사립학교는 The Preps의 천국이었다.

·The Girly Girls: 여성스러움의 극치를 달리는 여자애들 그룹. 소위 "뒷담화"가 심하며 외모에 신경을 아주 많이 쓴다. 대부분이 치어리더들이고 학교 여자아이들에겐 욕을 많이 얻어먹는다. 인기 있는 남학생들과 사귄다.

·The Tomboys: The Girly Girls와 정반대의 그룹. 남학생처럼 옷을 입고 행동도 남자처럼 한다. 머리는 짧은 경우가 많으며 외모에 신경을 잘 안 쓴다. 그중 몇몇은 가끔 레즈비언이다. 털털하고 다가가기 쉽다.

·The Band Geeks or The Choir/Drama People: 말 그대로 밴드나 성가대, 드라마 클럽을 중심으로 이루어진 아이들로, 공연이나 대회를 준비해야 하기에 항상 몰려 다니며 연습을 한다. 전형적인 과외활동 그룹이다.

·The Christians: 아주 종교적인 아이들로 항상 성경을 옆에 끼고 살며 조용하고 자기들끼리만 지낸다. 학교 마치고 성경공부를 하며 성가대에서 활동한다. 단정하게 옷을 입고 최대한 성스럽게(?) 살려고 노력한다.

·The ROTC: ROTC는 학사 장교 훈련단(Reserve Officer Training Corps)의 줄임말로 학교에서 주관하는 군대 활동 프로그램에 참가하는 아이들이다. 수업을 마치면 군사훈련을 받으러 가고, 항상 제복을 입고 다니고 ROTC 활동에 많이 참가한다.

·The Ethnic Groups: 유타에는 대부분이 백인이라서 많이 없었는데, 인종이 다양한 학교에 가면 인종, 국가에 따라 그룹이 형성된다. 우리 학교에는 히스패닉 학생들이 약 7명 정도 있었는데, 같이 지내는 것을 보았다.

·The Stoners: 영어에서 "Stoned"는 "술에 취한 이"라는 뜻이 있는데 미국에서는 대게 마리화나 혹은 대마초에 중독된 아이들을 일컫는 말이다. 마리화나를 피는 것은 불법이지만 우리나라 고등학생이 담배를 피는 것처럼 많이 피우며 미국 내에서도 마리화나에 대한 논쟁이 많다. 마리화나는 사람을 진정시키고 양이 과하면 환각까지 시키기 때문에 마리화나를 자주 피우는 학생들은 항상 반쯤 잠긴 눈을 하고 몽롱하게 복도를 걸어 다니기 때문에 Stoner라는 이름이 붙여졌다. 당연히 가까이 하면 교환 학생 신분으로 좋을 것 없는 부류이므로 멀리 해야 한다.

·Just the Normals: 앞서 말한 그룹에 들지 않는 나머지 학생들이다. 대개는 소꿉 친구들과 다니고 학교생활을 무난하게 거쳐간다.

어떤 부류의 친구들과 사귈 것인지는 개인의 선택이다. 어느 학교에 가든 친하게 지내는 아이들이 몰려 다닐 것이다. 굳이 여러 명과 지내지 않고 단짝 친구들과 지낼 수도 있고 가까운 친구보다는 모든 이와 친하려고 할 수도 있다.

우리 학교는 올해 새로 지어진 학교라서 이러한 Clique이 형성되지 않은 특별한 케이스였다. 일주일이 지나자, 자연스레 사람들은 나뉘어졌고, 나는 나만의 Clique을 만들기로 했다. 혹 학교 내에 아는 사람이 없고 친구를 만들고 싶다면 먼저 가서 말을 걸면 된다. "Can I have a lunch with you guys?"(너희들과 점심 같이 먹어도 되니?) 라고 말을 건네면 거의 대부분이 흔쾌히 "Yes" 라고 할 것이다. 그들이 먼저 말을 걸어 올 것이라고 기대하지 말고, 내가 먼저 다가가는 것이 친구 만들기의 첫걸음이다.

우선 내가 알고 있던 친구들은 교회에서 한 번 본 아이들과 Victoria 뿐이었다. 2년 뒤 나는 단짝 친구였던 이 스페인에서 온 빅토리아의 집에 초대받아 고등학교 졸업 선물로 부모님께서 유럽여행을 보내주셨다. Victoria와 나는 둘 다 이국 땅에 외국인이라는 이유만으로 이미 끈끈한 연결고리를 형성하고 있었다. 처음엔 교회에서 만난 친구들과 점심을 먹었는데, 조용조용한 성격들이 나와 별로 맞지 않는 것 같아 그룹을 나왔다.

Victoria와 나는 그때부터 "친구 물색"을 시작했다. 집도 가깝고 스쿨버스에 나와 같이 앉아 친해진 Lauren이 가담했고 우리는 혼자 점심을 먹고 있던 조용하고 착하게 보이는 Heather를 초대했다. Heather는 독실한 모르몬교도에 동생이 7명이나 되는 맏이로 우리 그룹의 엄마 역할을 해 주었다. Language Art 시간에 먼저 말을 걸며 착하게 굴어준 전형적인 Nerd인 Chris가 참여했고 Band Geek인 Colton이 Victoria와 사귀게 되면서 사람이 또 늘었다. Victoria와 Colton은 서로 밴드와 기타를 사랑한다는 점에서 이어졌고, 그들 덕에 덩달아 콘서트에 갈 수 있는 기회가 왔다. 곧이어 웃기고 어리벙벙하게 보이는 Class Clown인 Zach이 참가해 웃음이 끊길 때가 없었고, ROTC guy인 Brandon까지 가담해 우리 그룹은 꽤나 멋졌다. 나와 Victoria가 만든 이 다양하고도 멋진 그룹을 보면서 정말 흐뭇했다. 수업은 달라도 점심시간에 우리가 찜 해둔 자리에서 항상 모여 밥을 먹었고 주말에는 함께 놀러도 갔다.

서로가 자라온 배경도 다르고 성격이나 관심사가 완전 다름에도 불구하고 여자 넷 남자 넷으로 구성된 나, Victoria, Lauren, Heather, Chris, Colton, Zach, Brandon은 일 년 내내 소중한 인연이 되었다. 나, Victoria, Lauren, Heather는 Concert Choir를 함께 들었고, Chris와 나는 Japanese, Language Art를 같이 들어 수업시간이 즐거웠을 뿐 아니라 서로 도와줄 수도 있었다. 내가 기쁠 때는 친구들이 축하해 줬고 슬플 땐 항상 내 곁에서 위로해 주었다. 휴일에는 함께 놀았고, 학교 행사에도 함께 참석했으며 공식 댄스파티에도 같이 갔다. 이 친구들이 없었더라면 내 미국 생활은 아무것도 아니었을 것이다. 인종을, 국적을 넘어서 제 2의 가족이 되어 준 이 친구들을 정말 사랑한다. 2년 뒤 나는 스페인에서 온 가장 친구 Victoria의 초대로 고등학교를 졸업하고 바르셀로나에 20일 가량 머물며 여행을 하게 되는 좋은 경험을 얻게 된다.

▸ 호스트 집 수영장에서 친구들과 함께

▸ 가장 친한 친구들과 학교에서

06 미국은 스포츠의 왕국

America, the Land of Sports

해질 무렵 집 앞을 나서면 남녀노소 가리지 않고 자전거를 타거나 애완견과 조깅을 하는 모습을 흔하게 볼 수 있다. 공원에는 풋볼을 즐기는 아이들이 많고 집 앞 스포츠센터는 여가를 즐기는 사람들로 북적거린다. 아이들은 어렸을 적부터 스포츠리그에 들어 정식 선수들처럼 대우를 받으며 경기를 하고, 부모들은 핫도그나 음료수를 팔며 경기에 협조한다.

스포츠는 단순히 건강의 목적이 아니라 사교와 과외활동의 중요한 틀로 대부분의 미국인들은 하나 이상의 스포츠에 능하다. 주말에는 가족 또는 친구들과 좋아하는 팀을 응원하러 경기를 보러 간다. 우리 가족은 BYU(Brigham Young University) 풋볼의 팬으로 시합이 있을 때마다 온 가족이 텔레비전 앞에 모여 피자와 팝콘을 먹으며 열렬히 응원했다.

가을은 미식축구의 계절이다. 각 학교의 미식축구팀이 무르익을 때로 금요일 밤만 되면 타 학교와의 경기로 온 마을 사람들이 경기를 보러 왔다. 나는 원래 스포츠를 즐겨보지 않았으나 미식축구 경기는 단순히 스포츠를 보는 것 이상으로 친구들 그리고 마을 사람들과 어울리는 사교의 장이자 한 주를 시원하게 막을 내리는 축제 같은 것이었기에 매 경기를 꼬박꼬박 챙겨보았다.

금요일 학교가 마치면 친구들과 모여 풋볼경기를 보러 갔다. '풋볼' 하면 빼 놓을 수 없는 화려한 치어리더들의 응원과 경기 휴식 틈틈이 펼쳐지는 댄스 팀 공연도 큰 볼거리다. 학교 티셔츠를 입고 큰 소리로 응원하다 보면 어느새 Desert Hills High School의 일원이 되었다는 것을 몸소 실감한다. 어린애들처럼 친구들과 뛰어다니고 장난치다 보면 한 주의 피로가 사라졌다.

TGIF! (Thank (God/Goodness/Gosh) 'It's Friday' 의 줄인 말로 '하느님(신)께 감사하라. 오늘은 금요일이다' 아니면 '드디어 금요일이군' 미국에서 토요일 기분이 드는 금요일에 하는 말이다.)

▸ 풋볼 경기 응원 모습

▸ 경기장에서 친구들과

미국 최고의 인기 스포츠인 '미식축구' 하면 빼놓을 수 없는 것이 그 하이라이트 National Football League(전 미식축구 연맹)인 Super Bowl이다. 슈퍼볼은 그 해 가장 중요한 미식축구 경기로 그 인기가 하늘을 찌른다. 매년 이 경기가 열리는 2월 첫째 주 일요일은 "슈퍼 선데이" 라고 불리며 거의 국가 공휴일로 여겨진다. 얼마나 대단한가 하면 전국민 대부분이 이를 시청하고(시청률이 70%) 추수감사절에 이어 두 번째로 음식 소비량이 많은 날이다.

평소에 미식축구에 관심이 많지 않은 사람들도 이날만큼은 삼삼오오 모여 맥주와(유타에서는 물론 종교 때문에 술을 찾아보기 힘들었지만 대개는 술 소비량이 높다) 피자, 치킨 등 먹을 거리를 두고 TV 앞에서 파티를 벌인다. '슈퍼 볼' 하면 경기와 더불어 꼭 화제가 되는 것이 이 프로그램에 붙는 광고들이다. 30초짜리 광고비가 무려 30억 원이나 든다고 하지만 그걸 감수할 만큼 엄청난 매출 증대 효과, 또는 브랜드 인지도 혹은 선호도 증대 효과가 있다고 한다. 미국인이 좋아하는 과자 중 하나인 Doritos는 슈퍼볼만 떴다 하면 웃긴 광고들로 사람들에게 웃음을 준다. 일본의 혼다와 우리나라의 현대 차가 앞다투어 광고를 하는 것도 보았다. 이에 따른 슈퍼볼 징크스부터 슈퍼볼 신드롬까지, 미국인의 풋볼 사랑은 끝이 없나 보다.

미국 고등학교 스포츠 팀
High School Sports Teams

방과후에 영어학원, 수학학원으로 달려가는 우리나라 학생들과 달리 자기가 좋아하는 스포츠 팀에서 열심히 땀 흘리는 모습은 내가 한국에서 가장 동경해 왔던 미국의 모습이다. 학교에서 하루 종일 앉아 공부만 하는 것이 얼마나 건강을 위협하는 일인지는 한국에서 어깨 통증으로 한의원을 다니며 잦은 복통의 생활로 운동이 부족함을 몸소 체험했다. 스포츠를 알지 않고서는 진정한 미국을 알 수 없다.

미국의 공립학교는 Football(미식축구), Soccer(축구), Baseball/Softball(야구), Volleyball(배구), Basketball(농구), Tennis(테니스), Swimming(수영), Wrestling(레슬링), Weight Lifting(역도), Track and Field(육상경기), Gymnastic(체조), Cross Country(달리기), Cheerleading(치어리더)을 제공하고 지역과 학교에 따라 Diving(다이빙), Crew(크루), Ice Hockey(아이스하키), Badminton(배드민턴), Lacrosse(라크로스)와 같이 그 이상을 제공하기도 한다.

"한국인이 하기에 가장 쉬운 스포츠는 뭔가요?" 라는 질문을 자주 받는데 그럴 때마다 개인이 가장 자신 있고 잘한다고 생각하는 스포츠가 제일 쉬울 것이라고 대답해 준다. 미국에서 한번도 해 보지 않은 스포츠에 도전한다는 것은 아주 힘든 일이다. 미국 학생들은 어렸을 적부터 해당 스포츠를 해 왔기에 개개인 실력이 대단하다. 또한 대학이 스포츠를 아주 중시하기 때문에 실력이 좋으면 여러 대학에서 모집하려 하고, 학생들 중에서는 스포츠로 장학금을 받고 대학에 가려는 학생들도 꽤 있기 때문에 한국에서 아무리 잘한다고 생각했어도 많은 노력 없이는 해당 팀에서 살아남기 힘들다. 그래서 한국에서 어느 정도 자신 있었던 스포츠를 하는 것이 낫다. 원래 스포츠를 전혀 하지 않은 사람이라면 육상경기, 달리기, 배드민턴과 같은 팀이 배우기에는 쉬울 것이다 (그렇다고 이들이 다른 스포츠에 비해 쉽다는 것은 아니다). 또 성격에 따라 팀워크를 통해 상대편과 겨루는 것을 좋아하면 미식축구, 야구, 배구, 농구를 해볼 만하고, 나처럼 팀워크보다는 좀더 개인적인 스포츠를 선호하는 사람이라면 테니스, 달리기, 수영과 같은 스포츠를 선택하는 것이 좋다.

미국 고등학교의 스포츠는 까다로운 조건들과 강도 있는 훈련으로 취미활동쯤으로 생각해서는 큰코다친다. 뿐만 아니라 부모님을 호송한 모임도 있고 전지훈련이나 대회가 있으면 주위 사람들의 지지가 어느 정도 필요하다. 해당 스포츠 팀에 들어가려면 건강검진을 받아야 하는데, 한국에서 가져간 영문 진단서조차도 인정이 되지 않는다. 직접 그 주에서 고등학교 스포츠 건강진단을 따로 하는 전문의를 찾아가 간단한 진단을 받아야 한다(안타깝게도 보험 처리는 되지 않는다). 학교를 옮겨 다른 주에 가게 되면 그 주에 따른 건강진단서를 다시 받아야 한다. 혹시 고등학교 스포츠 팀이 너무 과하다 싶으면 근처 Local Sports Center 현지 스포츠센터에서 주관하는 팀에 드는 것을 고려해 보는 것이 좋은 대안이라 생각된다.

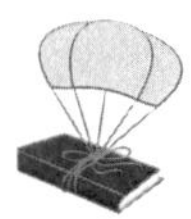

극적으로 들게 된 수영 팀
Barely made it, but it Still Counts

미국에 오기 전 스포츠 팀에 꼭 들겠다고 다짐했었다. 한국에서는 휴식조차 할 수 없는 빡빡한 학교 일정 때문에 운동을 할 시간이 없었기에 체력이 많이 약해진 상태였다. 근육 하나 없는 마른 몸으로 미국에서 바쁜 생활을 과연 견더낼 수 있을까 걱정도 했다. 내가 유일하게 할 수 있는 스포츠가 수영이었다. 초등학교 시절에는 집 앞 스포츠센터에서 꾸준히 연습했었는데 그만둔 지 몇 년이 지난 지금도 감각이 많이 남아 있었다. 무엇보다도 물을 좋아하는 나는 이번 기회에 학교 대표 수영 팀에 들리라는 희망을 가지고 있었다.

학교가 시작된 지 2주 정도가 지났을 때 수영 팀 Tryout이 있을 거라는 방송이 있었다. Tryout은 각종 스포츠 단체에서 추후 팀에 들 것인지 아닌지를 결정하기 위해 하는 일종의 시험이다. 그래서 학교 팀에 들려면 꼭 통과해야 하는 관문이다. 그날 오후 두근거리는 마음으로 호스트 엄마와 함께 집을 나섰다.

수영장 여자 락커에 도착하자 이미 많은 아이들이 스트레칭을 하고 있었다. 모두들 수영을 적어도 몇 년은 한 것 같았고 여름방학 캠프를 통해 훈련이 이미 된 상태였다. 서로 벌써 친해져 어울리는데 나는 뭐가 어떻게 돌아가는지 몰라 극심한 공황에 빠졌다. 허겁지겁 수영복으로 갈아입고 나서니 50명쯤 되어 보이는 수영 선수들이 물에 들어갈 준비를 하고 있었다. 주위를 둘러보니 나의 키가 제일 작은 것 같았다. 피부도 내가 제일 희고 체구도 가장 왜소했고 근육도 제일 없었다. 위축될 때로 위축된 나는 수영장을 쩌렁쩌렁 울리는 날카로운 호루라기 소리에 놀라 비명을 지를 뻔했다. 모두들 일제히 물에 풍덩 다이빙하는데 나는 차가운 수영장 물에 놀라지 않은 척하면서 뒤따라 들어갔다. 코치는 내가 알아들을 수 없는 수영 용어로 뭐라고 소리 질렀고 아이들이 그의 명령에 따라 일제히 움직였다. "Are you going or not? If not, move away" (너 가는 거야, 마는 거야? 아니면 비켜) 라는 주위 아이들의 비난에 정신 없이 수영을 했다. 그 모습이 어찌나 물에 빠진 강아지 같았는지 나 때문에 우리 레인 전체가 막혀버리자 코치는 호루라기를 불었고 나는 제일 끝 레인으로 분리되었다. 기분이 정말 나빴다. 이렇게 코치는 한 명 한 명 분리해 네 레인으로 나누었다. A 레인은 Varsity 학교 대표 팀(혹은 제 1군), B 레인은 Junior Varsity 제 2군이었으며 C 레인은 훈련 후 발전 가능성이 있는 탈락시키기에는 아까운 아이들로 구성된 레인이었으며 내가 속한 D 레인은 탈락자들이었다. 내가 속한 레인을 보니 비만인 여학생 2명(사실 그들의 실력조차 나보다 나았다), 비만인 남학생 2명, 거식증 환자같이 보이는 남학생, 체격은 정상인데 수영을 너무 못하는 학생들 4명, 이렇게 10명이 있었다.

A 레인 아이들은 환성을 지르고 있었고(아직 공식적으로 발표가 난 것은 아니었지만 대충 자기 위치를 볼 순 있었다) 난생처음 낙오자 그룹에 분류돼 버린 나는 눈물이 나오려는 걸 억지로 참았다.

Tryout 도중에 힘이 빠져 올라오는 것조차 힘들었다.

코치가 우리 레인으로 걸어오더니 우리 10명을 보며 "There is a

manager spot left, if you want. Come and see me after if you're interested" (아직 매니저 자리가 있습니다. 관심 있으면 끝나고 절 찾아오세요)라는 말을 남겼다. 굴욕적인 하루였고, 몇몇은 포기하고 그냥 돌아가는 것 같았다. 내가 코치 사무실에 문을 두드렸을 때 조금 전 봤던 그 뚱뚱한 여자애가 나오고 있었다. 음, 경쟁자인가? 난 최대한 밝게 미소를 지으며 인사를 했다. 무서워만 보이던 코치도 내게 온화한 미소를 건네고 있었다. 나는 최대한 불쌍한 척을 하며(사실 그때 내 처지가 불쌍하긴 했다) "저는 한국에서 왔습니다. 미국에서 수영을 하는 것이 제 꿈이었는데 생각보다 Tryout이 많이 어렵네요. 시키는 건 뭐든지 할 수 있을 테니 매니저가 되었으면 합니다" 하면서 준비해 뒀던 뇌물(?)격인 한복을 입은 소녀가 달린 열쇠고리를 드렸다. 웃는 걸 보니 맘에 드시는 것 같았다. 며칠 후 학교에 수영 팀 정식 명단이 나왔다. Captains….Varsity Swimmers…… Junior Varsity Swimmers…. And The Manager : Dayoung Kim! 앗싸!!! 얼마나 기뻤던지 그때의 굴욕이 씻겨나가는 듯했다.

매니저 자리는 팀을 따라다니며 매니저를 한다기보단(이런 건 주장 부모님이나 부 코치들이 알아서 했다) 팀에 턱걸이로 속한, 탈락자 중 한 명을 구제해 주는, 딱 나를 위한 그런 자리였다. 그날 집으로 5장 분량의 8월에서 2월까지 표기되어 있는 긴 스케줄 목록이 왔다.

월, 화, 수, 목, 금 훈련은 Morning Practice(새벽 훈련) 5am~7am, 화, 목은 Dryland 4pm~6pm(체육관에서 하는 보충 훈련), 크리스마스, 봄방학 때는 특별 훈련, 일주일에 이틀은 수영경기, 전지훈련, 시즌 막판에는 Regional(지역예선) State(주 챔피언십)….

수영 팀이 힘들고 대단한 것이라고는 예상했지만 일년 훈련 스케줄이 빡빡하게 잡힌 달력이 올 만큼 심각하게 받아들이지 않았던 나는 앞으로의 훈련이 걱정됐다. 큰일이다, 정말.

수영부에서 살아남기 Surviving the Swim Team

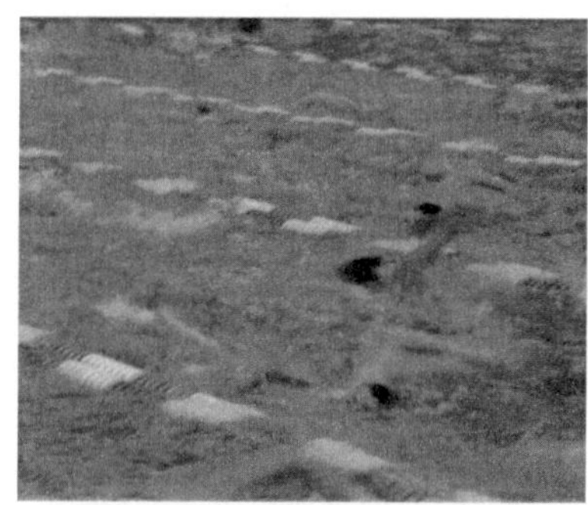

수영 팀은 Saint George 주위의 우리 학교를 포함한 네 학교가 함께 훈련을 했다. 각 학교에 수영장이 없었으므로 우리 집과 가까운 도시 체

육관에서 수영장을 공유했다. 훈련이 새벽 5시에 시작하기에 적어도 4시 반에는 일어나야 했다. 다행히 체육관이 집과 5분 거리였다. 자기 전에 갈아입을 옷과 세면도구, 수영복, 수경을 챙겨놓고 새벽 4시에 일어나 밤하늘을 보며 아침을 먹었다. 정말 감사하는 것은 호스트는 나를 위해 같이 일어나 빠진 것이 없는가 챙겨주셨다(나는 나중에 집이 가까운 사람들 세 가족과 카풀을 했다). 옷을 갈아입고 첫 훈련장에 도착했다.

수영장에는 코치가 두 명이나 더 늘어 있었다. 레인을 수준에 따라 네 부분으로 나눴고 각 레인에 한 명의 코치들이 배정되었다. 모든 코치들이 20대라 친구 같은 친근함이 있었지만 훈련을 할 때는 장교같이 대해야 했다. 내 코치는 몸이 좋고 착하게 생긴 23살의 Inti 코치님이었다. 다른 레인은 벌써 무시무시한 호루라기가 돌아가고 있었는데 우리는 서로 자기소개부터 했다.

우리를 초등학생 대하듯이 했는데, 덕분에 마음을 편하게 가질 수 있었다. Inti는 다정다감했으며 미소가 귀여웠으며 수영 시즌 내내 나를 편하게 해주었다. 코치는 항상 내 말에 귀 기울였고, 아픈 어깨를 봐주고 틀린 점을 지적해주고 잘할 때는 하루 종일 미소를 머금게 하는 백만 불짜리 칭찬을 해 주셨다.

훈련은 커다란 화이트보드에 적혀 있는 Warm Up(워밍업운동)으로 시작했다. 분량은 1000m 정도로 수영장 열 바퀴였다. 워밍업이 끝나고 나면 우리는 다양한 도구를 사용해 단점을 보완하고 장점을 강화하기 위한 훈련을 했다. 내가 가장 약했던 부분이 다이빙과 턴이었다. 다이빙대에서 머리를 숙이고 성공적으로 다이빙하는 것이 첫 몇 미터를 좌우하는데 나는 다이빙을 자꾸 잘못해 수경이 벗겨졌고 그때마다 현기증을 느꼈다. 턴은 수영장 끝에 다다르면 멈추는 것이 아니라 앞 구르기 식으로 구른 후 로켓을 발사하듯이 벽을 차고 스피드를 유지한 채 나아가야 하는데 물만 먹고 제대로 턴을 하지 못하니 속도 차이가 벌어지는 주 요인이 되었다. 또 나는 익숙하지 않은 장거리 경기에서는 호흡 조절을 잘 못해 토할 것 같은 메스꺼움을 줄곧 느꼈고 전체적으로 체력도 약해 굼벵이 같았다. 이런 내 스타일을 분석해 Inti 코치와 나는 장거리보다는 단거리 연습을, 힘을 기르기보다는 더 쉽게 물살을 가를 수 있는 기술을 연마했다. 그 결과 내 수영 실력은 날로 좋아졌다.

새벽 훈련은 마지막 날인 금요일이 가장 힘들었다. 금요일 아침에는 다들 좀비와 같은 몰골로 수영복을 갈아입고도 벽에 쓰러져서 자고 있었는데 코치들은 그런 우리들을 깨우려고 얼음물을 뿌리고 시끄러운 호루라기를 귓가에 삑삑 불어대고 난리 법석이 따로 없었다. 새벽 훈련은 빠지는 것을 방지하기 위해 점수 판을 만들었다. 이 점수 판은 새벽 훈련 참가도+수영대회 참가도+대회기록+노력도를 측정하여 50점이 되지 않으면 수영부 강제 탈퇴, 75점이 넘지 않으면 수영대회 참가 자격이 주어지지 않았다. 그래서 잘하는 아이든 못하는 아이든 열심히 참가해야 했다.

두 시간 동안 맹훈련을 하고 나면 상쾌한 개운함이 온몸을 맴돌았다. 30분 만에 샤워를 하고 학교에 갈 준비를 하는 것이 너무 바빴는데 수영부 여학생들이 하는 5-5-10-10법(샤워5분, 옷 갈아입는 데 5분, 머리 말리는 데 10분, 화장하는 데 10분)을 모방했다.

수영부 아이들은 오랫동안 훈련하며 친했던 사이라 나를 잘 받아들여주지 않았다. 스포츠이기 때문에 자기 레인별로, 친한 친구들과 어울렸는데 나는 아는 사람도 없고 내 레인에는 남학생들밖에 없어서 수영부 여학생들과 어울리는 데 어려움이 많았다. 또 내가 우리 학교에서 희귀한 아시아인/외국인이기 때문에 더 다가오지 않는 것 같았다.

미국에서 친구 사귀기가 힘들 때는 개인적으로 받아들이는 경우가 있는데, 주눅들 필요가 없다. 한국에서와 마찬가지로, 자기와 맞지 않는 사람들이면 미국에 왔다는 이유만으로 괜히 스트레스까지 받으며 의무적으로 그들과 친해질 필요가 없다. 나는 내 가치를 인정해 주는 멋진 친구들이 학교에 충분히 많았고 굳이 애를 써가며 그룹에 낄 만한 좋은 이유도 찾지 못했다. 난 수영부 여학생들이 썩 맘에 들지 않았고, 그들도 애초부터 날 받아들일 맘이 없어 보였다. 어색하지만 그래도 어떻게든 친한 척은 했고, 결국엔 여학생들보다는 털털한 남학생들과 어울렸다. 남자들과 어울리다 보니 편하긴 했는데, 같이 어울리다 보니 나도 모르게 남성화가 되는 것 같았다. 친구들은 의리가 좋아서 전지 대회가 내 생일과 겹쳤을 때는 깜짝 파티도 열어주었다.

노력 없이는 결실이 없다 No pain, No gain

▸ 수영부 훈련후 친구들과

나의 첫 경기는 내가 지금껏 하지 않으려고 노력한 실수들이 한꺼번에 발생한 참사 중의 참사였다. 출발 신호를 듣고도 발이 얼어 붙는 바람에 혼자 멍청하게 다이빙대에 몇 초간 머물렀고, 부끄러운 나머지 다이빙을 했는데 고글이 벗겨졌고 그 때문에 물을 먹으면서 장님처럼 수영해 턴도 포기하고 실격 처리 상태로 겨우 완주를 했다. 분명히 연습했는데 왜 이러지? 수영은 내 자존심을 정말 많이 깎아 내렸다. 그럼에도 불구하고 "실패를 했으니, 앞으로 발전할 날만 남았다" 라고 말씀하시는 Inti 코치님에게 고맙

고도 미안해서 훈련 때 더 집중 했고 긴장감을 완화하기 위해 실제 경기처럼 연습경기도 치렀다. 깡 하나로 연습을 하니 시간이 갈수록 스피드와 기술은 비슷해지는 것 같은데 여전히 장거리에서는 체력이 떨어져서 따라잡을 수가 없었다. 수영장을 무려 열 바퀴나 돌아야 하는 500m짜리 장거리를 수영하는 주장들을 보면 감탄사가 절로 나왔다. 그래서 나는 일찌감치 단거리 50m 혹은 100m를 집중적으로 공략했다.

몇 개월 후 놀라운 일이 일어났다. 지역 예선 대회에서 Free Style(자유형) 50m 부분이 있었는데 내가 8명 중 1위를 차지한 것이다. 내가 노력의 결실을 맛볼 것을 예상한 것인지 친구들이 구경하러 왔는데, 비디오 카메라로 우승 장면을 녹화하여 한 달 내내 질리도록 무한 시청했었다. 사실 상대 팀의 실력이 낮아 다른 경기보다 유리했었지만 매일 뒤에서 몇 번째로 들어오던 나로서는 기적 같은 일이었다. 우리 팀들이 일제히 내게 박수를 보내고 있었고 Inti 코치가 이마에 승리의 키스를 날려주었다.

지역예선까지는 참가했었는데 아쉽게도 주 챔피언십까진 가지 못했다. 주 챔피언십에 참가한 우리 Desert Hills High School 학교 대표팀들은 여자 유타 주 전체에서 5위, 남자 7위라는 큰 상을 거머쥐고 왔다. 나는 몇몇 친구들처럼 메달을 딴 적은 없었지만 이미 나는 승리자 같은 기분이 들었다. 수영을 통해 스포츠맨 정신을 배웠고, 세상에 쉬운 일은 없으나 불가능한 일은 없다는 것을 깨달았다. 이젠 아침에 일찍 일어나는 것도, 차가운 물에 풍덩 뛰어드는 것도, 몸에서 항상 염소 냄새가 풍기는 것도 익숙해졌다. 내가 수영부에 든 것은 최고의 선택이었다.

고등학생들의 로망, 댄스파티

High School Dance

학교 댄스파티는 한국에는 존재하지 않는 서구 문화권 학교들의 특징이다. 미국 학교에 가면 꼭 있는 학교 댄스는 한 해가 시작할 때 있는 Homecoming(학교에 다시 돌아오는 것을 기념하는 행사 및 무도회)과 끝날 때에 있는 Prom(프롬, 무도회)이다. 홈커밍과 프롬 사이에는 학교에 따라 다양한 댄스 파티가 있다.

☑ Homecoming(Newcoming)

우리 학교는 새로 지은 학교이기에 Homecoming(학교에 다시 돌아오는 것을 기념하는 무도회)이 아닌 Newcoming(새로운 시작)을 했다. 홈커밍은 일주일 내내 진행되는 행사로 무도회뿐만 아니라 다양한 활동이 펼쳐졌다.

- Monday: Foreign Day-Volleyball 월요일은 학교에서 외국인처럼 차려 입거나 분장을 하는 것이 테마였다. 스코틀랜드, 인도, 파키스탄, 브라질, 하와이 등 다양한 나라의 의상이 나왔다. 수업이 끝난 오후

에는 선생님들과 학생들 사이에서 배구시합이 펼쳐졌다.

·Tuesday: Fake Injury Day- Jell-o Fight 화요일은 가짜 환자의 날로 학생들이 부상을 당한 것처럼 발을 절름거리며 깁스를 하고 나타나 마치 학교가 병원으로 바뀐 것 같았다. 오후에는 젤리 싸움으로 말랑말랑한 젤리로 가득 찬 풀장에서 서로에게 젤리를 마구 던지며 노는 시합을 했다.

·Wednesday: Couple Day- Movie night 수요일은 토요일에 있을 홈커밍 파티를 위해서 특별히 마련된 테마였다. 커플 데이로 데이트하는 사람이 있으면 빨간색, 솔로이면 초록색, 어느 쪽도 아니면 노란색 옷을 입는 날이었다. 아직 홈커밍 데이트를 구하지 못한 사람들은 유심히 옷 색깔을 탐색했다. 오후에는 학교 바깥 들판에서 영화를 상영해 주었다. 야외에서 모두 담요와 이불을 가지고 밤참을 먹으며 밤새 영화를 봤다.

·Thursday: Funny Hat Day- Crashing the Car 목요일은 웃긴 모자를 쓰고 오는 날이었다. 오후에는 차 부수기로 돈을 지불하고 망치나 장비를 가지고 차를 망가뜨리며 스트레스를 푸는 활동이 주어졌다.

▶ 자동차 부수기의 한 장면

· Friday: Spirit Day- Homecoming Football 금요일은 전통적으로 그날 학교 홈커밍 기념 풋볼이 펼쳐지는 날이다. 오전에는 학교 색과 마스코트에 따라 10학년은 흰색, 11학년은 금색, 12학년은 검정색 옷을 입어야 했다. 우리 학교는 마스코트가 Thunder(천둥)이었기에 학교의 색이 금색, 검정색, 흰색이었다. 홈커밍 풋볼은 홈커밍을 주최하는 학교에서 이루어진다. 홈커밍 풋볼에서 홈(진행하는 학교)이 지게 되면 그해 내내 운이 좋지 않을 것이라는 징크스가 있어 매우 살벌한 게임이 펼쳐졌다.

· Saturday: Homecoming Dance 토요일은 대망의 홈커밍을 장식하는 홈커밍 댄스가 있다. 홈커밍은 학교마다 테마가 있어 테마에 맞추어 옷을 입고 왔다. 우리 학교는 Hollywood(할리우드)라서 남학생들은 유명 영화배우를 따라 턱시도를 입고 여학생들은 여자 배우처럼 입거나 아니면 무조건 화려하게 차려 입고 왔다. 학교가 시작한지 얼마 지나지 않아 아직 아는 사람도 친구 외에 없었는데 다행히도 같은 수업을 듣던 아이가 데이트 신청을 해 주었다. 데이트(파트너라는 단어는 일을 같이 하는 동료라는 느낌이 더 강하다. 데이트 라는 명사를 쓴다)를 구하지 못하면 친한 친구들과 가는 것도 나쁘지 않다.

전통적으로 홈커밍과 같은 큰 댄스 파티에서는 남학생이 여학생에게 데이트 신청을 하고 남학생들이 티켓비를 지불한다. 하지만 요즘은 여학생이 내는 경우도 많고 서로 각자의 티켓을 지불하기도 한다. 데이트는 꼭 사귀지 않아도 그날 저녁 함께 무도회에 가기 위해 짝을 찾는 것이기 때문에 부담 없이 같이 가고 싶은 친구에게 신청하면 된다.

미국에서는 Date(데이트하다)라는 말보다 Ask out(초대하다, 신청하다), 혹은 Go out(외출하다, 사귀다)라는 말을 쓴다. 홈커밍 기간이 찾아오면 학교 남학생들이 여학생에게 'Ask out'을 하고 서로 사귀는 사람끼리는 'go out' 한다고 보면 된다.

Ask out을 하는 것은 별로 어렵지가 않다. 평소 좋아하거나 같이 가고 싶은 사람에게 "Would you like to go Homecoming with me?" (나와 홈커밍 같이 가 줄래?) 혹은 "Will you be my date for Homecoming" (내 홈커밍 데이트가 되어줄래?) 라고 묻기만 하면 된다. 최악의 상황은 상대방이 거절하는 것뿐이다. 부끄러워 묻지 못하고 있다가 나중에는 남아 있는 데이트 상대가 없어지는 불상사가 발생할 수 있기 때문에 용기 내어 한마디만 하는 것이 편하다.

☑ Sadie Hawkins

세이디 호킨스는 남학생들이 여학생에게 데이트 신청을 하는 공식적인 홈커밍이나 프롬에 반해 여학생들이 남학생에게 묻는 비공식적인 댄스파티이다. 비공식적이기 때문에 드레스도 훨씬 캐주얼하게 입고 티켓 비용도 싸다. 데이트 신청하는 것이 항상 남학생들에게 큰 부담이었고 데이트 신청해주길 오랫동안 기다리는 것이 여학생들의 몫이었다면 입장을 바꿔볼 수 있는 특이한 댄스였다. Sadie Hawkins에 누구를 데리고 갈까 고민을 많이 했는데 우리 학교 12학년의 한 남자아이가 학교 전역에 자신이 무인도에 갇혀 있는 그림에 "Any girls save me from my island by asking me to Sadie Hawkins!" (아무 여학생이나 세이디 호킨스 댄스에 가자고 신청해서 나홀로 섬에 있는 나를 구해줘요!) 라는 웃긴 문구가 적힌 포스트를 붙여놓았다. 어차피 딱히 같이 가고 싶은 사람도 없겠다, 물어 보기로 해서 내 전화번호를 락커에 적어주었다. 짝을 구하지 못한 내 여자친구들은 베스트 프랜드 그룹끼리 함께 가서 서로가 서로의 데이트가 되어 주었다. 평소 입는 캐주얼한 옷을 입고 근사한 레스토랑에서 저녁 식사를 하는 대신 집에서 영화를 보고 맥도날드에서 햄버거를 먹었다. 친구들과 내 데이트와 한참 웃고 떠들고 댄스를 즐겼던 즐거운 추억이었다.

Preference

Preference는 일명 밸런타인 댄스로 밸런타인 기간의 주에 펼쳐진 행사였다. 미국에서 밸런타인은 연인뿐만 아니라 모든 종류의 사랑하는 사람에게 사랑을 표현하는 날이었다. 밸런타인 데이 때 월마트는 온통 빨간색으로 장식된 초콜릿, 사탕, 인형들이 즐비했다. 꽃 장사를 하시는 분들은 이때다 하고 길 모퉁이에서 꽃을 팔았다. 나도 친구들에게 나눠 주기 위해 포장된 사탕을 몇 개 샀다. 밸런타인 날 학교에서는 내 친한 남자친구들이 장미꽃과 인형을 선물해 주었다. 친구들끼리 이런 식으로 우정을 교환하는 것도 나쁘지 않았다. 호스트 가족도 내게 맛난 선물을 가득 주었다. 저녁에는 이날을 기념하기 위한 간단한 댄스가 학교에서 열렸다.

Prom

프롬은 일 년 중 가장 큰 무도회로 학교를 마무리하고 한 해를 기념한다. 티켓도 가장 비싸고 무도회장도 가장 크고 화려하며 드레스도 공식적인 드레스/턱시도를 입어야 한다. 원래 10학년은 고학년(11, 12)이 데이트 신청을 하지 않으면 갈 수 없다. 운이 좋게도 나는 고학년과 가게 되어 처음으로 프롬에 참석 할 수 있었다.

프롬이 다가오자 학교는 온통 프롬 얘기뿐이었다. 프롬까지 한 달이나 남았는데도 여학생들은 예쁜 드레스 쇼핑에 온 정신을 기울이는 것 같았다. 드레스는 가격이 천차만별이다. 하루 입을 것을 몇백 불이나 들여가며 사는 것은 어리석은 것 같았다. 나는 주변 친구에게서 드레스를 빌려 입었다. 남학생들도 턱시도를 살 수 없고 무조건 렌트 해야 한다. 하지만 가격은 웬만한 드레스를 사는 가격과 비슷하다.

지체하면 남아 있는 데이트가 없기 때문에 학교는 데이트 찾기에 열중하고 있는 것 같았다. 친구들끼리 가는 것도 좋지만 프롬은 원래 평소 좋아하는 사람과 가야 하는 전통이 있어 프롬 때문에 갑자기 생겨난 커플도 있었다. 내 친구 Chris와 가고 싶었는데 아직 16살이 안되었다고 못 간다고 하는 것이다. 16살은 예비 성인이 되는 기준으로 생일파티를 성대하게 치르기도 하고(Sweet Sixteen) 보수적인 곳에서는 이성을 사귀거나 데이트에 갈 수 있는 나이이기도 하다. 특히 몰몬인이 많은 유타에서는 16살 데이트 기준을 지키는 사람들이 많았다. 얼마나 답답한 노릇인가……. 그래서 평소 멋있다고 생각하던 고학년 남학생과 가기로 했는데 댄스 이틀 남기고 갑자기 일이 있어 못 가겠다는 통보가 왔다. 풀이 죽어 있자 호스트 맘께서 교환학생 파티에서 만난 중국인 교환학생의 호스트 브라더인 Taylor에게 물어보라고 제안하셨다. 테일러는 11학년이지만 다른 학교에 다녀서 우리 학교에 다니는 내가 고학년이 아니면 티켓을 구매할 수 없었다. 그런데 평소 친하게 지내던 아이가 티켓소에서 일해 몰래 티켓 두 장을 빼돌려 주었다.

Taylor와 함께 간 댄스가 아마 미국에서 3년간 있으면서 간 댄스 중 최고였던 것 같다. 쌍쌍이 짝지어진 내 친구들과 함께 Saint George가 훤히 들여다 보이는 언덕으로 약한 산행을 하고는 피자를 먹으며 영화를 감상한 Daydate(댄스 전에 만나 함께 하는 데이트)도 즐거웠고, 근사한 레스토랑에서 밥을 먹은 것, 리무진은 아니지만 그 못지않은 Taylor의 차를 타고 댄스에 간 것, 춤을 잘 추는 Taylor 덕에 신나게 춤을 춘 것, 끝나고 볼링장에서 뒤풀이를 한 것까지 어디 하나 나무랄 데가 없었다. 매너 좋고 멋진 친구 Taylor 덕에 최고의 프롬을 보냈다.

08 유타의 아름다운 국립공원 속으로

Travel to Beautiful National Parks

The world is a book, and those who do not travel read only a page. -St. Augustine- (세상은 책이다. 그리고 여행을 하지 않은 자는 첫 장밖에 읽지 못한다.)

유타는 아름다운 자연환경과 국보급의 거대한 국립공원 하면 빼 놓을 수 없는 주이다. 초록색 식물을 보기 힘든 사막 지대이지만 '억' 하는 소리가 날 정도의 거대한 사막지대를 보자면 자연의 우람함에 내가 한없이 작아진다. 유타를 오기 전에는 가까운 라스베이거스, 디즈니랜드와 같은 곳에 여행하는 것을 꿈꿨었다. 하지만 Thurston 가족은 대신에 더욱 멋진 그랜드캐니언과 브라이스캐니언을 방문할 기회를 주셨다. 많은 포유류들의 서식처이자 그 옛날 인디언들의 혼이 살아 숨쉬는 그곳, 세계 7대 불가사의인 그곳에서 여행을 하며 유타의 자연환경을 눈으로, 마음으로 만끽했다.

유타에 와서 처음 방문한 국립공원은 애리조나에 위치한 그랜드캐니언이다. 유타가 아닌 애리조나 주에 위치하지만 우리가 살고 있는 Saint George와 가까워 자주 갔었다. 그랜드캐니언은 미국 애리조나 주 콜로라도 강이 고원을 가로질러 흐르는 곳에 형성된 대협곡이다. 길이가 무

려 447km에 너비가 6~30km, 깊이는 1500m로 세계에서 가장 큰 협곡이다. 깎아지른 듯한 절벽, 다채로운 색색의 단층, 높이 솟은 바위산과 특이한 암석들이 모두 어우러진 장엄한 파노라마가 끝없이 이어진다.

나의 첫 그랜드캐니언 방문 소감을 한 마디로 표현하자면 '허망함'이다. 난생처음 구경하는 지형이 신기하긴 한데 똑같이 거대한 형태의 지형이 끝이 보이지 않을 정도로 이어진 것을 보고 있노라면 그 거대함에 감탄보다는 짓눌린 듯한 무기력함이 느껴졌다. 호스트 가족께 이야기하니 나뿐만 아니라 많은 사람들이 그랜드캐니언을 보고 허무하다고 느낀다고 하셨다. 여러 자연이 어우러져 가는 곳마다 풍경이 다른 우리나라의 금수강산이 내겐 훨씬 아름답게 보였지만, 특별하고 색다른 경험이었다.

두 번째로 자주 간 곳이 유타 주의 남서부에 위치한 브라이스캐니언이다. 브라이스캐니언은 Saint George에 배정받은 미국 교환학생 기관의 학생 10명과 함께 가 더욱 재미있었다. 한 학교에는 국적이 다른 교

▸ 브라이스 캐니언에서

환학생들이 2-3명 정도 있는데 인근 학교의 교환 학생들이 함께 모여 여행을 가기는 처음이었다. 그랜드캐니언처럼 브라이스 캐니언은 거대하고 끝이 보이지 않았다.

브라이스 캐니언은 일련의 거대한 계단식 원형 분지로 미국에서도 가장 유명한 국립공원 중 하나이다. 오렌지색, 황색, 흰색으로 어우러진 Hoodoo(돌기둥)가 아주 유명한데, 특히 일출과 일몰 때 가장 아름답다고 한다. 신기하게 생긴 Hoodoo가 많아 모양에 따라 옛 인디언들이 이름을 붙여줬다고 한다. 우리는 산행을 하면서 이름이 붙여지지 않은 돌기둥들을 찾아 서로 웃긴 이름을 붙여주기도 했다.

유타 주변의 국립공원들을 여행하면서 가장 좋았던 점은 하루나 이틀 머물면서 캠핑을 한 것이다. 호스트 가족 배정을 받았을 때 가장 눈에 띄던 것이 "Thurston family likes camping."였다. 한국에서는 야영 가서 텐트를 치고 자 본 경험밖에 없어 캠핑이 뭔지 잘 알지 못했다.

Thurston 가족의 캠핑이란 캠핑카를 가지고 산에 올라가 며칠 동안 바비큐도 해 먹고 즐겁게 놀다 오는 것이었다.

많은 미국인들이 부엌부터 샤워 시설, 소파, 테이블, 침대까지 갖춘 캠핑카를 소유하고 있었다. 며칠 동안 먹을 음식을 가득 실어 트럭 뒤에 고리로 연결해 달고 산으로 올라가면 준비 끝!

▸ 동생 거너와 함께 캠핑카 앞에서

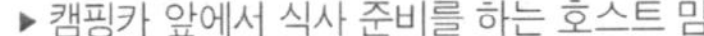

▸ 캠핑카 앞에서 식사 준비를 하는 호스트 맘

캠핑을 할 때면 그간 밀렸던 Journal(일기, 여행문)도 쓰고 책도 읽고 무엇보다 먹고 자고 노는 환상의 휴식시간을 가졌다. 오전에는 사격을 하러 가기도 하고 스쿠터를 타고 산을 누비고 다니기도 한다. 난생처음 총을 쥐고 쏘아 보니 스트레스가 절로 날아가고 마치 내가 액션 영화 주인공 같아 재미있었다. 저녁에는 바비큐를 해 먹으며 음악을 들으며 캠프파이어도 하고 한국에서는 볼 수 없었던 쏟아질 듯한 은하수를 감상한다. 캠프파이어를 할 때는 마시멜로를 구워 초콜릿과 브라운 쿠키 사이에 넣어 먹는 Smore를 만들기도 하고 밤참으로 한국에서 가져온 신라면을 가족과 끓여먹기도 했다. 밤이 되면 침대에서 늑대 울음소리를 들으며 잠을 청하곤 했다.

산보다는 바다를 좋아하고 사막보다는 열대지방을 더 좋아한다고 생각했던 나였지만 호스트 가족들 덕에 산행을 무척 좋아하게 되었다. 이렇게 주말에 산으로 캠핑을 하고 오면 월요일에 학교 가는 것도 마냥 즐거웠다. 내게 좋은 경험을 주신 호스트 가족께 정말 감사하다.

09 미국의 주요 휴일들

Holidays in America

별로 으스스하지 않은 할로윈 This is Halloween!

Halloween은 매년 만성절(모든 성인의 날 대축일) 전날인 10월 31일에 행해지는 전통 행사이다. 이날에는 죽은 영혼이 다시 살아나며 정령이나 마녀가 출몰한다고 믿고, 그것들을 놀려주기 위해 사람들은 유령이나 괴물 복장을 하고 축제를 즐긴다. 여기서 'hallow'란 앵글로색슨어로 '성도'를 뜻하며, 'All Hallows' Eve(모든 성인의 날 대축일)'가 줄어 'Halloween'이 되었다. 할로윈은 휴일은 아니지만 평일에 진행되는 축제로 미국인들이 크리스마스 다음으로 좋아하는 날 중 하나다.

축제 하나에는 우리나라 사람들만큼이나 발 빠른 미국인들은 10월이 채 되지 않았는데도 너나 할 것 없이 할로윈 집 꾸미기에 열성을 다했다. 내가 사는 마을에는 '가장 으스스한 집 꾸미기 대회'를 했는데, 우승 상금이 그해 일 년 전기세를 공짜로 공급해 주는 것이어서 집 꾸미기가 더욱 치열했다. 사람들이 지나갈 때마다 튀어나오는 으스스한 귀신부터 가짜 거미줄과 페인트 피, 미라, 두루마리 휴지 유령, 그리고 Jack O'

Lantern(호박을 파 무서운 얼굴 모양을 새겨 넣은 할로윈 전등)이 집 전체를 감쌌다.

할로윈의 하이라이트는 뭐니뭐니해도 Dress Up(변장)과 Trick or Treating이다. Trick or Treating은 동네 아이들이 귀신 분장을 해서 집집마다 돌아다니며 Trick or Treat! (맛있는 걸 안 주면 장난칠 거야!)라고 외치고 다니며 사탕이나 초콜릿을 받는 할로윈 풍습이다. 이 Trick or Treating은 대개 16세 이하의 아이들이 즐겼고, Dress Up(변장)에는 나이 제한 없이 남녀 노소가 즐긴다. 할로윈에는 학교, 회사 가릴 것 없이 변장 대회가 있는데, 해마다 유행한 인물이나 발생한 사건에 따라 변장 트렌드가 생기곤 한다.

전통적으로는 으스스한 귀신이나 유령 복장을 하는 것이지만 지금은 거의 코스튬 플레이가 되어 굳이 무서운 복장을 하지 않아도 된다. 할로윈 코스튬에는 나이와 성별에 따라 인기 있는 복장이 있다. 어린 남자아이들은 대개 슈퍼맨, 스파이더맨, 귀신, 뼈다귀 복장이, 어린 여자아이들은 디즈니 공주님들, 귀엽고 아기자기한 동물이나 캐릭터들이, 남자들은 으스스한 귀신 혹은 유명인사나 영화 주인공이, 여자들은 스트립 쇼를 방불케 하는 섹시한 간호사, 의사, 마녀, 학생, 경찰 등으로 아예 코스튬이 고정되어 있는 것 같았다. 학교에서도 학교 복장 규정이 할로윈 데이 때 그대로 적용되니, 여학생들은 그런 코스튬을 입지 말라고 교장선생님께서 방송하셨다. 친구들은 할로윈은 일 년에 한 번 여자들이 매춘부처럼 입고 돌아 다녀도 괜찮은 날이라고 웃으며 말했다. 여학생들 중에서 정말로 으스스하게 차려 입는 아이는 아무도 없는 것 같았다.

코스튬을 사러 월마트에 갔더니 터무니 없이 비쌌다. 머리를 쥐어짜다 한복이라는 번뜩이는 아이디어가 떠올랐다. 어차피 꼭 무서워야 되는 것이 아니면 화려한 한복을 입는 것도 나쁘지 않을 것 같았다. 할로윈 당일에 학교에 가니 생각했던 것보다 더 많은 학생들이 할로윈 코스튬을 차려 입고 왔다. Assembly(학교 조례) 때는 복장을 하고 온 아이들 대상으로 대회를 했다. 나는 안타깝게 순위에 들지 못했다. 그날 1위는 영화 Dark Night의 조커, 2위는 영화 Lord of the Ring의 프로도, 3위는 버락 오바마 대통령이 되었다.

저녁에는 본격적으로 가족들과 함께 Trick or Treating을 나섰다. 내가 한복을 차려 입자 호스트 동생들도 함께 한복을 차려 입겠다고 나섰다. 한복을 곱게 차려 입은 우리를 보면서 주민들이 무엇으로 변장했냐고 묻자 Gunner와 Medelyn이 동시에 "The Koreans!"라고 외쳤다. 예쁘게 절하는 법을 가르쳐 주자 Gunner가 사탕을 받을 때마다 이웃 어른들에게 절을 하며 다녔다. 몇 시간 동안 이웃을 전전하니 일 년치 먹을 초콜릿과 사탕이 쏟아졌다.

▶ 한복을 차려입은 동생들과 나, 친구들과 Scary Corn Maze에 가기 전에

할로윈은 여기서 그치지 않았다. Trick or Treating이 끝나자마자 밤새도록 친구들과 함께 할로윈 파티를 즐겼다. 근사한 저녁을 먹은 후에 친구들과 Scary Corn Maze라는 곳에 갔다. Scary Corn Maze는 Saint George의 옥수수 농장을 미로처럼 깎아서 으스스하게 꾸며놓은 테마파크였다. 봉사활동으로 참가한 학생들이 귀신 복장을 하고 여기저기서 튀어나왔다. 미로를 어찌나 잘 만들었던지 한 시간이 지나도 출구를 찾

지 못하자 귀신들도 지쳤는지 그냥 길을 가르쳐줬다. 마지막으로 친구 Jessica 집에 가서 피자를 먹으며 영화를 봤다. 할로윈을 가족 그리고 친구들과 보낼 수 있어 너무 기뻤다.

온 가족이 모이는 추수감사절
I'm Thankful for…Thanksgiving Day

추수감사절은 전통적인 북아메리카의 휴일로 11월 넷째 목요일에 기념한다. 한국의 추석과 같이 이날은 가족끼리 모여 파티를 열어 칠면조를 비롯한 여러 음식을 먹고 논다. 또 학교와 직장에서는 일주일 정도의 긴 휴가도 주어진다.

멋진 추수감사절을 보내기 위해 Thurston 가족은 호스트 아빠가 일하는 회사에서 직원들 가족들이 쓰도록 제공되는 Salt Lake City에 위치한 오두막집에 갔다. Cabin(오두막집)이라기에 산속에 위치한 조그만 나무집인가 보다 했는데 의외의 규모와 시설에 감탄했다. 5개의 침대와 오락시설, 먹을 것이 가득한 식당이 우리를 맞이하고 있었다. "You can do whatever you want here for 2 days!"(이틀 동안 여기서 네가 원하는 건 뭐든지 할 수 있단다!)라고 하시는 호스트 아빠 덕에 이틀간의 환상적인 휴가를 보냈다. 학교 때문에 바쁘기만 했었는데 오랜만에 한가롭게 소설도 읽고 영화도 보고 게임도 하니 그간 쌓인 피로가 싹 달아났다.

정들었던 오두막집을 떠나 두 시간 더 달려간 곳은 할머니 댁이었다. 아기자기한 할머니 댁은 벌써 향기로운 음식 냄새와 손님맞이 준비로 분주했다. 호스트 맘과 꼭 닮은 할머니와 동생이 처음 보는 나를 따스하게 맞아주었다. Thanksgiving 당일에는 거의 다 만났다고 생각했던 사촌들 이외에 처음 본 사촌과 친구들이 10명 정도 더 와서 아주 정신없는 날이 시작됐다. 처음 보는 이방인에게 마치 가족처럼 잘 대해주신 친지 분들이 고마웠다.

추수감사절은 Eating Day(먹는 날)라 불러도 괜찮을 만큼 먹고 또 먹었다. 닭고기의 3배는 되어 보이는 칠면조 고기와 함께 많은 미국인들이 이것들 없이는 추수감사절 요리가 불완전하다고들 하는 Cranberry sauce(칠면조에 뿌려먹는 소스), Yams(겨울 호박), Mashed Potatoes and Gravy(으깬 감자와 그 위에 얹는 소스), Green Bean Casserole(녹색 콩 캐서 롤), Bread Rolls(롤), Corn Bread(옥수수 빵) and Salad(샐러드)를 먹었다. 디저트로는 호박파이, 사과파이, 피칸파이 등 다양한 종류의 홈메이드 파이를 맛보았다.

그리고 추수감사절은 쇼핑 시즌으로도 유명한데 Black Friday라고 불리는 금요일에는 모든 상점들이 세일을 하기 때문에 많은 사람들이 쇼핑을 하러 간다. Black Friday(검은 일요일)은 추수감사절 다음날로 미국에서 연중 가장 큰 규모의 쇼핑이 행해지는 날이다. TV나 라디오에서는 파격세일 광고로 시끄러웠다. 호스트 엄마와 호스트 엄마의 언니는 아침 일찍 일어날 것이니 잠을 푹 자두라고 했다. 새벽 4시에 일어나 현금을 가지고 달려간 쇼핑몰은 아침 일찍부터 하루 종일 싼 가격에 쇼핑을 해 보겠다고 나선 사람들로 북적거렸다. 아니나 다를까 모든 상점들이 그날 하루는 파격 세일을 하고 있었다. 호스트 맘은 이때 가구, 전자제품, 크리스마스 선물, 그리고 옷을 구입하는 거라면서 평소 하시지 않던 쇼핑을 하루 종일 하셨다.

추수감사절은 가족들과 한자리에 모여 음식을 먹고 즐거운 시간을 보내는 한국 추석과 별로 다를 바 없다고 생각했다.

미국 최대의 휴일 크리스마스 Merry Christmas!

미국은 크리스마스를 멋지게 보낼 수 있는 나라인 것 같다. 인구의 다수가 기독교인 미국은 크리스마스를 조국의 가장 중요한 휴일로 꼽힌다. 할로윈의 2배가되는 House Decoration(집 꾸미기)과 2주 이상이나 되는 휴가, 또 엄청난 선물 보따리, 그리고 새해맞이로 모두 들떠 있었다. 이 성대하고 화려하게 치르는 크리스마스는 12월이 되기 전부터 느낄 수 있었다. 발 빠른 사람들은 미리 집을 번쩍번쩍하게 꾸며놓았다. 교회와 상점들도 너나 할 것 없었다. 봉사활동 단체들은 별의별 모금행사를 열었다. 한국에 있는 우리 가족에게는 방학이 끼여 있는 휴일이었기 때문에 내겐 처음으로 맞이한 진짜 휴일 같은 크리스마스였다.

호스트 부모님께서는 크리스마스 때 뭘 가지고 싶은지 물어보셨다. "I like surprises."(난 깜짝 선물이 좋아요) 하고 대답하니 알았다고 윙크를 날리셨다. 나도 크리스마스를 위해 남겨두었던 한국에서 가져온 선물들을 하나 둘씩 포장했다. 포장한 선물들은 이틀이 걸려 장식한 거실의 크리스마스 트리 아래에 놓아두었다. 호스트 동생들은 몇 주 동안 상자를 흔들며 뭐가 있을까 안달을 했다.

크리스마스 이브 날에는 가족과 레스토랑에서 근사하게 외식을 하고 교회에 가서 짧은 크리스마스 예배를 드렸다. 다음날 아침, 새벽 5시도 채 안 돼 Gunner 와 Medelyn이 내 침대 위를 공격하며 날 깨웠다. 선물은 다 함께 뜯어야 한다며 평소 9시가 다 되어도 못 일어나던 녀석들이 아침부터 시끄럽게 온 집안을 돌아다녔다. 거실에 나와 보니 집 전체가, 소파, TV, 탁자 가릴 것 없이 선물로 뒤덮여 있었다. 트리 아래 있는 것만으로도 많다고 생각했었는데 밤새 호스트 부모님께서 두 배나 되는 선물 보따리를 진열해 놓았다. 이걸 바로 산타의 선물이라고 불렀다. 트리 아래 있었던 선물들은 부모님이 사 주신 거고 밤새 쌓인 선물들은 산타 할아버지가 주신 거라고 동생들이 설명을 해줬다. 한 명씩 돌아가며 선물을 마구 뜯었는데 세어보니 내 것이 무려 17상자였다. 걸어둔 크리스마스 양말에만 해도 선물이 가득했다. 이렇게 많은 선물을 한꺼번에 받아 본 적은 난생처음이었다.

▶ 동생들과 아침에 받은 잠옷 세트를 입고

▶ 크리스마스 이브 날 외식

크리스마스 때문에 지난 2주간 참석한 파티는 셀 수가 없었다. 수영팀과 함께한 크리스마스 파티에선 엽기 선물을 가져 오는 것이 테마였다. 나는 웃긴 한국 열쇠고리를 가져갔지만 친구들이 가져온 엽기 선물이란 설사약이 들어간 브라우니, 야한 속옷, 생쥐, 박스 안에 든 또 다른 10개의 상자, 방귀 방석, 무료 키스 이용권, 가짜 담배 꽁초 뭐 이런 것들이었다.

학교에서는 Assembly(조회시간)에 선생님들이 학생들을 위해 특별한 이벤트를 마련해 주셨다. 크리스마스가 다가오는 주에 학교 회장 임원들이 Wishing Box(소원 상자)라는 걸 가지고 다니며 50센트를 내고 종이에 소원을 적으라고 했다. 나는 단순한 소원을 비는 상자인가 보다, 하고 지나쳤는데 알고 보니 진짜로 소원을 들어주는 상자였던 것이다. 피자 사먹을 5달러가 필요하다고 적은 아이에게는 진짜 5달러를, 강아지가 갖고 싶다고 적은 여학생에게는 분양 받은 강아지를, 1학기 성적표 올 A+를 적은 학생에게는 가짜 올A+ 성적표를 발급해 주었다. 평소 짝사랑하던 여자아이와 데이트 가기를 원했던 남자아이는 상대 여학생의 승낙으로 인해 소원이 이루어져 갈채를 받았다. 자기 자신이 아닌 다른 사람에 대해 소원을 적은 것도 이루어졌다. Mr. Smith가 금붕어를 날로 삼켰으면 좋겠다, Ms. Swan이 브레이크 댄스를 췄으면 좋겠다, Brad가 삭발을 했으면 좋겠다, 라고 적힌 소원들도 모두 크리스마스 정신으로 이루어졌다. 나를 포함해 소원을 빌지 않은 친구들은 땅을 치고 후회했다.

교환학생으로 미국에 온 지 벌써 반이 지나갔다 생각하니 가슴이 뭉클했다. 올해만큼 바쁘고 뜻 깊었던 해는 없었던 것 같다. 카운트 다운을 하기 위해 친구들과 모였다. 호스트 가족은 가족보다 내 친구들과 새해를 맞이 하는 게 더 재미있을 거라고 Heathe의 크리스마스 파티에 가는 것을 흔쾌히 승낙해 주셨다. 친구들과 직접 밀가루를 반죽해 피자를 구워 먹고 캠프파이어를 하며 한 해를 마무리하는 우리만의 의식을 거행했다. 별이 쏟아지는 밤하늘 아래 한 명씩 돌아가며 인상 깊었던 기억, 기쁘고 슬펐던 추억들을 말했다. 나는 두말할 것도 없이 미국에 와서 너희들을 만나게 된 것이 가장 기뻤던 기억이라니 모두 눈물을 글썽였다.

10…9…8…7…6…5…4…3…2…1! 제야의 종소리를 듣는 것 대신 미국에서는 뉴욕 타임 스퀘어에서 카운트 다운에 맞추어 공을 떨어뜨리는 것을 TV로 시청했다. 앞으로 남은 5개월 동안 지금처럼 즐겁고 건강하게 보내게 해 달라고 소원을 빌었다.

10 수영의 부재가 불러온 재앙

American(Weight) Problem?

6개월의 기나긴 수영 시즌이 끝이 나자 아쉬움을 감출 수 없었다. 아침마다 맹훈련을 마치고 샤워를 하던 개운함이 그리웠고, 수영 팀 멤버들과 코치들이 그리웠고, 다이빙대에서만 느낄 수 있는 짜릿함이 그리웠다. 그리움과 동시에 그간 매일 4시 30분에 맞춰져 있던 알람 시계를 6시 30분으로 맞추자니 감회가 새로웠고, 하루에 2시간을 보너스로 받은 것 같아 기쁘기도 했다.

수영을 하지 않았더라면 어땠을까, 하고 생각한 적이 있었다. 그 때문에 공부를 더 많이 했을까, 더 시간적으로 여유롭게 미국에서의 생활을 즐길 수 있었을까, 가정법을 붙이곤 했다. 공교롭게도 이러한 나의 질문에 대한 답은 수영이 끝나고 나서 알게 되었다.

수영은 내가 미국에서 게으르고 나태하지 않고 학업과 미국 생활에 열중할 수 있도록 심신을 훈련시키는 나만의 수양, 또한 건강을 유지하고 살 찌는 것을 방지하기 위한 방패 같은 것이었다. 비록 내가 생각했던 것보다 훨씬 더 힘든 일이었지만, 수영을 통해 나는 매일매일 성취감을 느꼈고, 그 덕에 즐거운 학교생활, 건전한 사교생활, 원만한 가족관계를 유지할 수 있었다.

이러한 수영의 부재는 내 일상생활에 큰 변화를 일으켰다. 아침에 일찍 일어나지 않아도 된다는 마음에 나는 잠자리에 드는 시간이 늦어졌고, 또 그로 인해 숙제를 하는 시간도 미뤄졌다. 숙제를 일찍 마친 날에는 컴퓨터를 했고 시간이 지나자 숙제를 아침으로 미루기도 했다. 수영부 때문에 바빴던 때보다 공부를 더 많이 하기는커녕, 훨씬 게을러졌고 내 몸은 보라는 듯 급격한 속도로 살이 찌고 있었다.

나는 한참 지나서야 사태의 심각성을 알았다. 그해 여름, 반바지를 입고 있었는데 다리를 보니 못 보던 이상한 선이 내 다리에 그려져 있었다. 내 피부색보다 한 톤 낮은 이 기괴한 선은 마치 누군가가 내 살을 판 것처럼 허벅지에 그어져 있었다. 순간 숨이 멎었다. 신종 피부염인가? 놀란 나는 호스트 엄마에게 내 다리를 보여줬다. "대체 왜 이런 거죠? 내게 무슨 일이 일어나고 있는 거죠?" 호스트 엄마는 별것 아니다는 듯이 보면서 자신의 다리에도 있는 내 것과 흡사한 선을 보여주었다.

Stretch Mark라고 불리는 이 선은 원래 임신부가 임신을 하게 되면 단시간에 몸무게가 늘면서 살이 터 생기는 것이다. 굳이 임신을 하지 않더라도 피부 탄력성이 좋지 않다거나, 단시간에 살이 찌면 몸 어디에나 생길 수 있는 선이었다. 이럴 수가…… 모르고 있었다. 몸무게를 재보니 석 달 만에 장장 25파운드(약 11킬로그램)가 찐 것이다. 날이 더워 치마를 많이 입고 다녔기 때문에 몰랐는데, 가을이나 겨울에 입던 바지를 입어보니 허벅지가 들어가질 않았다. 그간 바뀐 거라 해 봤자 수영 시즌이 끝난 것뿐인데…….

수영의 부재는 아주 큰 것이었다. 수영은 살을 빼는 운동이라기보다는 몸을 전체적으로 튼튼하게 해 주는 유산소운동으로 칼로리 소모가 매우 높은 운동이다. 내가 빠지지 않고 갔던 새벽훈련은 그간 음식을 닥치는 대로 먹었어도 체중을 유지할 수 있었던 유일한 이유였다.

유타에서의 내 식습관은 정말 형편없었다. 아침, 점심, 저녁은 1:4:5 비율로 먹었으며, 틈만 나면 과자를 입에 달고 살았다. 물 대신 콜라를 마셨고, 식사 후에는 빠짐없이 디저트를 먹었다.

음식은 거의 달고, 짜고, 튀기고 지방이 많은 고칼로리의 음식이었다. 호스트 가족의 음식과 학교 점심은 건강식과는 거리가 멀었고(미국 어딜 가도 한국에서와 같은 건강식은 찾아보기 힘들다) 내 식습관은 "주는 대로 받아먹기"였으므로 살이 찌기 가장 좋은 상황이었다. 다만 수영 훈련이 이를 막아주었던 것이다.

나는 언제나 허기를 느꼈다. 특히 아침 식사가 시리얼밖에 없었기 때문에 시리얼과 우유를 가져가 수영 후 먹는다는 것은 바쁜 스케줄과 이미 무거운 짐에 현실적이지 않았다. 그래서 대개는 수영하기 전 내충 이른 아침 억지로 시리얼을 먹거나 아예 먹지 않았는데 2시간 동안의 훈련을 하고 나면 굶주림에 시달려야 했다. 친구들은 단백질 바나 음료수로 때우거나 집에 따라 어떤 부모님은 직접 아침을 싸 주는 경우도 있었다.

물론 나는 호스트 가족을 새벽 4시 반에 깨우는 것만으로도 미안했기 때문에 그 이상은 바라지 않았다. 그렇다고 내가 달리 뾰족한 생각도 없었기에 학교에서 오전 내내 꼬르륵거리는 배를 자판기에서 과자를 먹는 것으로 달랬다. 지금 생각해 보면, 내 돈으로 주말에 간단한 베이글이라든지, 요플레를 사놓을 수도 있었는데 그때 당시엔 호스트 가족이 사는 것 외에 내가 따로 음식을 산다는 것이 이상했고 우리 집이 시리얼만 먹었기 때문에 그 외에 사면 충분히 먹을 수 있는 아침 대용이 있다는 것을 생각하질 못했다.

그래서 점심시간 종이 땡 치면 별로 맛있지도 않은 학교 음식을 듬뿍 담아 허겁지겁 먹어 치웠다. 내 친구들은 항상 이렇게 조그마한 아시아 여자애가 어떻게 빨리, 또 많이 먹어 치울 수 있는지 신기해 했다. 그럴 때면 "나는 한국인이라서 살이 안 쪄!"라고 얘기하곤 했다.

긴 하루를 마치고 집에 오면 갈증이 났다. 우리 집의 음료는 딱 세 가지가 있었다. 물, 우유, 콜라. 나는 거의 매일 큰 컵에 얼음을 가득 넣고, 한 캔에 240kcal짜리 콜라를 부어 마셨다. 더운 날씨에 마시는 콜라가 주는 시원함과 탄산이 내 목을 타고 내려가는 느낌에 하루 피로가 씻겨 나갔다. 그와 더불어 감자 칩을 곁들어 먹기도 했다.

몇 시간 뒤 저녁상이 차려지면 또 엄청난 양을 먹어 치웠고(물론 호스트 맘은 뭐든지 맛있게 먹어 치우는 날 보며 기뻐했다) 디저트로 초콜릿 칩 쿠키나 아이스크림을 먹었다. 이러한 생활이 내 일상이었다.

이렇게 지난 6개월의 나를 돌아보니 11킬로만 찐 것이 다행이라 생각됐다. 제대로 뒤통수를 맞은 나는 당장 중독된 감자칩, 초콜릿, 콜라를 멀리했다. 학교가 거의 끝날 무렵이라 별 성과는 없었다. 몇 주 후, 한국에 돌아갔을 때 나의 부모님은 인천 공항에서 내가 엄마 아빠라고 부르지 않았으면 못 알아 볼 뻔했다고 하셨다.

이 일이 있은 후, 미국에서는 무슨 일이 있어도 수영부에 들고, 시즌이 끝나고도 따로 운동을 하고 음식조절을 하기로 마음먹었다.

한국에 있는 여름방학 두 달 동안 엄마가 해주신 된장찌개와 한국 음식을 먹으니 저절로 살이 서서히 빠지기 시작했지만 이미 튼 살의 흔적은 지워지지 않아 아직도 희미하게 남아 있다.

11 한국 문화 알리기 프로젝트

Korean Culture Project

미국에게 한국이라는 나라
What is Korea to Americans?

거대한 미국에게 조그마한 한국이란 어떤 나라일까? 한국이 어디에 붙어 있는지 알기나 할까? 지역에 따라 그리고 개인에 따라 한국에 대한 지식은 매우 다양하다. 내가 있었던 유타는 미국 전역 기준으로 평가했을 때 한국에 대한 지식이 중하위나 평균쯤 된다. 캘리포니아나 뉴욕처럼 한국인이 많이 거주하는 것은 아니지만, 한국으로 파견되는 선교사들이 많았기 때문에 유타의 한국에 대한 지식은 양호한 편이다.

선교 활동을 아시아 국가나 한국으로 다녀오신 분들은 한국에 대한 지식이 꽤나 많은 편이었다. 우리 학교에는 한국으로 선교 활동을 다녀오신 선생님이 무려 세 분이나 계셨고 그중 한 분이 나의 화학 선생님이었는데, 종종 수업시간에도 수업과는 무관한 한국에 대한 이야기를 하곤 했다. 일본으로 다녀오신 일어 선생님도 한국에 대해 많이 알고 계셨다. 모르몬교도들은 거의 의무적으로 선교 활동을 하기 때문에 다른 나라에 대한 이해도가 높았다.

하지만 내가 상대해야 했던 이들은 선교 활동을 아시아 지역으로 가지 않은 분들, 그리고 어른들보다는 내 나이 또래의 학교 친구들이었다. 15살 혹은 16살쯤 되는 공립 학교를 다니는 학생들에게 많은 걸 바랄 수는 없다. 그들의 한국에 대한 지식은 "쿵푸", "닌자", "태권도" "현대" "혼다" "삼성" "아시아에 붙어있는 국가" 정도로 그 신분이 명백하지 않다. 가끔가다 게임을 좋아하는 아이들은 Starcraft (스타크래프트)로 한국을 기억했다. 물론 갈수록 한국에 대한 관심이 커져 미국 내에서 한국에 대한 지식이 날이 갈수록 부쩍 늘긴 하지만 말이다.

미국에서 공부한 지 3년이 지난 지금, 사람들이 내게 어느 나라에서 오셨습니까? 라고 물어보면 나는 Korea(한국) 대신 South Korea(남한)라고 대답한다. 단순히 코리아라고 대답하면 항상 "North or South?"라는 추가 질문이 이어지기 때문이다. 그들이 세계사 시간에 조금만 더 집중을 했더라면 미국에 거주하는 북한 사람들이 아주 희박하고, 대부분의 한국인은 남한 사람이라는 것을 알 텐데 말이다. 한국이 유일한 분단 국가이기 때문에, 미국인들에게는 한국 하면 떠오르는 것이 북한과 남한의 관계이다. 또한 세계사 시간에 언급되는 한국은 "중국의 지배하에 있었다", "일본의 식민지였다", "한국전쟁이 있었고 미군이 남한을 위해 싸웠으며, 아직까지도 분단되어 있다"가 전부이기 때문에 한국에 대한 역사적인 지식이 많이 부족하며 자연스레 "아시아에 낀 국가" 정도로만 표현되는 것이다.

나는 그들을 탓할 수가 없었다. 미국이라는 나라 전체가 한국이라는 나라를 "아시아의 어느 국가"라고 뭉뚱그려 묘사하기 때문이다. 아직도 할리우드 영화를 보면, 가끔 한국, 일본, 중국을 마음대로 섞어 표현한다. 심지어 음식점에서도 한식과 일식을 섞어 팔거나 간판조차 두세 개의 아시아 국가를 섞은 표현이 난무하기 때문이다.

그들은 나를 "Asian"이라고 불렀다. 물론 내가 한국인이라고 수십 번 고쳐 준 이후에는 한국인으로 고쳐 불렀지만 말이다. 인종이 다양한 미국에서 사람들을 아시아인, 백인, 흑인, 남미인으로 분류하는 것은 매우 간편한 일이다. 나는 내가 아시아 대륙에 산다는 것은 알고 있었지만 한번도 나를 아시아인으로 생각해 본 적이 없다. 아시아인으로 내 정체성을 확립하기에는 너무 많은 나라들이 있기 때문이다. 아시아에는 총 48개국이 있다. 자칫하면 아시아 국가라고 생각하지 않을 수 있는 러시아, 파키스탄, 인도, 이라크, 터키 등도 아시아에 속한 나라들이다(물론 지리적인 아시아 국가지, 정신적인 아시아 국가로 따지자면 빠져야 할 나라들이 있다). 하지만 미국인들이 생각하는 아시아인은 대개 동아시아나 동남아시아의 아시아인들이다. 좀더 축약하자면 중국인, 일본인, 그리고 한국인이다.

우리나라도 이러한 "민족 묶음"에 대해서는 유죄이다. 한국에서는 한국인의 반대말이 마치 외국인(특히 미국인)인 듯 사용한다. 또한 백인은 무조건 미국인이라고 생각하는 경향이 있다. 미국에서 모든 아시아인이 중국인이라고 생각하는 것과 같은 원리이다. 우리도 "외국인"에 대한 수많은 고정관념을 가지고 있다. "저 사람이 저렇게 행동하는 것은 외국인이기 때문이야"와 같은 발언을 쉽게 들을 수 있다. 또한 우리도 "유럽인", "동남아인", "외국인 노동자"와 같은 인종 관련 단어들을 쓴다. 개인적으로 나는 이러한 한국의 현상이 미국보다 더 높았으면 높았지 낮지는 않다고 생각한다. 여러 문화가 섞인 미국이기에, 국적이나 인종에 대해 말을 할 때 아주 조심스럽다. 그러나 가끔가다 개념 없는 사람들이 인종차별주의적인 말을 해서 논란을 빚는다. 인종차별주의적인 논란은 고정관념에서부터 발생한다. 다음은 미국에 존재하는 아시아인들에 대한 Stereotypes(고정관념)들이다.

1. Asians are good at math and science. 아시아인들은 수학과 과학에 능하다.
2. Asians are overachievers. 아시아인들은 과잉성취자들이다.
3. Asians are quiet and hardworking. 아시아인들은 조용하고 근면하다.
4. Asians know martial artists. 아시아인들은 무술을 할 줄 안다.
5. Asian eat rice all the time and very thin. 아시아인들은 항상 밥을 먹고 날씬하다.
6. Asians love pokemon and hellokitty. 아시아인들은 포켓몬과 헬로키티를 좋아한다.
7. Asians have heavy accents. 아시아인들은 심한 영어 악센트가 있다.
8. Asians play music instruments very well 아시아인들은 악기를 잘 다룬다.
9. Asians can't drive. 아시아인들은 운전을 못한다.
10. Asians are very artistic. 아시아인들은 예술적 감각이 넘친다.
11. Asian is synonymous with Chinese. 아시아인과 중국인은 동의어이다.
12. Asians are athletically inferior. 아시아인들은 운동을 못한다.
13. Asians all look the same. 모든 아시아인들은 똑같이 생겼다.
14. Asians are traditional and unable to assimilate. 아시아인들은 매우 전통적이며 동화하기 힘들다.

이 외에도 많은 고정관념들이 존재한다. 어떤 것들은 아주 불쾌하고 나쁘기도 하다. 여기서 미국인들의 입장에서 봤을 때 내가 해당되는 것은 1,2,5,9,10,13 정도였다. 나는 수학과 과학을 많이 좋아하지 않지만, 그들에 비해 상대적으로 꽤나 수학과 과학을 잘했다. 또한 나는 과잉성취자였으며 운전을 못했고(미국에는 내 나이 또래에 운전면허를 딴다) 미술을 잘했고, 그들에 의하면, 여느 아시아인들과 비슷하게 생겼다. 물론 이러한 결론이 내가 아시아인이어서라기보다는 내가 미국에 온 목적과 교환학생 신분으로서의 책임, 또 나의 개인적인 성향과 더 관련된 것이지만 말이다.

대부분의 미국인들도 소수에 대한 일반적인 적용이 옳지 않다는 것을 안다. 정말 몰상식한 사람이 아니면 고정관념적인 발언은 삼갈 것이다. 처음엔 나도 몇 명 아이들이 장난으로 한 말을 심각하게 받아들였는데, 곧 Racial Jokes(인종 관련 농담)라는 것을 알았다. 간혹 진심으로 차별대우를 받았고 불쾌했다고 생각하면 기분이 상했다고 다시는 이런 일 없도록 하라고 충고하여야 한다. 인종차별주의적인 발언이 엄중하게 처벌되는 곳이 미국이다.

효과적으로 한국에 대해 알리기
Promoting Korea Effectively

이러한 이유 때문에, 유타에서 나는 한국에 대해 더욱더 알려야겠다는 책임감을 느꼈다. 문화교류가 바로 교환학생의 궁극적인 목표가 아닌가! 내가 미국 문화를 흡수하는 만큼 그들도 나의 문화에 대해 알 필요가 있다. Desert Hills High School의 작은 외교관인 나는 일 년 내내 자랑스런 대한민국을 알리기 위해 힘썼다. 아래는 한국을 알릴 수 있는 몇 가지 팁이다.

☑ 한국 문화로 무장하자

내가 미국에서 자신감이 넘칠 수 있었던 이유 중 하나가 내가 한국인이라는 사실이 자랑스러웠기 때문이다. 한국 문화에 대한 자부심이 없으면 미국 문화에 돛대를 잃은 배처럼 휩쓸리기 마련이다. 미국의 문화를 체험하다 보면 우리의 문화가 하찮게 여겨질 수 있다. 정체성이 흔들리면 이도 저도 아닌 이방인이 되어 버린다.

나는 미국과 한국 두 문화가 좋다. 둘 다 장단점이 있기 때문에 어느 것을 더 낫다고 말할 수가 없다. 하지만 한국인으로서 한국의 문화는 나를 형성한 일부분이다. 한국이라는 말만 들어도 온몸에 온기가 느껴지니까. 내가 아무리 미국의 문화에 동화되어도, 한국인이라는 뿌리가 없으면 건전한 동화 자체가 성립되지 않았을 것이다.

내가 미국 문화를 알아가는 만큼 한국에 대해 알리겠다고 목표를 세우자. 태권도를 알거나 해금을 연주할 줄 알면 좋다. 한국인으로서의 조예를 길러 친구들에게 가르쳐 주자. 꼭 무술이나 음악을 하지 않아도 된다. 나는 미술 시간에 한글 붓글씨와 수묵화를 선보이기도 했고, 친구들에게 전통놀이의 공기 실력을 보여주기도 했다. 한국 역사에 대해 책을 읽어 친구들에게 알려줘도 된다. 3.1절 때는 태극기를 여러 장 복사해 복도에 지나가는 사람들에게 나누어 주었고 온몸을 태극기로 치장한 적도 있었다. 한국 음식을 선보여도 좋고, 한국에서 가져온 공예품을 선물해도 좋다. 음악을 좋아하는 내 친구는 자기 학교에 한국 팝과 랩을 퍼뜨렸다고 했다.

▶ 한국에서 영문으로 가져온 "Korean Children' s Favorite Stories" (한국 아이들이 가장 좋아하는 이야기들)이다. 콩쥐팥쥐, 효녀심청과 같은 한국 전래동화 모음집인데, 잠들기 전에 남동생 Gunner에게 읽어주면 무척 좋아했다

▶ 한국에서 엄마가 보내준 간단한 라면볶이와 짜파게티, 그리고 내가 직접 요리한 계란말이를 친구들에게 선보였다

☑ 한국에 대한 충분한 지식을 갖자

나는 내가 한국에 대해 충분히 알고 있다고 생각했다. 15년간 한국에서 한국어를 사용하며 자랐는데 한국을 모른다면 말이 안 된다. 하지만 미국인들의 한국에 대한 모든 궁금증을 풀어 주기에는 내 지식이 약했다. 국사를 잘 알고 있다고 생각했던 나도 한국 전쟁이나 한국의 현 정치적 상황에 관한 질문을 받으면 잘 답해주지 못했다. 태권도의 유래, 김치를 만드는 과정, 한국의 인구분포, 남북한의 이해관계, 한국의 정치당의 형태와 같은 질문을 받으면 정확하게 대답해 주지 못해 머리를 긁기 일쑤였다. 미국에 오기 전에 미국 역사책만 읽지 말고 한국 역사 공부도 하고 오자. 방학 때 한국에 온다면 미국에 다시 나가기 전 한국 문화를 만끽하고 가자.

우리가 생각하는 한국과 미국인이 생각하는 한국이 다를 수 있다. 설명해 줄 때는 한국인으로서의 의견과 세계적인 관점 이 두 가지를 함께 설명해 줄 필요가 있다. 예를 들어 한국인 특유의 민족주의는 미국인들이 잘 이해하지 못했다. 그들이 이해하기 쉽게 잘 설명해 주는 것도 생각 외로 조사와 공부가 필요한 일이었다. 인터넷에서 서구인이 쓴 한국에 관한 전문 서적을 봐도 좋고 포럼에서 토론을 읽어 보는 것도 좋은 방법이다.

☑ 한국 원래 문화가 그래요?

종종 "한국인은 가부장적인가요?", "한국인은 왜 대학생이 되어도 부모와 같이 사는 건가요? 독립심이 부족해서 그런 건가요?", "한국인은 왜 나보다 우리를 중시하죠?", "한국인은 정말 개고기를 먹나요?"와 같은 문화 관련 질문을 받은 적이 있다. 우리나라의 문화가 그들과 다른 데에는 분명 환경적 또는 역사적 요인이 있다. "한국 문화가 원래 그래. 네가 알아서 이해해"와 같은 태도는 삼가자. 그들의 이해를 돕기 위해 왜 그런지 이야기해주자. 문화가 원래 그렇다고 얘기해 준다면 그들은 한국을 이해하기보다 오히려 오해할 수 있다.

가끔가다 한국에 대해 부정적인 부분을 지적당하면 기분 나빠하지 말고 이도 잘 설명해 주어야 한다. 사실을 미화시키거나 부정하라는 소리가 아니다. 한 나라의 사회적 문제에는 여러 이유가 있기 마련이다. 한국인은 한국에 대해 좋은 점을 소개하는 것은 열광하면서 조금이라도 비판을 당하면 굉장히 불편한 감정을 드러낸다. 이런 점을 알았기에 미국에서 한국에 대해 이야기할 때는 아주 조심스러웠다. 하지만 한국 문화가 무조건 좋다고만 추켜 세울 수는 없는 일이다. 나는 한국의 장점, 자랑스러운 면모가 아니라 한국이라는 나라 전체를 알려주고 이해하는 것을 도와주고 싶었다.

프레젠테이션 Presentation

나는 아시아의 작은 나라 한국이 아닌, 오로지 한국, 한국만을 제대로 가르쳐 주고 싶었다. 봄방학 전체를 소비하여 내가 만든 3시간짜리 "한국의 날 프레젠테이션"은 많은 호응을 얻었다. 공립 학교에서는 선생님들이 흔쾌히 한 시간 정도를 내게 주셨다. 나중에는 내가 듣지 않는 과목의 선생님들도 내게 이메일로 한국의 날 프레젠테이션을 해 달라고 요청까지 왔다. 나의 프레젠테이션이 유명해지자, 교회에서도 프레젠테이션을 해 달라고 초청하는 것이 아닌가!

나는 프레젠테이션을 지루한 설명이 아니라 누구나 참여할 수 있고 즐길 수 있도록 유흥적이고도 교육적으로 만들기 위해 힘썼다. 한국에서 내가 직접 찍은 사진들을 바탕으로 언어, 경제, 정치, 학교, 역사, 문화, 음악 등에 대해 설명을 해 갔고 동영상도 곁들였다. 결정적인 인기가 약 20분간 진행된 프레젠테이션을 바탕으로 한 퀴즈인데, 선물을 준비했기 때문에 모두들 열심히 참여하고 즐길 수 있었다. 선물로는 한국에 계신 부모님이 300명 분량의 간단한 지우개, 샤프, 볼펜, 열쇠고리, 캐릭터양말, 머리핀, 컵라면, 과자 등을 보내와서 미국 아이들에겐 생소하여 인기가 절정이었다.

▸ 한국 알리기 강의를 하는 모습

프레젠테이션 만들 때 팁

1. 예시를 많이 들자
2. 다른 문화권과 비교를 하여 설명하자
3. 한복을 꼭 가지고 오자. 시각적 효과가 대단하다.
4. 기념품을 만들자
5. 퀴즈를 만들어 집중력을 향상시키자
6. 한국 하면 떠오르는 단어(김치, 태권도 등)를 외우게 하자
7. 한글로 이름 쓰는 법 가르쳐 주자
8. 한국 역사에 대해 알려주자
9. 그 외 한국에 관련된 것을 가져가 보여주자(단소, 공기, 제기, 윷놀이 등)

내가 퀴즈 때 썼던 예시들

· Which one is Korean language?

① にほんご ② 中國語 ③ 한국어 ④ Español

· What is Korea' s capital city?

① Washington ② Tokyo ③ Taegu ④ Seoul

· Find all of the Korean brands?

① SAMSUNG ② LG ③ HYUNDAE ④ KIA

· How to say Korean language and country?

① Hangeul-Hangak ② Hangok-Hangeul

③ Hanguk-Dae Han Min Guk ④ Hangeul-Hanguk

Can you draw Korean Flag?

Can you say hello in Korean?

Find Korea in this map.

▶ 국악에 대해 설명하고 있는 모습

▶ 한글을 가르치고 있는 모습

아이들은 동양어는 무조건 다 중국어 같은 표의문자인 줄 안다. 24개의 코리안 알파벳을 가르쳐 주니 생각보다 간단하다는 표정을 짓는다. 게다가 무수히 바뀌는 영어와는 달리 적힌 대로 읽는다고 알려주니 너도나도 자기 이름을 써 본다. 위 사진은 '제시카' 를 예시로 든 것이다.

ㅈ ㅔ ㅅ ㅅ ㅣ ㅋ ㅏ

J E S S I C A

정말 우리 한글, 아름답고도 간단하지 않은가!

"한국이 어디 붙어있는지도 모른다"라는 말은 옛날 얘기다. 이제 미국에서 한국을 발견하는 것은 어렵지 않다. 미국 학생들의 옷 중에 가끔 발견하게 되는 "새우깡" 이나 "찜질방" 이 적힌 한글 티셔츠는 날 웃게 한다. 태권도를 워낙 많이 배우다 보니 곳곳에서 태극기가 달린 도복을 입은 아이들도 보였다. 신문과 뉴스에서 한국에 관련된 기사를 보도하고 TV에서 한국 자동차나 대한항공 광고를 보는 것도 흔하다. 그러나 아직도 존재하는 오해와 고정관념을 풀어가고 한국에 대한 관심을 더욱 증대시키는 것이 우리 교환학생들의 몫일 것이다. 자랑스런 조국이 있다는 것은 정말 행복한 일이다.

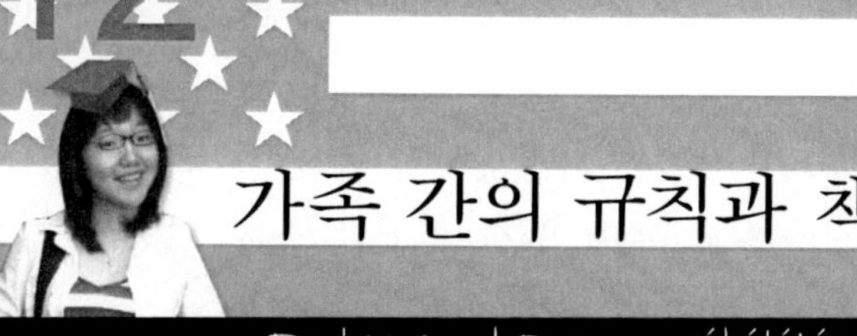

12 가족 간의 규칙과 책임

Rules and Responsibilities

겉으로 잘 드러나 보이는 문화 차이가 있는 방면 눈에 잘 보이지 않아 서로 오해를 많이 살 수 있는 문화 차이가 있다. 먹는 음식이 다르고 언어가 다르고 사는 방식이 다른 것은 미국에 온 지 몇 주 만에 적응이 된다. 하지만 미국인들의 기본적인 신념과 사상에 따른 사고의 차이는 처음에는 잘 보이지 않지만 시간이 흐를수록 점차 깊어진다.

가장 대표적인 사례가 우리나라의 공동체 정신과 다른 미국의 개인주의 정신이다. '남에게 피해를 끼치지 않는 이상 개인의 자유를 인정한다'는 교육을 받고 자라온 미국인은 사고 방식이 아주 달랐다. 개인주의를 잘못 해석하면 내 권리만을 생각해서 남에게 피해를 주는 실수를 할 수도 있다.

내가 미국에 왔을 때 가장 이해가 가지 않았던 것이 부모와 자식 간의 관계였다. 한국에서 우리 부모님은 나를 전적으로 믿어주시며 나에게 많은 권리를 주셨다. 내가 잘못을 해도 '다음에는 이러지 마라'고 지적해 주시고 금방 용서가 됐다. 하지만 미국에서 본 나의 호스트 부모님과 어린 동생들의 관계는 한국과 대조적이었다.

나는 처음으로 내가 사는 호스트 집에서 "룰/규칙"에 관해 배웠다. 나는 일주일에 내가 해야 하는 집안일을 할당 받았고, '샤워는 10분 이내로', '음식은 주방에서만 먹기', '컴퓨터는 9시 전까지', '취침은 11시 전까지', '창문은 항상 잠그기', '열쇠는 어딜 가든 지니고 다니기', '호스트가 집에 없을 때는 아무도 들여보내지 않기', '풀에서 수영은 허락 맡은 후에만 하기' 등과 같은 규칙을 익혀야 했다.

나이가 훨씬 어린 호스트 동생들도 자기 할 일과 규칙이 있었고, 이러한 규칙을 어기면 그 벌로 privilege 특권을 잃었다. 어린 동생 Gunner 같은 경우에는 TV 시청이 하루에 1시간 미만이었는데 이를 어기면 그 주말 친구의 집에 가서 놀 수 있는 특권을 잃었다. 울고불고 빌어봐도 소용없는 일이었다. 한국 같았으면 대충 용서가 될 것을 호스트 부모님은 이런 규칙과 벌에 관해서는 정말 완고했다.

가족들은 자기에게 주어진 일을 하고 규칙을 통해 서로에게 피해가 가지 않도록 하는 것이 가정을 행복으로 이끈다고 믿기 때문이다.

▶ 잔디를 깎는 호스트 아빠

▶ 창문을 닦는 Gunner

내게는 이런 가족 관계가 생소하였을 뿐 아니라 내 행동에 제약도 너무 많이 받고 눈치도 보여 매우 짜증났다. 예를 들어 나는 샤워는 적어도 15분을 해야 했는데 10분으로 줄인다는 것이 여간 불편한 것이 아니었다. 하지만 유타가 사막에 위치한 지리적 환경 때문에 수도요금이 비쌀 뿐 아니라 대부분의 미국 가정은 한국의 아파트와는 달리 물탱크를 쓰기 때문에 한 사람이 뜨거운 물을 많이 쓰게 되면 뒷사람이 쓸 때는 차가운 물밖에 나오지 않아 샤워 10분은 타당한 규칙이었다. 온 가족이 함께 일어나 준비해야 하는 일요일 같은 경우에는 뒷사람을 생각해 샤워를 빨리 해야 했다. 샤워 10분 규칙을 위해 동생들과 내가 함께 쓰는 화장실에는 타이머가 있었는데 그 타이머가 울리면 무슨 일이 있어도 샤워에서 나와야 했다.

한번은 한국에서 2시간 동안 목욕탕에서 물이 콸콸 흐르는 탕욕을 즐겼던 나로서는 그 유혹을 뿌리치지 못하고 호스트가 아침에 자고 있을 때 아침 일찍 30분간 샤워를 한 적이 있었다. 그때 마침 일찍 일어난 호스트 아빠가 샤워를 하려 했는데 차가운 물이 나오는 바람에 화가 나셨다. 그 때문에 나는 주말 동안 컴퓨터를 사용할 수 있는 특권을 빼앗겼다. 호스트는 정색을 하시며 "Don't do it again"(다신 하지 마라)이라고 타이르셨다. 하지만 이런 일 때문에 호스트가 나를 다르게 대해주는 것은 절대 아니었다. 아무일 없었다는 듯 평소처럼 지내는 걸 보면 정말 규칙은 규칙이었다. 호스트 가족은 "We still love you. We are just trying to teach you"(우리는 여전히 널 사랑한단다. 우린 단지 너에게 가르쳐 주려는 것뿐이야)라고 내게 이야기해 주셨다.

이 일이 있은 후에도 본의 아니게 계속 규칙 등을 어기게 되었다. 까먹는 경우가 다반사였고 실수한 경우도 많았다. 그럴 때마다 호스트는 네가 그만큼 가족에 대해 신경을 안 쓰기 때문이야, 라고 딱 잘라 말하고 가차없이 내 특권을 빼앗으셨다. 그럴 때마다 내가 한 일이 후회스럽기도 했지만 서운한 감정도 없지 않아 있었다. 살다 보면 실수도 할 수 있는 것 아닌가? 꼭 그렇게 벌을 내려야 하나?

다른 호스트 가족에 비해 우리 호스트가 유달리 까다롭고 엄격하다는 것을 알게 되자 이젠 억울하기까지 했다. 호스트는 내게 나이답게 행동하라고 했다. 호스트는 내가 내 또래 아이들에 비해 책임감이 많이 부족하다고 하셨다. 학교 일은 똑 부러지게 하면서 왜 집에서의 일은 자꾸 소홀히 하시냐고 가족에 대해 신경을 쓰지 않는 것이 아니냐고 나무라셨다. 물론 내가 실수를 많이 했지만, 나는 나대로 모든 것에 적응하려고 진을 빼고 있으며 집안 규칙이나 집안일 같은 것은 많이 익숙하지 않은 것인데 날 "책임감 없는 아이"로 몰아붙이니 섭섭했다.

그때 호스트의 말은 지금 많이 서운하고 상처받을지 몰라도 시간이 지나 미국 사회에서 생활하는 데 많은 도움이 되었다. 나도 이 일을 단순히 문화 차이로 얼버무리는 것보다 나의 책임감에 대해 한번 더 생각해야 했다. 맏이로서 나는 항상 책임감이 많다는 소리를 들어왔다. 항상 모든 것을 도맡아 왔으며, 동생에게 좋은 누나가 되기 위해 노력했고 부모님께 자랑스런 딸이 되기 위해 열심히 공부했다. 하지만 책임감의 영역은 넓은 것이다. 내 행동이 남에게 피해가 가지 않도록 하는 것도 책임감의 일종이고 내 사생활이 가족 모두의 생활에 보탬이 되도록 하는 것도 책임감의 일종이다.

미국의 16살은 거의 어른이나 다름 없다. 아르바이트를 하며 용돈을 벌고, 차를 몰며 몇 년 후 독립할 준비를 한다. 그런데 가족 규칙을 지키는 것조차 힘들다면 호스트 말대로 정말 내가 책임감이 부족한 것인지도 모르겠다. 미국에 온 이유 중 하나가 단순히 공부를 하기 위해서가 아니라 어른으로 성장하기 위해서였다. 내가 극복해야 했던 것은 나 자신이었다.

13

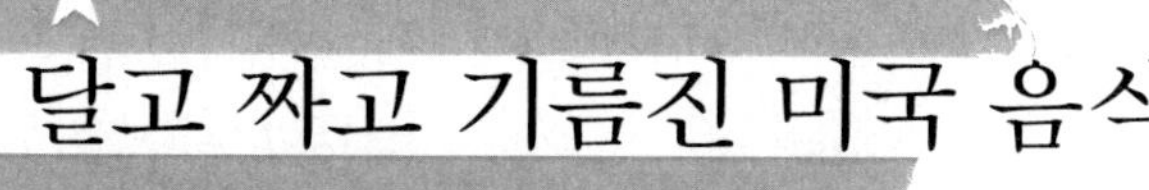

달고 짜고 기름진 미국 음식

Sweet, Salty, Fatty, American Food

악명 높은 미국의 음식을 처음 접했을 때는 입에 맞지 않으면 어쩌나 하고 걱정을 많이 했었다. 하지만 미국 음식은 우리나라 음식처럼 특별한 소스나 향료가 없이 달고 짜고 기름지기 때문에 젊은 세대라면 금방 적응할 수 있다고 생각한다. 다만 워낙 칼로리가 높다 보니 살이 찔 가능성이 높고 음식의 종류가 우리나라처럼 다양하지 않아 금세 질려버릴 수 있다. 또 한국인이라면 매콤한 맛에 길들여져 있는데 매운맛을 전혀 찾아 볼 수 없는 미국 음식 때문에 한국 음식이 그리울 때가 많다.

내가 생각하는 미국의 삼대 후진 자격 -Poor Food, Poor Transportation, Poor Health Care(후진 음식, 교통편, 의료 서비스) 중 하나에 속하는 음식은 그 명성에 맞게 수많은 비만자들을 거느리고 있다. 한국에서의 비만이 배가 나와 접힌 정도라면 미국식 비만은 배뿐만 아니라 다리, 팔, 얼굴, 목까지 늘어지고 처져서 도저히 인간의 형상이라고 볼 수 없을 정도의 거대한 비만자들이 곳곳에 있었다. 그래도 유타는 비만자들이 별로 없는 편에 속한다고 했다. 미국에 온 지 하루쯤 지났을 때 호스트 맘과 월마트로 쇼핑을 갔는데 엉덩이가 거대한 흑인 아줌마를 보고 경악을 했다(사실 그 이후에 본 비만자들에 비하면 아주 양호한 수준이었지만). 호스트 맘이 미국 여성들은 "볼륨"이 있다면서 저 여자는 통통한 편이라고 했다. 오히려 내가 Flat-butt(엉덩이가 없는)라면서.

☑ Simple and Fast

미국의 음식은 정말 간단하고 빨리 만들어진다. 찌거나 끓이는 요리보다 굽고 튀기는 요리가 많으며 대부분 대형 마트에서 이미 간단하게 만들어 놓은 포장 음식을 요리하기 때문에 누구든지 쉽고 빨리 만들 수 있다.

☑ American Sized

미국에서 장을 보는 것은 한국에서 보는 것과 큰 차이가 있다. 한국에서 코스트코에 가 보신 분들은 알겠지만 미국은 하나를 사면 박스 단위로 산다. 콜라를 사도 워낙 많이 또 오랫동안 마실 것을 알기 때문에 기왕에 사는 거 박스 전체로 산다. 집에 음식 창고가 따로 있는 집이 많아 캔 음식, 견과류, 음료수 등은 떨어지지 않도록 창고 가득 쌓아 둔다. 미국의 유명한 대형 마트에 가면 거대한 사이즈의 음식들이 종류별로 진열되어 있다.

☑ Already half-made

대형 마트에서 장을 보다 보면 저녁에 뭘 만들어 먹어야 할지 고민을 하지 않아도 된다. 물건마다 특정 음식을 먹기 위한 용도라고 설명이 되어 있으며 각 섹션마다 예를 들어 파스타-햄버거-런치-바비큐-아시아 식으로 먹을 수 있는 음식이 정해져 있다. 종류가 다양하지 않다 보니 음식도 아예 다 만들어진 냉동식품이나 필요한 재료들이 이미 다 들어가 있는 음식들이 즐비하다.

☑ Genetically modified(GM) Food

일명 GM 푸드라고 불리는 음식은 유전자 조작이 된 음식들이다. 미국 채소와 과일류 섹션에 갔을 때 가장 놀라웠던 것이 과일과 채소들이 너무 예뻤다는 것이다. 마치 플라스틱으로 만들어진 가짜 음식처럼 흠하나 없이 너무 예쁘고 크기도 상당했다. 어느 정도는 못생겨야 진짜 같은데 살 때마다 항상 장난감을 사는 기분이었다.

☑ Meat, and more Meat

미국인은 육식동물들이다. 그들은 고기를 정말 좋아한다. "I don't like anything green"(나는 초록색 음식은 다 싫어)이라고 말하는 사람을 수도 없이 봐 왔다. 고기도 육류만 좋아하지 생선은 많이 좋아하지 않는다. 물론 사람에 따라 다르겠지만 대부분의 미국인은 고기-빵-소다 이 삼박자 음식 습관이 있다. 나는 미국인들이 채소를 싫어하는 것이 아니라 채소 음식을 못해서라고 생각한다. 미국에 가니 채소를 좋아하는 나도 채소가 싫어지고 고기를 더 찾았다. 우리나라는 김치 문화가 발달해 채소를 맛있게 요리하지만 미국인은 채소를 맛을 살려가며 요리할 줄을 모른다. 그들의 유일한 채소 음식은 샐러드인데 다이어트를 하는 사람은 정말이지 샐러드만 하루 종일 먹었다. 한국에 왔더라면 채소로도 얼마든지 맛있는 음식을 먹었을 텐데.

☑ Sauce and Dressing

미국인은 채소를 요리할 줄 모른다고 내가 주장했다면 스페인에서 온 교환학생이자 내 단짝친구인 Victoria는 미국인은 고기를 더 요리하지 못한다고 했다. 스페인에서는 고기 특유의 맛을 살려서 요리를 하는데 미국인은 고기를 대충 요리해 소스를 덮어 고기 맛을 망친다는 것이었다. 바비큐를 먹을 때는 바비큐 소스를, 새우를 먹을 때는 칵테일 소스를 먹었다. Victoria 말대로 고기를 먹는 것이 아니라 소스 맛으로 먹는 것 같았다. 내가 가장 경악한 것이 사과를 먹을 때 함께 먹는 캐러멜 디핑이다. 사과를 먹을 때조차 지방덩어리 소스를 함께 먹어야 하다니! 드레싱은 샐러드를 먹을 때 위에 뿌려먹는 것인데 이 또한 종류가 몇십 가지다. 미국에서 체중을 유지하려면 최대한 피해야 할 적들이다.

☑ Dessert

밥을 다 먹어도 달달한 디저트가 없으면 식사를 제대로 한 것이 아니다. 저녁 식사 후에는 푸딩, 아이스크림, 초콜릿 케이크, 쿠키 등 단 디저트를 즐겨 먹는다. 이 또한 피해야 할 적이지만 먹는 즐거움을 차마 뿌리치지 못하여 매일 실패하고 말았다.

☑ Soda instead of water

미국은 탄산음료를 물로 아는가 했다. 한국에서는 가끔 먹을까 말까 하는 소다를 물 마시듯이 마셨다. 레스토랑에 가면 음료를 시키는데 그 메뉴가 다양한 탄산음료들이다. 요즘은 Diet Soda(칼로리가 0인 탄산음료)가 나오긴 했는데 여전히 몸에 좋지 않다고 생각된다.

☑ Canned and frozen

앞서 말했듯이 미국인들은 캔 음식과 얼린 음식을 좋아한다. 오히려 더 싱싱하다고 믿는 것 같다. 전자레인지에 대충 돌리면 뚝딱 완성이 되기 때문에 신경을 안 쓰는 것인지도 모르겠다. 미국에 온다면 익숙해져야 할 것이 바로 이 캔 음식과 얼린 음식들이다.

미국 음식을 비판하려고 한 것은 아니었는데 쓰다 보니 너무 좋지 않게 들린 것 같다. 하지만 미국 음식이 좋다고 한 외국인은 단 한번도 만나본 적이 없다. 피할 수 없기에 즐기고 알아서 조절해야 하는 것이 미국 음식이다.

☑ Breakfast-Lunch-Dinner

한국 음식은 아침에 먹는 식사는 점심이나 저녁에 해도 무관하지만 미국은 아침에 먹는 음식, 점심에 먹는 음식, 저녁에 먹는 음식이 정해져 있다. 우리 가족은 아침으로 항상 시리얼을 먹었다. 아침-시리얼 공식은 일년 내내 비가 오나 눈이 오나 바뀌지 않았다. 시리얼도 종류가 다양한데 우리는 고정된 네 가지의 시리얼을 번갈아 가며 먹었다. 질릴 대로 질려버린 시리얼 때문에 가끔은 짜증나서 아침을 거른 적도 있었다. 이건 우리 집 사정이지만, 아침으로는 다른 것들을 먹을 수 있다. 식빵을 튀겨서 각종 잼이나 버터를 발라 먹는 토스트, 달걀을 휘저어 만든 스크램블 에그, 베이컨, 와플, 베이글, 팬케이크가 그 예이다.

점심으로는 대부분의 학생들이 학교에서, 직장인들은 직장에서 해결하기 때문에 간단한 샌드위치를 먹는다. 빵에 햄과 치즈와 마요네즈를 얹은 샌드위치나 피넛버터와 젤리를 넣은 샌드위치 등으로 대충대충 간편하게 해결한다.

저녁 식사가 미국인들이 그나마 요리를 하여 먹는 시간이다. 미국 음식에는 크게 샐러드류-파스타류-버거류-피자류-타고류-스테이크류-햄류-그 외의 육류 음식 등으로 나눌 수 있다. 저녁 식사에는 그래도 빵-야채-고기의 균형을 잡으려고 노력하는 것 같다. 나의 첫 호스트 맘은 이듬해 같이 살게 된 호스트와 비교해 보면 가장 맛있는 저녁 식사를 해 주신 것 같았다. 하루 중 가장 음식다운 음식을 먹는 시간이기 때문에 하루 종일 저녁 식사 때를 기다렸다. 매일 아침마다 오늘 저녁 메뉴는 뭐예요? 하고 물었던 것이 기억난다. 호스트 맘도 무엇이든지 맛있게 먹어 주는 날 고마워했다. 다음은 호스트 맘의 요리이다.

Hawaian Salad

밥과 야채가 곁들어져 특별 소스를 뿌려먹는 호스트 맘의 특별 요리 하와이 스타일 샐러드

Beef / Mashed Potato

간단한 소고기와 으깬 감자

Shrimp Pasta

크림 소스와 새우를 넣은 새우 파스타

Taco

밀가루나 옥수수 가루 반죽을 살짝 구워 만든 얇은 부침개 같은 것에 고기, 콩, 야채 등을 싸서 먹는 멕시코 음식

Grilled Cheese Sandwich / French Fries

시간 없을 때 빨리 만들어 먹을 수 있는 그릴 치즈 샌드위치. 버터를 바른 빵에 치즈를 넣어 굽는다.

Ribs

구운 감자와 함께 먹는 미국식 갈비 요리

Ham

햄을 썰어서 샐러드와 감자를 곁들여 먹는 햄 요리

Sloppy Joe

고기를 다져 토마토 소스로 맛을 낸 것. 둥근 빵 안에 넣어 먹음

Asian style wrap
간장과 마늘을 넣고 닭을 볶아 만든 것을 배추와 밥에 얹어 먹는 것으로 한국의 쌈을 보고 만든 호스트 맘이 나를 위해 창작해 낸 음식

Pizza
말이 필요 없는 피자다. 미국인의 피자 사랑은 세계 최고인 것 같다.

Hotdog
금요일 풋볼 경기를 보며 즐겨 먹는 핫도그다.

Lasagna
파스타의 일종으로 치즈와 토마토 소스로 요리한다.

14 점점 버거워지는 모르몬교

Religious Pressure

나의 첫 몇 달 동안의 교회 생활은 즐거웠다. 학교와 가족을 비롯한 모든 것이 바뀐 나는 이곳 유타에서 새로운 삶을 살고 있었다. 이곳의 종교는 나에게 다름을 제시하는 문화의 일부분이었고 "로마에 가면 로마 법을 따르라"라는 구절과 같이 유타 주와 가족과 하나가 되기 위해 교회를 다녔다.

종교는 문화와 밀접한 관계가 있으나 큰 차이가 있다. 특정 종교가 강한 지역의 문화는 그 종교의 법률이나 행동 양식을 많이 반영한다. 하지만 이러한 종교는 다른 지역에도 존재할 수 있으며, 특정인이 사상과 도덕관념과 더 관계가 있기 때문에 엄밀히 따지면 문화는 아니다. 따라서 내가 호스트를 따라 교회에 참석하고 각종 종교 행사에 참석한 것은 문화 교류이자 호스트 가족의 생활과 지역사회의 일부가 되기 위함이었다.

물론 내게 교회를 가거나 가지 않는 선택권은 없었다. 호스트 가족이 내가 교회를 가는 것을 요구했기 때문이다. 하지만 나도 어느 정도 체험하고 싶다는 의지가 있었기에 꺼린 적은 없었다. 호스트와 진지하게 내가 모르몬교에 대해 어떻게 생각하는지 이야기해 본 적은 없었지만, 호스트도 내가 종교인이 아니라는 정도는 알고 있었다.

하지만 시간이 지날수록 주위 사람들은 내게 조금씩 더 많은 것을 요구했다. 예를 들어, 교회를 다닌 지 몇 달이 지나자 호스트 가족은 밥을 먹기 전 내게 기도를 시켰다. 기도 틀에 맞춰 "좋은 하루 보내게 해주세요", "학교 생활 잘 하게 해주세요", "호스트 가족과 잘 지내게 해주세요" 라는 말만 넣으면 되는데 그 몇 문장이 내겐 어색하고 불편하기만 했다. 교회 주교님은 부탁하지도 않았는데 일주일에 한 번씩 우리 집까지 찾아와 한 시간 동안 모르몬경에 대해 설교했고, 호스트 아빠는 내게 아버지가 딸에게 준다는 세례를 주었고, 호스트 엄마는 넌지시 늦지 않았으니 개종하는 것도 고려해 보는 것이 어떻겠냐고 했다. 하지만 나는 일요일에 다섯 시간 동안 교회 생활을 하는 것도, 주중에 청년회 활동을 하는 것도, 모르몬교가 좋아서라기보다는 사교생활의 틀, 가족생활에 대한 나의 존중과 배려로 여겼기 때문이다. 이 모든 것이 조금씩 쌓이다 보니 어느새 스트레스로 변했고 교회에 대한 부정적인 감정이 싹트기 시작했다.

처음 모르몬 교회에 갔을 때 가장 먼저 받은 질문이 어떤 기독교에 속해 있냐는 것이었다. 처음에는 한국의 부모님이 불교이기 때문에 대충 불교라고 했는데 계속해서 왜? 라는 질문 공세를 해서 그냥 무신론자라고 털어놓았다. 아이구, 그랬더니 "그러면 너는 죽으면 어디로 갈 것이라고 생각하느냐?", "신을 왜 부정하는 것이냐?"와 같은 불편한 질문을 계속 했다.

이런 불편한 마음을 지역관리자에게 가서 털어놓기로 했다. 지역관리자도 모르몬교도라는 것을 알았지만(내가 아는 사람 거의 대부분이 그랬듯이), 이 지역 교환학생 프로그램을 담당하는 사람으로서 이야기해 보는 것이 마땅하다고 판단했기 때문이다. 나는 그분이 불쾌해 하지 않도록 최대한 조심스럽게 교회를 가는 것이 많이 불편하다, 여러 사람들이 내게 많은 기대를 한다, 나는 모르몬교도가 아닌데 이런 식의 대우는 좀 고쳐줬으면 좋겠다, 라고 말했다. 돌아오는 대답은, "제가 모르몬교도가 아니었을 때가 생각나네요. 저는 가톨릭이었는데 20년 전 개종을 했습니다. 많이 혼란스럽겠지만, 마음을 비우고 모르몬경을 읽으면 될 겁니다. 현재 종교를 거부한다는 것이 두렵겠지만, 모르몬파가 진리입니다"였다. 역시나 말귀를 못 알아 먹는다. 포기를 해야 하나?

나는 지금까지 쌓아온 호스트와 나의 관계를 해칠까 봐 두려웠다. 내가 조금 불편해도 지금까지 내게 너무나 잘해주신 가족과 이웃들을 위해서 참자고 다짐했다.

얼마 후, 내 페이스북에 지역 관리자로부터 이런 글이 올라와 있었다.

"다영 양의 페이스북 정보란에 오류가 있군요. Atheism(무신론)을 Agnostic(불가지론)으로 고쳐주었으면 합니다."

그날 오후, 지역관리자와 만나 이야기를 했다.

"저는 무신론자가 맞습니다. 페이스북에 올라와 있는 정보가 사실입니다."

"다영 양은 지금 하나님에 대해 모르고 있어 그런 겁니다. 다영 양은 신의 진위 여부를 모르는 불가지론 상태입니다. 무신론은 신의 존재를 인정하지 않는 것입니다."

"네. 저는 신의 존재를 인정하지 않습니다. 제가 교회에 다녔다고 해서 생각이 바뀐 적도 없습니다. 항상 이렇게 믿어왔고, 앞으로도 그럴 것입니다. 왜 이렇게 다름을 인정해 주시지 않는 거죠? 저는 제가 옳다고 생각하는 것을 믿는 것뿐입니다. 해를 끼치는 것도 아닌데 제가 너무 과분한 부탁을 한 건가요? 또한 페이스북과 같은 곳에 제 프라이버시에 관한 내용을 대중적으로 지적하는 것은 별로 달갑지 않군요."

충격을 받는가 보다. 지역관리자의 얼굴이 서서히 일그러지는 것을 보았다. 누군가가 신이 없다고 믿는 것이 그렇게 충격적인 발언인가?

그날 저녁, 호스트 가족 인상이 좋지 않았다. 지역관리자가 호스트에게 말을 한 것이 분명하다. 서로 어색한 감정을 감추고 앞으로 그 이야기는 다시 언급하지 않기로 했다.

나는 그들의 종교를 존중했다. 그리고 받아들였다. 사람들은 모두 다르고, 자신이 원하는 것을 믿을 권리가 있다고 생각하기 때문이다. 교회에 따라갔고, 성경과 모르몬경을 공부했으며 가끔 가족을 위해 기도도 했다. 난 모르몬교도들의 평화주의적인 정신, 엄격한 도덕 규준을 아주 높게 샀다. 그러나 가족들은 나의 의견에 대해 알고 싶어 할 뿐만 아니라 옳지 않은 것이라고 비판까지 했다. 이렇게 생각하니 갑자기 슬퍼졌다. 이러한 모르몬교의 배척적인 정신이 날 너무 힘들게 했다. 기독교의 야훼는 시기가 많은 신이며, 그 외에 다른 것을 절대 믿지 마라고 하였다. 그래서 기독교는 유난히 선교 활동이 많고, 분쟁이 많고, 역사에는 기독교 신의 이름으로 수많은 학살과 인종 차별 그리고 전쟁이 있었다. 기독교가 나쁜 것이라고 비판하는 것이 아니다. 그러나 적어도 다른 사람이 믿는 것에 대한 존중 정도는 지켜줘야 하는 것 아닌가? 시간이 지날수록 찌를듯한 소외감이 느껴졌고, 모르몬 교회에 대한 내 실망감이 커졌다.

교회에 가는 것이 공식적으로 불편한 일이 되어 버리자 교회와 관련된 모든 것이 달갑지 않았다. 교회에서는 사실 많이 친한 친구가 없었다. 어렸을 적부터 교회에서 알고 지내던 사이였던 내 또래 아이들은 내게 착하고 다정했지만 그 이상으로 다가가기 힘들었고, 내가 그들의 소꿉 그룹에 낀다는 것은 많은 시간과 노력을 필요로 했다. 물론 그들 성격이 내 친구 타입도 아니어서 그들도 나도 어느 정도 거리를 두고 지냈다. 아주 친한 친구는 없었어도, 그룹과 줄곧 어울리곤 했는데, 교회에서의 내 말수가 급격하게 줄어들자 몇 개월 후 난 이젠 교회에서 완전한 외톨이가 되었다. 처음에는 친절하다고 생각했던 교회 사람들도 정말 겉보기만큼 나에 대해 신경을 썼었나 하는 의문까지 들었다. 처음으로 날카로운 외로움과 소외감이 느껴졌다. 외적인 외로움보다는 심리적인 소외감이 훨씬 컸다. 일요일이 싫었다. 교회를 떠나 학교에서 내가 사랑하는 친구들과 어울리고 싶은 마음만 가득했다. 교회가 너무 혼란스러웠다.

15

믿었던 것이 무너질 때, 호스트와의 갈등

When everything Falls Apart

귀국을 두 달 정도 앞두고 큰 사건이 생겼다. 바로 호스트 가족이 나의 호스트가 힘들다고 하였다. 호스트 맘에 의하면 '나에게 가르침을 주기 위해서'였고 나는 기관 관리자의 집으로 옮겨야만 했다. 나에겐 절대로 일어나지 않을 것이라고 믿었던 일이 일어난 것이다.

그간 호스트와 보낸 행복한 나날들을 고려하면 정말 뜬금없는 소리다. 우리는 호스트와 학생의 관계 이상으로 발전했었고, 나는 이런 호스트를 만나 참 행운이었다고 생각을 해 왔다. 물론 가족이기에 생기는 갈등도 많았지만 항상 서로를 위하고 아껴왔다고 생각했었다.

호스트와의 갈등은 아주 사소한 것에서부터 시작됐다. 첫째, 사소한 갈등에 대한 예를 들면 내 방의 선풍기가 생각만큼 시원하지 않아 창문을 열어놓는 식으로 더위를 달랬다. 한국에서는 환기를 시키기 위해 항상 열어 놓는 것이 창문인데 호스트 맘은 창문을 여는 것을 싫어하셨다. 그 이유는 도둑이 들어올 수 있기 때문이라고 한다. 그래서 창문을 연 후에는 꼭 닫은 후 잠그고 블라인드를 내려야 하는데 거의 매일 창문을 열고 사는 내가 한 번씩 창문을 잠그는 부분을 까먹었다. 그걸 안 호스트 맘은 불같이 화를 내시며 내가 어젯밤 창문을 잠그지 않아 가족 전체를 위협에 빠뜨렸다고 하시는 거다. 나로서는 말도 안 되는 일로 화내시는 것 같았지만 부탁한 일을 내가 깜박한 것이니 순전히 내 잘못이라 생각했다. 하지만 문제는 이런 나의 실수를 실수로 보지 않았다는 거다. 깜박할 때마다 나는 죄송하다고 했지만 내 말이 말 같지 않느냐, 지금 내 권위를 무시하는 거냐, 등 실수를 무책임, 무례, 무시 등 듣기만 해도 무거운 단어로 날 질책했다.

두 번째 갈등이 에티켓이다. 분명 한국과 미국의 문화와 예절이 다름에도 불구하고 호스트 맘은 종종 나를 이해하지 못하셨다. 내 단짝 친구 Victoria 집에 놀러 갔을 때 그 집에서 점심을 얻어먹은 적이 있었다. 호스트 맘이 픽업하러 오셨을 때 내가 남의 집에서 허락 없이 음식을 먹었다며 화를 내시는 거다. Victoria나 Victoria의 호스트 맘이나 나나 아무도 뭐가 그렇게 잘못한 것인지 이해를 못 했지만 남의 집에서 배가 고프다며 먹을 것을 달라고 하는 것은 무례라고 했다. 한국에서는 손님이 집에 오면 간단한 먹을 거리를 접대하는 것이 문화라 익숙한 나인데 절대 먹을 것을 달라고 하지 마라 하셨다. 그럼 Victoria와 수영장에서 놀다가 목이 마를 때 "물 좀 마실 수 없니?" 하고 묻지 못하는 것인가? 호스트 맘은 Victoria네 호스트 맘과 친한 사이였기 때문에 내가 다녀간 뒤에는 내 일거수일투족에 대해 알고 싶어했다.

물론 이러한 트집에 대해 내가 잘못한 것이 없다는 것은 아니다. 하지만 다른 호스트 맘들에 비해 내 호스트 맘이 유달리 별난 것은 사실이었다. 정해진 규칙보다도 내가 자신과 같은 에티켓을 가지길 원했다. 한국에서 아무 문제 없이 괜찮다고 생각했던 것들이 죄다 호스트 맘에게는 문젯거리가 되었다. 느리지만 나는 하루하루 호스트 맘의 이러한 에티켓을 배우고 있었다. 하지만 호스트 맘은 내가 이런 실수를 할 때마다 무책임하다, 실망했다, 와 같은 상처받는 말을 하시며 외출 금지라든지 컴퓨터 사용 금지와 같은 벌을 내리셨다.

세 번째 문제는 나의 생활과 관련이 있었다. 호스트 맘과 지역관리자는 친한 친구 사이였다. 그래서 틈만 나면 전화로 나에 대해 이야기를 했다. 어이가 없는 것은 교환학생 교육을 받을 때 학생들에겐 마음에 들지 않는 것이 있으면 호스트와 대화를 통해 풀라고 하면서 호스트가 나에게 마음에 들지 않는 것이 있으면 나와 대화를 통해 오해를 풀기도 전에 지역관리자에게 일러바치는 것이다.

지역관리자는 종종 나에게 직접적으로 잘못한 점을 지적했다. 그런데 지역관리자를 통해 듣는 이야기는 실제의 상황과 반은 빗나갔고 무조건 호스트 가족의 말만 들으려는 지역관리자에게 문제가 많았다. 차라리 내 앞에서 당당하게 말을 해 주셨으면 고마울 것을 내 관리를 책임지고 상부에 보고서를 써 내는 지역관리자를 통해 좋지 않은 이야기를 듣는 것은 정말 짜증났다. 다른 교환학생 가족들은 지역관리자가 있는 둥 마는 둥 잘 살아가는데 굳이 내 생활을 전화기로 모두 일러바치고 싶었을까? 물론 교환학생들도 모이면 서로 호스트에 대한 불평을 털어놓으며 스트레스를 풀 때가 있다. 하지만 그것은 학생들 사이이지 지역관리자와 같은 중요한 인물이 아니다.

하루는 지역관리자가 내게 이렇게 말했다.

"Your host mom thinks that you are too workaholic"(네가 일중독자인 것 같다고 호스트 맘이 생각하신다)

이야긴즉, 내가 가족생활에는 전혀 관심을 보이지 않고 내 일만 한다는 것이다. 물론 내가 학교와 과외활동에서 열심히 생활하는 것은 사실이다. 그만큼 가정에 소홀했다고 호스트 맘이 느꼈을 수도 있었다. 그 점에 대해서는 나도 노력하고 있고 학교와 과외활동이 내게 중요하다는 것을 호스트 맘도 알고 계셨다. 하지만 '전혀 관심을 보이지 않고 내 일만 한다'는 말을 들었을 때 화가 치밀어 올랐다. 매일 저녁 동생들과 놀아주는 것은? 내가 집안일을 하는 것은? 일요일 내내 교회에서 함께 보내는 것은? 학교에서는 모든 선생님들께서 입이 마르도록 날 칭찬하셨다. 하지만 호스트 가족에겐 전과목 올 A+를 받고 각종 과외활동에 열심히 참여하는 것은 전혀 칭찬거리가 되지 못했다.

이런저런 일이 생기자 어느 날 호스트 맘께서 집을 나가야 한다고 했다. 지역관리자와 상의한 결과 결국엔 나는 절대 가르침을 배울 수 없는 아이고 이를 깨닫고 반성하기 위해 집을 나가 지역관리자의 권한 아래 살아야 한다고 했다. 이게 무슨 날벼락 같은 소리지? 단 한 번도 목소리 높여 싸운 적도 없으면서 나가라니. 미국에 온 지 처음으로 눈물을 흘렸다.

호스트 맘의 나에 대한 기대치가 높은 것은 나도 이미 알고 있었다. 나도 덤벙대는 성격 때문에 호스트 맘의 똑 부러진 생활 규칙들을 모두 지키지 못하는 것도 반성한다. 하지만 내 행동에 대해 이해조차 못하는 호스트 잘못도 있었다. 나는 고작 만 15살이었으며 처음 부모님과 떨어져 타지에서 살아남으려고 하는 소녀였다. 친한 친구 집에서 사는 것도 불편한데, 다른 문화권의 만나보지 못한 사람과 1년간 함께 살아가기 위해 많은 노력을 했다는 것을 알아주었으면 한다. 난 정말 최선을 다했고 단 한 번도 호스트 맘의 말을 무시하거나 무책임하게 굴려고 하지 않았다.

내가 짐을 꾸리고 있을 때 하시는 말씀은 이해할 수 없었다.

“I love you still, you are my daughter. We are just trying to give you a lesson” (우린 아직도 너를 사랑해. 내 딸이나 다름 없는걸. 우린 다만 너에게 교훈을 얻게 하려는 것뿐이야)

내게 수십 번 얘기하던 사랑한다, 너는 내 딸이다, 라는 이야기가 거짓말처럼 들리는 순간이었다. 내가 진정으로 딸 같은 존재였다면 마음에 들지 않는다 하여 이렇게 내팽개칠까? 내가 분양 받았다가 마음에 들지 않으면 버리는 강아지인가?

아직도 호스트 맘이 이러한 결정을 내린 것에 대해 충분히 이해가 가지 않는다. Thurston 가족 이후로 다른 호스트와도 지냈지만 단 한 번도 내가 무책임하거나 배울 수 없는 아이가 된 적이 없었다. 내가 실수를 하면 그건 단지 내가 Teenager(십대)여서였고, 난 학교생활과 가족생활에 성실한 모범학생이었다. 한국에서도 학교생활을 열심히 하며 누구보다도 성실하게 주어진 일에 책임을 다하는 학생으로 인정받던 나였기에 충격이 너무 컸다.

종교와 문화 간의 차이, 개인의 가치관의 차이가 이렇게 해석을 달리할 수 있단 말인가?

그간 너무 잘해주신 은인 같은 호스트 맘께서 교훈, 용서, 자비, 그리고 사랑을 들먹이며 결정한 이 일은 여전히 이해하기 힘들다. 집을 나온 뒤에 자주 만나지는 못하였지만 여전히 좋은 관계를 유지했다.

그리하여 지역관리자와 함께 살게 되었다. 지역관리자는 겉으로는 잘 대해주었지만 여전히 나를 문제아 취급하고 있었다. 이 때문에 “I love you”라는 단어가 싫어졌다. 한국의 “사랑해”와는 달리 미국의 “I love you”는 너무 쉽게 쓰인다. I love these shoes! (난 이 신발을 사랑해!)

막상 내게 이런 문제가 생기다 보니 교환학생 교육 기간 때 배운 내용이 아무 쓸모 없는 것을 알았다. ‘문제가 생기면 호스트와 대화로 풀어라, 기관 관리자에게 도움을 요청하라.’ 테니스 라켓으로 공을 치는 것에 대해 책에서 읽었는데 실전에서 라켓이 부러지면 어떻게 해야 하나?

한국인의 정에 대해 생각해 보았다. 오로지 한국에게만 있다는 연민, 자비, 그리고 사랑의 영적 유대관계에 대해서 말이다. 미국인은 겉 표현이 속보다 훨씬 장황하다는 것을 배웠다. 그래도 8개월이라도 미국에서 즐거움을 선사한 호스트 부모님에게 감사하다. 이 일은 앞으로 내가 홀로 서고 더욱 성장하는 데 밑거름이 되어 줄 것이다.

따라서 호스트가족과의 트러블을 최소화하기 위한 팁을 몇 가지 제시하겠다.

1. 미국인은 규칙을 중시한다. 한번 NO 라고 한 것은 절대 하지 않도록 유의해야 한다.
2. 자기 표현을 잘 하자. 문제가 생기면 무조건 입다물고 있는 것은 반성이라기보다 자기 죄를 인정하는 쪽으로 보일 수 있다.
3. 마음에 들지 않는 일이 있으면 그때 바로 풀려는 자세를 가지자. 쌓여서 좋을 것이 하나도 없다.
4. 문제가 생기면 가장 먼저 이야기해야 할 사람은 친구도 선생님도 한국의 엄마 아빠도 지역관리자도 아닌 호스트 가족이다. 문제가 커질 수 있다.
5. 절대 호스트 가족에 대한 나쁜 점을 다른 사람에게 이야기하지 말자. 말은 돌고 돌아 결국 호스트 가족의 귀에 들어간다.

CHAPTER 2
한걸음
더 나아가서
주니어 시절
"One Step Closer, Junior"

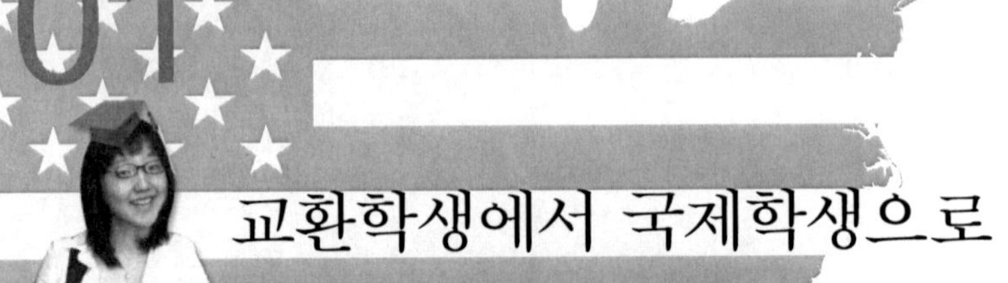

교환학생에서 국제학생으로

Exchange Student to International Student

학교를 마무리하고 그간 동고동락했던 가족과 친구들에게 작별 인사를 했다. 1년 동안 가득 채운 다이어리, 천장의 사진들, 추억의 선물들, 무엇보다도 그곳 사람들이 내게 베풀었던 친절과 사랑을 가득 안고 그립던 고국에 도착했다. 그리고 몇 주 후 교환학생 기관에서 올해 교환학생 중 최우수상을 받게 되는 영광을 얻었다.

"Not only have you demonstrated strong academic achievement and commendable conduct as an exchange student, as a representative of Korea you have helped extend knowledge and understanding of Korea to those abroad. With this award, we recognize and appreciate your effort."(높은 학문적 성취뿐 아니라 외국인에게 대한민국의 대표로서 한국에 대한 지식과 이해를 확장하는 데에 도와주었습니다. 이번 수상을 통해, 우리는 당신의 노력을 입증합니다)

아마 내가 받아본 상 중에 가장 뿌듯한 상이었을 것이다.

Hani Edu

Gold Award of Excellence

Present to

KIM, DA YOUNG

For exemplary participation in Education in Vision's 18th Academic Year Program class, Sep, 2008 ~ Jun, 2009. Not only have you demonstrated strong academic achievement and commendable conduct as an exchange student, as a representative of Korea you have helped extend knowledge and understanding of Korea to those abroad. With this award, we recognize and appreciate your efforts.

July 19, 2009

Hankyoreh Plus
President Sang Hoon Rhee S. H. Rhee

▸ 교환학생 최우수상장

그리고 드디어 홍익대학교 교환학생 설명회에 참석하여 많은 후배들에게 특강할 기회를 가졌다.

1년간의 교환학생 기간을 마치고 한국에 귀국하자 앞으로의 미래에 대해 내가 원하는 것이 무엇인지 뚜렷하게 보였다. 한국의 고등학교로 복학하기보다는 F1 비자를 받아 정식으로 유학할 수 있는 사립학교로 옮겨 미국 대학에 진학하여 꿈을 이루고 싶었다. 지역적, 환경적으로 그리고 교육적으로 좋은 사립 고등학교 중 몇 군데를 비교해 보고 선택한 곳이 플로리다의 주도인 Tallahassee에 위치한 Maclay 사립고등학교였다.

미국의 사립학교는 천차만별이다. 등록금이 비싸다고 꼭 좋은 학교도 아니고 AP과정이 얼마나 개설되어 있으며 국제학생 비율은 어떤지, 기독교 학교인지, 교복을 입는지, 학생 수는 얼마나 되는 지, 졸업생들의 대학 진학 등 꼼꼼하게 비교하여 보아야 한다.

02 일년 내내 해가 비치는 주

Sunshine State Florida

플로리다 주에서 11학년의 생활이 시작되었다. Sunshine State는 일 년 내내 해가 비치는 플로리다 주의 속칭이다. 플로리다 주는 멕시코 만, 대서양, 플로리다 해협 사이에 위치한 우리나라와 같은 반도이다. 지형은 아주 낮고 평평하며 산이 거의 없으며 습지대가 많다. 남쪽 해안 지대는 열대 기후를 나타내며 여름에 특히 매우 덥고 습한 기후를 나타낸다. 유타 주와는 달리 물이 넘치고 넘쳐나는 곳이다. 경치가 매우 아름답기로 유명하고 다양한 동식물이 산다. '플로리다'란 스페인어로 '꽃이 피는 나라'라는 뜻이다.

미국 남동부에 위치한 플로리다는 근접한 조지아나 앨라배마 주와 매우 다른 문화를 가지고 있다. 카리브 해의 서인도제도의 여러 나라와 근접해 있기 때문에 이민자들이 아주 많다. 플로리다의 남쪽에 위치한 대도시 마이애미는 스페인어를 공용어로 쓸 만큼 인종이 다양하다.

플로리다는 세계적으로 유명한 관광지이다. 남부의 아열대 해안 지방에는 Saint Augustine, Daytona Beach, Cocoa Beach, West Palm Beach, Miami Beach 등 수많은 해변이 있고 Saint Petersburg, Clearwater와 같은 휴양지가 있다. Miami, Tampa, Jacksonville, Orlando와 같이 거대한 도시들을 자랑하기도 한다. 월트 디즈니랜드 리조트, 디즈니 월드, 유니버설 올란도 리조트, 시 월드와 같은 어마어마한 놀이 공원들로 여름만 되면 관광객들과 피서객들로 북적거린다. 주 전체가 마치 미국의 대형 휴양지 같은 플로리다는 모든 이에게 즐거움을 선사한다.

하지만 내가 살게 된 플로리다의 주도인 Tallahassee(탤러하시)는 휴양지의 개념과는 너무 멀었다. 플로리다 북쪽 끝에 위치하며 바다와 전혀 근접하지 않았다. 일리노이 주에 간다고 모든 곳이 시카고가 아닌 것처럼 미국 최대의 휴양지 주에 왔다고 해서 올란도나 마이애미 같으리라는 법이 없었다. 탤러하시는 인디언말로 '낡은 도시', '오래 된 마을', 또는 '버려진 들판'이라는 뜻이다. 처음 도착했을 때 도시의 첫 인상은 정말 낡고 오래되고 버려진 것 같았다. 내가 상상하던 플로리다와 거리가 멀어 약간 실망도 했다. 내가 플로리다에 왔다는 것을 알게 해준 것은 유타에서는 볼 수 없었던 무성하게 자란 푸른 나무들과 무덥고 습한 날씨였다.

플로리다에는 1960년대 즈음에 지은 옛 집들이 많다. 들판과 나무가 많아 경관이 아름답다. 건물들은 시내의 의사당을 비롯한 몇 건물들을 제외하고는 1층 이상 높이의 건물이 없다. 전형적인 소도시로 자동차가 없으면 걸어서 아무 데도 갈 수 없다. 굳이 명소라고는 박물관이 된 옛 의사당, 현 의사당, 플로리다 역사 박물관 등이다. Florida State University와 Florida Agricultural and Mechanical University가 있어 대학생들이 많은 교육의 도시이자 정치인들이 사는 도시이며 퇴직한 분들이 한적하게 사는 도시이다.

▸ 탤러하시의 전경

중심지에 있는 의사당을 비롯한 시내의 몇 건물을 제외하고는 큰 건물이 없다. 나무가 건물들보다 더 크기 때문에 탤러하시에서 가장 큰 건물에서 내려다 보면 도시 전체가 마치 숲 속에 가려진 듯하다. 탤러하시의 분위기가 나의 정서와는 다소 맞지 않는다 느꼈지만 11학년, 12학년의 고등학교를 보내기에는 좋은 곳인 것 같았다.

03 정반대의 가족, Daniels

The Opposite Family, Daniel

일찍 배정되어 몇 달 동안 많은 정보를 주고 받았던 첫 번째 호스트 가족과는 달리 출국하기 이틀 전에 급히 배정된 가족 Daniel은 플로리다에서 나와 함께 보낼 가족이었다. 원래는 호스트를 할 생각이 없었는데 아직 배정할 가족을 찾지 못한 지역관리자가 교회에 자원봉사 요청을 하여 구한 가족이라 한다. 그래서 가족도, 나도 서로 준비가 되지 않은 채 만나게 되었다. Daniel은 남편이 없는 싱글 맘과 두 명의 딸이(첫째 딸은 결혼을 하여 같이 살지 않았다) 사는 가정이었다. 첫 번째 가족처럼 경제적으로 여유 있는 가족은 아니었지만 이방인을 자기 집에 맞이해 줄 여건은 있었다.

Daniel은 내 두 번째 호스트여서 첫 번째 가족과 많은 비교가 되었다. 작년 호스트 가족이 굉장히 Family oriented(가족적이고), Protective(보호적이고), Strict(엄격하고), Very Conservative(아주 보수적이고), Outgoing/Outdoorsman(외향적/실외활동을 즐기고), Expecting(기대가 크고)했다면 이번 호스트 가족은 Divided/Independent(분열된/개별적인), Carefree(신경을 잘 쓰지 않는), Indulgent(하고 싶은 대로 놔 두는), Less Conservative(덜 보수적인), Undemanding(기대가 크지 않은) 가족이었다.

첫 해의 가족처럼 신경을 많이 써 준 가족은 아직 아무것도 몰랐던 나에게 많은 의지가 되었지만 나를 향한 기대가 커 많이 부담스러웠다. 정이 들만큼 든 애틋한 가족이었고 단순한 호스트-학생의 관계가 아닌 진심 어린 가족관계로 지냈던 가족이기에 많이 싸우고 울고 웃었던 가족이다.

처음으로 가족과 떨어져 혼자의 생활이 서툴러 호스트에게 많이 의지해야 했던 작년과는 달리 올해는 작년에 비해 훨씬 독립적으로 생활했다. 모든 것이 서툴렀던 나에게 혼자 스스로 사는 방법을 가르쳐 주신 작년 호스트 엄마 덕에 어느새 나 자신을 스스로 챙기는 생활이 편해져 버렸다.

신경을 잘 쓰지 않는 Daniel 가족은 내가 뭘 하든 가만히 뒀다. 내 의사를 존중해 줬고, 가족 전체에 피해가 가지 않는 한, 내 사생활을 존중해 주었다. Daniel 은 Southern Baptist(남부 침례교)에 속하는 기독교인이었는데, 일요일에 교회생활을 하는 대신에 따로 봉사활동을 한다고 했을 때도 별 반대 의사가 없었다. 다만 모든 것을 간섭하지 않는 분위기 덕에 웬만하면 내 스스로 라이드를 구해야 하는 일이 잦아졌다. 호스트 맘은 "네가 하고 싶은 것은 맘대로 해도 좋다, 다만 내가 네 사생활을 일일이 맞춰줄 수 없으니 내 스케줄이 맞지 않는 경우에는 라이드 같은 것은 알아서 구했으면 좋겠다"라고 하셨다. 가족끼리 함께 식사를 하는 경우도 적어서 대부분은 내가 알아서 끼니를 때워야 했다.

호스트 맘은 싱글 맘이다 보니 혼자서 두 딸과 나를 경제적으로 책임져야 했다. 그래서 하루 종일 바깥에서 일하고 오시면 저녁 내내 TV를 보며 휴식을 취했고 주말에도 교회 이외에 가시는 곳이 없었다. 언니 둘도 딸 같다는 생각이 들지 않을 정도로 학생인 나와 같이 독립적으로 생활했다. 그래서 한집에 네 명이 함께 살지만 사실상 모두 따로 사는 것이나 별반 다를 것이 없었다.

이런 식의 생활은 물론 장단점이 있었다. 우선 요리를 못하는 나로서는 저녁 식사를 해결해야 한다는 것이 가장 큰 장애물이었다. 호스트 맘은 장을 보실 때도 돈을 아주 아껴 쓰셨기 때문에 질이 낮고 양이 많은 냉동 식품이나 캔류를 많이 사셨다. 학교에 갔다 오면 학교 과제를 할 생각만으로도 벅찬데 내가 대충 만든 저녁을 먹을 생각을 하면 정말 힘이 들었다. 또 아침에 학교에 갈 때를 제외하고는 라이드를 잘 해 주시지 않았기 때문에 오후에는 카풀을 하거나 친구에게 부탁해 알아서 집에 와야 했다. 따로 어디 갈 일이 있으면 라이드를 해 주실 때도 있었지만 웬만하면 내가 알아서 구하면 좋겠다는 눈치셨다.

또 처음부터 호스트를 할 생각이 없었던 가족이기에 나를 맞이할 준비가 전혀 되어있지 않았다. 내가 쓴 방은 집이 1960년대에 지어졌기 때문에 시설이 많이 낡았으며 오랫동안 방치되어 있었던 것 같았다. 그 방을 내가 와서 한 달 동안 새 방으로 만들었다 해도 과언이 아니다. 처음 왔을 때는 한동안 바닥에서 기어 올라오는 벼룩과 각종 벌레들과 밤새 싸워야 했다.

이런 단점이 있었지만 작년과 비교해 정신적으로는 훨씬 편한 생활을 했다. 같이 사는 호스트 언니 중 둘째 언니는 감수성이 지극히 풍부하고 외모에 신경을 많이 쓰는 예민한 타입이었고 셋째 언니는 속된 말로 좀 막 나갔다. 처음으로 나보다 나이가 더 많은 언니들과 살게 되어 신났었는데 그런 상상을 확 깨버렸다. 이렇다 보니 호스트 맘은 학교를 열심히 다니고 별다른 말썽을 부리지 않는 나를 아주 믿음직스러워했다. 그래서 전적으로 나를 믿어 주셨고, 내가 어디를 가서 뭘 하든 별로 걱정하지 않으신 것 같았다. 정해진 귀가 시간도 없었고 집안에서의 규칙도 별로 없었다. 나는 내가 입은 옷은 내가 빨았고 내가 먹은 음식은 내가 처리를 했고 내가 지내는 곳은 알아서 청소를 했다. 작년 같았으면 내가 하는 행동마다 꼬투리를 잡아 고치려 들었을 것이고 제한하려고 했겠지만 이번 가족은 오히려 나를 자유롭게 놓아 두었다. 그래서 단 한 번도 의견 충돌을 일으킨 적이 없었던 것으로 기억한다. 우리는 서로의 사생활을 인정했고, 가끔 가족끼리 친목을 다지는 정도의 가벼운 관계를 가졌다. 그래서 가족 사이의 추억들은 많이 없지만 그렇다고 해서 서로 미운 감정 하나 없이 편하게 지냈다.

▶ 플로리다에서 생활한 나의 집

Patti Daniel은 호스트 맘으로 부동산에서 일하신다. 취미는 퇴근하고 와서 보는 과학수사대 TV 시청이다. 호스트 맘은 1 년 내내 내가 학교에서 돌아오면 항상 똑같은 자세로 TV를 보고 계셨다. 어떻게 보면 무신경한 것인데 솔직히 나는 이런 호스트 맘이 좋았다. 사립학교로 옮겨온 주니어 때는 공부수준과 과제 양이 엄청나고 학교생활이 너무 바빠서 가족 생활에 참여할 만한 여유가 없었다. 그래서 내가 눈치 봐야 할 것도 없었고 필요할 때는 곁에 있어 주셨다. 주중에 요리 한 번, 주말에 교회를 다녀와서 한 번, 이렇게 두 번 요리하신다는 게 단점이긴 하다. 그다지 외출이 없었고 다람쥐 쳇바퀴 같은 생활을 하셨지만 나름대로 즐기시는 것 같았다.

"You are a very good kid."(너는 참 착한 애야.)가 내게 항상 하시던 말씀이다. 사실 작년에 호스트집에서 관리자 집으로 옮긴 상황에 대해 상처가 컸나 보다. 호스트 맘은 일 년 내내 나를 아주 어른스럽고 똑똑하고 착한 아이로 칭찬해 주셨다.

Elaine Roberts는 결혼을 한 Daniel의 첫째 언니이다. 같이 살지는 않지만 주말을 항상 함께 보냈기에 가족 같은 사람이다. 남편이 Joey Roberts이고 아들이 귀염둥이 Jeremy Roberts인데, 사실 같이 산 두 언니와 호스트 맘보다 더 가깝게 지낸 인물들이다. Elaine Roberts는 언니 셋 중 가장 언니다운 언니였던 것 같다. 제2의 호스트 맘이라고 부를 정도로 내게 많은 도움을 주신 분이다.

Sarah Daniel은 나보다 두 살 많은 언니로 집 앞 커뮤니티 칼리지에 다니고 있었다. Daniel의 세 자매 중에서 가장 날씬한 사람이다. 호스트 엄마와 첫째, 셋째 언니는 체구가 상당했다. 먹는 음식이 워낙 좋지 않다 보니 살이 엄청 찐 것으로 보인다. 둘째 언니는 외모에 관심이 많아 저녁을 먹을 때도 빵만 아주 조금 먹었다. 삼 년간 사귀던, 결혼까지 생각했던 남자친구가 있었는데 내가 가고 몇 주 채 되지 않아 헤어져 버린 안타까운 사건이 있었다. 우리 집에 거의 살다시피 한 가족의 일원 같은 사람이었는데 헤어지자 그 이후로 몇 개월간 언니가 툭하면 울고 아무하고도 이야기를 하지 않는 바람에 한참 동안 별로 친해지지 못했던 언니다. 몇 개월 후 밝은 모습으로 돌아왔을 때는 내가 원하던 언니와 비슷한 존재가 되어 주었다.

Rachel Daniel에 대해서는 어디서부터 이야기해야 할지 모르겠다. 식사 매너 제로에 톰보이 같은 옷차림에 만사가 귀찮고 인생이 쉬운 사람이 바로 우리 막내 언니다. 학교에 가는 것이 죽을 만큼 싫고 절대로 이성적인 판단을 하지 않는다. 비록 내게 도움되는 언니는 아니었지만 가족 중에 가장 성격이 밝은 언니였다. 정도 깊고 의외로 마음도 착해서 나랑 많이 웃고 떠들었다.

작년 가족과 많이 달라 틈만 나면 비교가 되었지만 시간이 갈수록 비교될 수 없는 Daniel 가족이 되었다. 두 가족 모두 내게는 소중한 가족이었다. 일 년간 어떤 방법으로든 내게 살 곳과 음식을 제공해 주고 가족이 되어 주어 미국에서의 생활을 도와준 존재들이었다.

▸ 왼쪽부터 Patti, Sarah, Sarah' s boyfriend, Rachel, Jeremy, Joey

04 또 다른 세상, 너무 다른 사립학교

Private School is a Whole New World

Maclay 사립 학교 Maclay School

Maclay School은 거대한 빌딩으로 지어진 공립고등학교 때의 학교와는 달리 작은 여러 개의 건물들이 넓은 Maclay 소유의 캠퍼스에 위치하고 있었다. Maclay 학교는 역사와 전통을 자랑하는 유치원, 초, 중, 고가 합쳐진 사립학교이다. 몇몇 학생들은 Maclay를 유치원부터 고등학교까지 쭉 다닌 Charter Member들이었다. 무려 14년 동안이나 같은 학교를 다녔다니 듣는 내가 다 질렸다. 졸업생들은 그만큼 학교에 대해 애착이 강해 학교를 방문하는 졸업생들이 자주 선생님들을 방문했다.

Maclay의 좋은 점이라면 당연히 교육의 질이 공립학교보다 훨씬 높다는 것이다. 교수진들도 우수하고 학생들도 모두 똑똑하다. 우수한 대학을 많이 보내야 이름이 나는 사립학교이기 때문에 대학 지원 시에도 관리를 잘 해준다. 학생 수가 적기 때문에 수업도 적게는 8명에서 최대 20명까지 비교적 작은 클래스에서 수업을 한다.

나쁜 점이라면 적은 학생 수에 인한 사교생활의 폐해이다. 공립학교에는 그 지역의 다양한 배경의 학생들이 온다. 배경도, 성격도, 인종도 다양한 학생들이 한 학교에 모이기 때문에 다양한 종류의 아이들과 친구가 될 수 있고 친구 사귀기도 훨씬 쉽다. 공립학교가 원하는 것을 고를 수 있는 대형 마트라면 사립학교는 사려는 물건의 종류가 두 개밖에 되지 않는 동네 구멍가게라고 할 수 있다. 사립학교의 300명 남짓한 학생들이 자기 마음에 들 수도 전혀 아닐 수도 있다.

워낙 같은 학교를 오랫동안 다니다 보니 아이들이 즐기는 형태나 문화가 똑같았다. 남미 계와 흑인이 많은 플로리다라지만 우리 학교에는 오로지 백인뿐이었다. 아이들의 친구도 비슷하였고 말투나 심지어 옷 입는 스타일도 똑 같았다. 매일 보는 얼굴이 그 얼굴이었고 도무지 변화라는 것이 없어 답답했다.

Tallahassee에서 잘사는 부잣집 아이들은 다 모여서 그런지 대단히 파벌 중심적이고 엘리트주의적이었다. 초등학교 시절부터 쭉 같이 다녔기에 이방인에 대해서 전혀 신경을 쓰지 않았다. 다양한 사람들과 어울리기 좋아하는 나로서는 이것이 정말 큰 타격이었다.

사립학교이기 때문에 따로 드는 비용이 많은 것이 또 다른 단점이다. 공립학교에서는 대여해 주는 어마어마한 가격의 Textbook도 우리가 직접 구매를 해야 했다. 처음에는 잘 모르고 학교 서점에서 비싸게 구매했는데 나중에는 Amazon이나 Ebay에서 헐값에 구매했다. 교과서는 절대 정가로 살 필요가 없다. 클럽 비용이 두배로 나갔고 학교 행사 때마다 비용이 많이 들었다. 학교 댄스만 해도 사람 수가 적은 사립학교이기 때문에 홀을 대여하는 돈을 더 부담해야 했다.

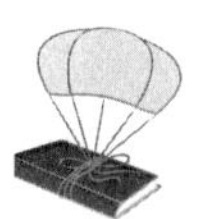

교과 과정 소개 및 시간표 짜기
Curriculum Intro and Scheduling

사립학교에서의 교과 과정은 공립보다 훨씬 다양하고 질이 높았다. 공립학교에서는 AP 과목이나 AP를 대비시키는 Pre-AP 과정들이 많이 부족했지만 사립학교에서는 몇몇을 제외하고 모두 제공해 주었다. 수업은 마음대로 들을 수 있는 것이 아니라 Prerequisite(전제조건)이 필요하다. 예를 들어 *"**AP Biology**--Prerequisite: Biology (Pre-AP) or, with special approval, Biology (H); pre- or co requisite: Chemistry (Pre-AP or H); B+ average in all previous courses in science and Science Department faculty approval."* AP 생물학을 들으려면 전제조건으로 Pre-AP Biology를 이미 들었어야 하거나 Honors Biology에서 특별 승인을 받아야 하며 전에 들은 과목에서 B+ 평균을 유지해야 한다. 카운슬러와 상담 후에 자신에게 맞는 수업을 선택하고 향후 도전할 과목을 생각하여 Honors나 Pre-AP를 수강하면 된다.

하루에 4과목을 수강했던 공립학교 때와는 달리 사립학교에서는 총 7과목을 공부하고 그날 나온 일곱 과목의 과제나 숙제를 해가야 했다. 수업이 특정 시간에만 걸리지 않도록 요일마다 스케줄이 바뀌었다. 그래서 월요일에는 수학을 1교시에 듣다가도 화요일에는 7교시에 들었다.

주마다 교육제도나 시스템이 다르기 때문에 차이가 있을 수 있다. 예를 들어 유타 주 공립학교에서는 평균 일곱 과목을 수강하고 여덟 과목까지 최대로 수강할 수 있었지만 내가 살고 있는 Leon County 지역에서는 평균 6과목에 최대 7과목까지 허가되었다. 우리 학교 학생들은 대부분 6과목에 나머지 한 시간을 Study Hall(자습 시간)으로 썼는데, 하루 6교시를 소화해야 하는 바쁜 일정에 학교에서 다 못 한 숙제를 할 시간이 주어져 많이 선택했다.

US Schedule	MON	TUES	WED	THU	FRI
7:55-8:45	A Block	B Block	F Block	G Block	A Block
8:47-8:55	Homeroom				
9:00-9:50	B Block	F Block	G Block	A Block	B Block
9:55-10:45	C Block				
10:45-11:00	Break				
11:00-11:50	D Block				
11:55-12:45	E Block				
12:45-1:25	Lunch				
1:25-2:15	F Block	G Block	A Block	B Block	F Block
2:20-3:10	G Block	A Block	B Block	F Block	G Block

수업 소개 Classes I took

AP Calculus BC

고교 수학의 마지막 단계라고 할 수 있는 것이 AP Calculus BC이다. AP Calculus는 AB와 BC로 이루어지는데 쉽게 미적분 1, 미적분 2라고 생각하면 된다. AP Calculus BC의 범위는 AP Calculus AB의 범위를 포함하고 그 외 이상적분, 초월함수 일부, 급수, 테일러 정리, 오차, 1계선형 미분 방정식이 더 들어 간다. 그래서 BC를 수강하기 전에는 꼭 AB를 알고 있어야 한다.

대학에서 인문 및 사회과학 쪽으로 진로를 계획하고 있었기 때문에 고등학교에서 대학 학점을 따는 것으로 되도록 빨리 수학을 끝내고 싶었다. 미적분 시간은 미적분 그 자체보다는 단란한 수업 분위기 때문에 즐거웠다. 고작 여덟 명으로 구성된 소규모 수업이라 작은 그룹 스터디 분위기가 물씬 났다. 선생님과도 개인적으로 친해질 기회가 많았다.

▸ 브라우니 타워를 만들어 타워의 부피를 가장 가깝게 구한 사람에게 선물로 주었다.

☑ AP Psychology

AP 심리학은 1년 중 내가 가장 좋아했던 수업으로 종강하고 심리학을 전공할지 심각하게 고려해 볼 정도로 푹 빠졌던 수업이다. AP Psychology는 심리학의 역사, 다양한 연구 방법, 행동의 생물학적 토대, 감각과 지각, 학습과 인식, 동기와 감정, 성격, 정신 병리학, 성격, 사회 심리학 등 다양한 영역의 심리학들을 배웠다.

심리학을 공부하면서 그 동안 살아오면서 겪은 대부분의 일이 나의 심리와 관계가 있다는 것을 배웠다. 밥을 먹는 것도, 사람을 대하는 것도, 학습을 하는 것도 모두 연관되어 있으니 모든 사람들이 공감대를 형성하며 배울 수 있었다. 학기 말에 Birth Order(출생 순서)에 대해 조사를 하여 아주 흥미로운 발표를 한 적이 있었다. 자신이 첫째인가, 둘째인가, 셋째인가 혹은 외동인가에 따라 성격이 교정된다는 것이다. 조사 결과 맏이에 대한 다양한 분석들이 나의 성격과 많이 일치한다는 것을 알았다. 이처럼 심리학은 어디에나 존재하기 때문에 매우 흥미로운 과목이었다.

☑ AP Environmental Science

AP 환경과학에서는 지구와 자원, 생태계, 인구, 토지와 물 사용, 오염, 세계적인 환경 변화들에 대해 배웠다. 생물, 화학, 물리가 조금씩 혼합된 과목이지만 과학이라기보다 인문적인 면이 강하다. 예를 들어 AP 시험은 환경적 상황을 보고 알맞게 대처하는 법, 날씨를 예측하여 알맞은 작물 방법을 알아내는 법 등이 나왔다.

보통 AP 수업들은 진도 나가느라 하루하루가 바쁜데 다른 AP에 비해 약간 느슨했던 수업 진도와 선생님 덕에 견학을 자주 갔다. 한 쿼터에 한 번 꼴로 견학을 가는 우리를 보고 많은 아이들이 부러워했다. 생태계를 배울 때는 생태계 숲으로 가서 새를 관찰했고 물에 대해 배울 때는 냄새가 고약한 하수 처리장에서 하루 종일 견학을 했다.

잘생기신 선생님과 웃긴 시니어 친구들, 그리고 가장 친한 친구인 용균이와 함께 할 수 있어 정말 즐거웠던 한 해였다. 시험 공부를 한답시고 용균이와 밤새 Skype로 공부를 했던 것이 어느새 추억이다.

☑ Life Management(1st semester only)

Life Management를 해석하면 "인생 관리"이다. 우리나라의 가정 학습과 같이 청소년 정체성, 흡연 및 마약, 질병, 구급 대처, 영양교육, 성교육, 육아와 같이 살아가면서 꼭 알아야 할 다양한 분야의 공부를 한다. 플로리다에서 졸업을 하기 위해 꼭 이수해야 하는 과목으로 대부분 Freshmen(9학년) 학생들이 수강한다. 다른 힘든 과목들과 달리 나보다 한참 어린 학생들과 어울려 가장 재미있고 쉽게 수강한 과목이다.

Life Management 시간에는 기억에 남을 만한 재미있는 수업들이 있었다. 영양에 대해서 배울 때는 음식을 가져와 칼로리를 측정하기도 하고 CPR(심폐소생술)이나 Self Defense(호신술)을 하시는 분을 모셔 직접 배우기도 했다. Life Management를 거쳐간 모든 학생들이 꼽은 하이라이트는 뭐니뭐니 해도 전자 아기였다. 전자 아기는 아기 등에 설치된 프로그램으로 아

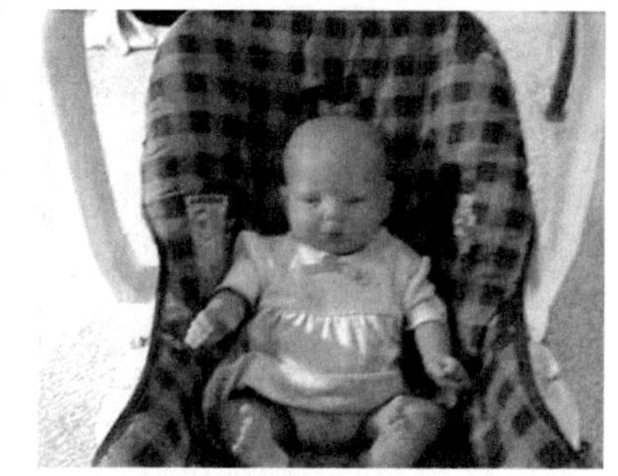
▸ 전자 칩이 내장되어 있는 아기

기를 얼마나 잘 돌보았는지 점수를 매겼고, 그 점수가 바로 우리 성적이 되었다. 이 아기는 무작위의 시간에 우는 프로그램이 설치되어 있어 우리 손목에 지니고 있어야 하는 특별 열쇠를 아기 등에 한참 동안 끼우고 있어야 울음이 그쳤다. 이틀 동안 데리고 있으면서 밤이나 낮이나 수업 시간이나 가릴 것 없이 우는 바람에 잠을 한숨도 못 잤다. 예비 부모 체험을 해 볼 수 있는 기발하고도 짜증나는 아기였다.

☑ AP Government & Politics(2nd semester only)

Life Management가 1학기에만 듣는 수업이었으므로 2학기에는 AP Government를 수강하였다. 유일하게 Full-year(일 년 내내 수강해야 하는) AP 가 아닌 한 학기짜리 AP Government & Politics(정부와 정치)는 내가 법 쪽으로 관심이 생겨 수강하게 되었다. AP Gov를 수강하게 된 또 다른 이유는 모든 이들이 입 모아 말하는 Epic Teacher(굉장한 선생님) Dr. Berk 때문이다.

Dr. Berk는 Tallahassee에 있는 FSU(플로리다 주립 대학)와 우리 학교를 오가며 가르치시는 교수님이기 때문에 'Mr'가 아닌 'Dr'로 불렀다. 소문만큼 유창한 강의로 한 시간 동안 학생들의 혼을 쏙 빼 놓았다. 문제가 있었다면 내 실력이 선생님의 심도 있는 수업을 따라갈 만큼 좋지 않았다는 것이다. 5개월 동안 우리는 미국 정부의 헌법 토대, 정치적 신념, 정당, 이익집단, 매스 미디어, 정부 기관, 공공 정책, 시민 권리 및 자유에 대해 배웠다. 5개월 안에 끝내기에는 너무 부족할 만큼 넓은 범위의 내용을 배웠기에 시간이 촉박했다.

가장 어려웠던 부분이 각종 Court Cases(소송 재판)와 법률 단어를 외워서 정당이나 정치적 신념, 바뀌는 사회와 같은 주제에 대입해서 설명하는 것이었다. 분명히 주요 재판들과 법률 단어를 외워갔는데 그들에 대한 완벽한 이해가 없으면 단순히 외우는 것만으로 시험을 볼 수 없었다.

덕분에 미국 사회에서의 다양한 정치적, 사회적 문제들에 대해 배울 수 있었다. 뉴스를 볼 때도 수업 시간에 배웠던 정치 용어들이 귀에 들어왔다. Tallahassee가 다른 유명한 플로리다의 휴양지 도시들과는 달리 작고 따분하긴 하지만 주도로서 주 의회 의사당과 상원의원이 사는 곳이다. 플로리다의 중대한 결정이 이곳 Tallahassee 에서 이루어진다니 내가 사는 곳이 색다르게 보였다.

☑ Pre-AP Art

다음 해 AP Art를 수강하기 위해 Prerequisite(전제조건으로 수강해야 하는 과목) 과목이다. AP Art 때를 대비하기 위해 많은 스케치와 화법 연습을 했다. AP Art 때 자신의 포커스를 찾기 위해서 이것 저것 시도해보고 연습할 수 있는 과목이었다. 성적은 작품 완성도, 스킬, 노력, 예술성으로 점수가 매겨졌다.

☑ Honors. American Literature

11학년은 AP English Language나 American Literature둘 중 선택할 수 있다. 공립고등학교의 영어 수업은 영문학이 아니라 다른 것을 겸비한 영어 언어 수업이라서 문학이 어렵게 느껴졌다. American Literature에는 교과서를 포함한 책이 5권이나 있었다. 미국 문학의 시초부터 현대까지 공부를 하고 한 쿼터에 한 권 꼴로 책을 읽어야 했다.

우리나라의 국어 수업은 선생님께서 밑줄을 그으라며 어떤 문학적 방법이 쓰였다, 라며 작품 전체를 해설해 주시던 것이 생각난다. 그러나 미국에서의 문학수업에서는 "해설"이 없었다. 문학은 읽는 사람에 따라 다르게 해석될 수 있고 누구나 읽고 창의적으로 해석하고 질문을 던지는 것이 문학을 바라보는 옳은 태도라고 했다. 한 권의 책에 대해 배운다면 서로 돌아가며 읽으며 생각했던 것을 말하거나 특정 사건에 대해 찬반을 가려 논쟁을 한다거나 하는 식으로 수업을 진행해 갔고 책을 끝낸 뒤에는 완벽한 해답 없이 그 책을 뺏속 깊이 이해하게 되었다.

가장 힘들었던 것이 Research Paper(연구 보고서)였다. 대학이나 고등학교에서나 피할 수 없는 무시무시한 적. 대학 논문 기준에 비하면 아무것도 아니라지만 내겐 너무 생소하고 어려웠다. 대부분의 학생들이 연구 보고서를 쓰는 절차를 모르기 때문에 어려워만 하다가 데드라인을 앞두고 밤을 새워가며 꾸역꾸역 쓰는 것이다. Documentation Style(서류 방식), Plagiarism(표절), Grammar(문법)이 가장 어려운 적이다. 좋은 연구 보고서를 쓰려면 꼭 서류 방식에 맞추어야 한다. 글자 크기가 12point였는데 11point로 썼다거나 여백이 적다거나 하면 보고서를 선생님께서 읽으시기도 전에 Re-do(다시 해야 하는) 박스로 던져져 버린다. 조금이라도 Work Cited(출처)가 다르거나 단 하나의 표현이라도 온전히 자기 자신 것이 아니면 표절로 간주되어 버린다. 백과사전이나 블로그와 같은 신뢰성이 떨어지는 인터넷 사이트의 이용은 금물이다. 또 문법이 좋지 않으면 글을 아무리 잘 적어도 감점을 당하기 마련이다. 다 작성해 놓아도 수십 번 고치고 또 고쳐야 비로소 완성되는 것이 Research Paper이다.

Honors. Spanish2

공립고등학교에서 수강한 Spanish1에 이어 Spanish2를 수강했다. 역시 공립학교 때보다 과제도 훨씬 많았고 성적도 따기 어려웠다. Spanish1과 마찬가지로 단어를 외우고 동사 변형 문법을 계속해서 공부했다.

무궁한 기회, 과외활동 Endless Opportunities, Extracurricular Activities

사립학교는 공립학교에 비해 다양한 과외활동이나 실력 높은 스포츠 팀 수는 적었다. 공립학교는 학생 수도 많은데다가 주에서 직접 운영하기 때문에 학업보다는 과외활동 면에서 두각을 나타낸다. 그에 비해 사람 수도 적고 재정도 정해져 있는 사립학교는 학생들에 따라 제공하는 과외활동이 적을 수도 있다.

예를 들어 예전의 공립학교에서는 음악과 미술이 관련된 과외활동이 아주 우수했는데, 우리 학교에는 상대적으로 학생 수도 적고 관심 있는 아이도 적다 보니 음악이나 미술 관련 프로그램이 좋지 않았다. 물론 이와 같은 정보는 학교 홈페이지를 들여다 보는 것으로는 전혀 알 길이 없다. 예전 학교에 비해 초라한 우리 학교 미술관 시설을 봤을 때 정말 실망을 했었다.

하지만 그에 비해 라틴어, 프랑스어, 브레인보울(학업 퀴즈 게임)이 플로리다에서 최고였다. 사립학교는 이렇게 자발적으로 학교를 운영하기에 어떤 분야는 많이 뒤처질 수도, 또 어떤 분야는 최고를 자랑할 만큼 좋을 수도 있다. 스포츠 팀만 해도 사람 수가 적어 많은 우수한 인재를 선발하기란 힘들었지만 몇 명의 학생들은 스포츠 장학금을 받고 명문대학에 들어갈 정도로 실력이 있었다. 그래서 만약 특정 과외활동이 자신에게 중요하다면 사립학교에 그 프로그램이 얼마나 좋은지에 대해 사전에 조사를 해 가는 것이 좋다.

나는 공립 때에 이어서 수영을 하기로 했지만 학교에서 제공하는 합창단 수준이 형편없을 뿐 아니라 사람 수도 거의 없어 지역사회에서 하는 합창단에 들기로 했다. 그리고 공립학교에서 해 보지 않았던 다양한 활동들에 도전해 보았다.

☑ Keep Swimming

학교에 오리엔테이션을 받으러 처음 학교에 갔을 때 입구에 가장 먼저 보이는 것이 아름다운 야외 수영장이었다. 수영 팀들은 여름부터 이미 훈련을 해 오고 있었다. 유타와는 다른 실외 수영장에서 수영한 덕에 내 등에는 수영복 라인이 가시질 않았다.

좋은 것인지 아닌지 모르겠지만 우리 학교 수영 팀 실력은 예전 유타에서의 수영 팀 실력에 비해 많이 뒤처졌다. 유치원부터 고등학교까지 함께 있는 학교이기에 나이 또래도 다양했고 그렇기 때문에 실력도 천차만별이었다. 잘하는 아이들은 아주 잘했지만 또 못하는 아이는 정말 못했다. 유타에서 쟁쟁한 학생들과 겨루며 새벽 훈련을 했던 나에게 방과후 한 시간 반 정도의 훈련은 거뜬했다. 실력이 향상된 것인지 더 이상 꼴찌 그룹에 있는 것 같지도 않았다. 이젠 나도 수영부의 웬만한 학생들처럼 실력이 있었다. 작년 수영부에서의 힘들었던 시간들이 헛되지 않았음을 느꼈다.

사립학교에 오니 학업에 대한 중요성이 배로 커졌다. 수영 코치님도 이를 알기에 수영으로 장학금을 노리지 않는 이상 일주일에 몇 번 나오지 않아도 눈감아 줬다. 예전 수영 팀 같았으면 바로 탈퇴 당할 만한 죄목인데 말이다. 수영 대회에만 가도 사립학교에 다니는 티가 났다. 다른 공립학교 학생들이 자기 차례를 기다리며 서로를 응원하고 옆 학교 아이들과 이야기하기 바쁠 때 우리들은 바닥에 앉아 숙제를 하거나 다음날에 있을 시험 공부를 했다. 수영 대회가 주중에 있다 보니 어쩔 수 없었다.

새벽 훈련 때는 일찍 일어나서 연습을 하고 최대한 빨리 학교에 갈 준비를 했기 때문에 시간이 많이 가는 것을 느끼지 못했는데 방과 후 수영을 하니 집에 돌아오면 벌써 여섯 시가 되어 버렸다. 샤워를 하고 밥을 먹고 집안일을 하다 보면 이미 밤이 깊어갔다. 바로 침대로 뛰어들고 싶은 마음이 굴뚝 같지만 그날 과제를 끝내야 하는 것이 힘들었다. 그래서 주말에 몰아서 시험 공부를 하기도 하고 학교에서 틈나는 시간을 활용해 집에 가기 전에 최대한 많은 숙제를 끝내려고 했다.

수영부에는 3개월 정도 아르바이트로 근무하는 학생 코치가 한 분 계셨다. 우리학교와 가까운 사립학교에서 졸업하고 지금은 시카고 대학에 재학 중이었다. 나이 차이가 별로 나지 않다 보니 오히려 우리는 아르바이트 코치를 더 따랐다. 우리가 정해진 랩을 완주하기 위해 턴 해서 돌아올 때면 Swedish fish(젤리사탕류)를 물에 던져줬는데 그걸 먹기 위해서 서로 질주를 해 가서 입을 크게 벌리고 받아먹었다. 코치님은 학생들이 돌고래냐면서 웃으셨다. 아르바이트 코치 덕에 수영부에서 생활이 더 친근하고 즐겁고 가족 같았다.

☑ JV Soccer

플로리다는 유타에 비해 수영 시즌이 더 일찍 시작하고 더 일찍 끝났다. 수영이 야외에서 수영을 하기 때문에 더운 여름과 가을이 지나면 시즌이 마감을 했다. 시즌이 끝이 나자 작년처럼 갑자기 살이 찌지 않을까 걱정이 되었다. 학교 점심이나 집에서 먹는 음식이 형편없었기 때문에 음식 조절을 할 수도 없는 상황이어서 새로운 스포츠에 도전해 보기로 했다. 사실 이제 와서 새로운 스포츠에 도전한다는 것은 좀 막무가내였다. 차라리 지역사회 스포츠 센터를 이용하여 체력 유지를 하는 것이 좋았을 텐데 호스트 맘께서 매일 스포츠 센터로 데려다 줄 수 없다고 하여 웬만하면 학교 팀에서 해결을 해야 했다.

Cross Country(육상)에도 도전해 보고 심지어 Weight Lifting(역도)까지 생각해 보았지만 역시 만만한 것이 없었다. 학교 공부하기도 바쁜데 괜히 새로운 운동을 했다가 성적에 타격이 올까 봐 걱정이 됐다. 그러나 내가 작년에 깨달은 것이 있다면 결코 운동을 하지 않는다고 해서 공부를 더 한다는 것이 아니라는 거다. 그 결과 나는 작년에 비해 훨씬 나태해졌고 더불어 살도 쪘다. 수영부에서 친하게 지내던 친구가 축구

팀에 든다는 이야기를 듣고 나도 JV Soccer에 도전해 보았다. Varsity 팀이 아니기 때문에 가입하는 데 별다른 어려움은 없었다.

수영은 많이 좋아했고 한국에서도 연습을 많이 했지만 축구는 평소에 좋아하는 것도 아니었고 그렇다고 연습을 해 본 적도 없는데 생각 없이 달려든 것 같았다. 나는 왜 항상 이렇게 앞뒤 안 보고 마음 따르는 대로 실천하는지. 고된 훈련 끝에도 여전히 내 실력은 형편없었다. 차라리 꽁꽁 언 겨울 수영장에서 수영을 하는 게 더 낫다고 생각이 들었다.

축구는 릴레이를 제외하고 혼자 연습을 해서 기록을 올리는 수영과는 달리 팀워크를 필요로 했다. 나 하나 때문에 팀 전체에 영향을 끼친다는 것이 내겐 스트레스가 되었다. 팀원들이 내게 날아온 공을 보며 “You can do it Dayoung!(넌 할 수 있어 다영아!)”라고 외치는데 공을 상대편에게 빼앗겨버리면 미안해 몸 둘 바를 몰랐다. 시합 때는 아주 잠깐만 출전 허가가 되었다.

축구는 수영에 비해 굉장히 과격한 면이 있었다. 다칠 위험도 컸고 상대방과의 적대감도 높았다. 첫 대회에서 수비를 하고 있는데 상대 선수가 내게 달려와 몸싸움을 하며 비켜, 라고 하며 상대 선수가 발을 걸어 그대로 엎어진 적이 있었다. 다행이 다친 곳은 없었지만 혀를 세게 깨물어 버리는 바람에 입에서 피가 났다. 그 애는 내 이가 부러진 줄 알고 지레 겁을 먹고는 미안하다고 몇 분 동안 사과를 했다. 그다지 아프지도 않았는데 고의적으로 한 행동이었기에 괘씸한 생각에 한참 누워 앓는 척을 했다.

시즌이 끝나고 나서 축구를 통해 나는 세 가지를 깨달았다. 첫째, 나는 공을 정말 못 다룬다는 것. 둘째, 역시 나는 수상 스포츠가 제일 좋다는 것. 셋째, 어쨌거나 나는 내 몸무게를 유지했다는 것.

☑ Tallahassee Community Chorus with FSU

고작 8명의 중학생 아이들과 단 한 명의 10학년으로 구성된 우리 학교 합창부에는 도저히 들어가고 싶지 않았다. 합창부 선생님께서 자기가 속해 있는 Tallahassee Community Chorus에 들어보지 않겠냐는 추천을 해 주셨다. 탤러하시에 위치하는 FSU(Florida State University)의 합창단이 이끄는 탤러하시 지역민을 위한 합창부인데 규모가 대단하다고 했다.

내가 첫 리허설을 준비하러 도착한 곳은 시내의 큰 교회였다. 합창부는 고등학교 합창부와는 비교도 안 될 거대한 규모였다. FSU 학생들도 있었고 각 학교의 음악 선생님들도 계셨고 그냥 노래 부르기를 좋아하는 퇴직한 분들도 많았다. 고등학생은 나밖에 없는 것 같았다. 합창부의 지휘자는 Dr. André J. Thomas로 FSU(플로리다 주립 대학교)에서 합창음악 교육의 교수로 계신 분이었다. 다양한 합창단을 성공으로 이끈 지휘 경력이 있으시고 음악에 대한 조예가 깊으셨다. 위트 있는 연설과 지휘로 백 명의 목소리를 하나의 화음으로 만드는 그분을 나는 마법사라고 불렀다.

합창 곡들은 내가 생각했던 것보다 훨씬 어려웠다. 공립고등학교에서의 합창단에서는 클래식뿐만 아니라 가곡, 뮤지컬 곡 등 다양한 분야의 노래를 불렀는데 TCC는 한 곡을 부르는 데 한 시간이나 걸리는 어려운 클래식 음악을 불렀다. 우리가 부른 곡은 Elijah(일라이자)의 몇 곡들이었다. 38살이라는 나이에 저 세상으로 간 멘델스존의 최후 역작인 Elijah는 그 완성도에서 타의 추종을 불허한다. 19세기의 낭만파 음악의 창시자이자 유대인이었던 그가 말년에 생명을 단축시키면서까지 만들어낸 서사시를 내가 부른다고 생각하니 부담스러웠다. 고난도의 곡이었기 때문에 CD를 계속 들어야 연습 때 따라갈 수 있었다.

콘서트는 Tallahassee Community Band와 합친 무대였다. 리허설을 하러 드레스를 차려 입고 갔을 때는 입이 떡 벌어질 만한 오케스트라가 연주를 하고 있었다. 몇몇 성악가들이 솔로 파트를 맡았고 나는 내 파트를 유의하며 노래를 불렀다. 곧이어 콘서트를 알리는 공표가 탤러하시 전역에 퍼졌고 티켓도 한순간에 팔려 버렸다. 호스트 가족이 오길 바랐지만, 클래식 음악에 관심이 있는 것도 아니고 너무 비싼 티켓이 부담이 되어 오지 않았다.

콘서트 당일에는 일요일 오전 아침 일찍 일어나 리허설을 했다. 거대한 무대에서 수백 명의 사람들을 상대로 노래를 부르자니 떨리기도 했다. 평소에 클래식 음악에 조예가 깊었던 것은 아니었지만 새로운 경험을 하게 되어 기뻤다. 조용하고 따분하다고만 생각했던 클래식 음악은 내가 좋아하는 Rock이나 Indie 음악과는 색다른 힘을 뿜었다.

▶ TCC와 함께한 Second Hand 음식 기부 활동. 콘서트 준비 외에도 다양한 봉사활동을 한다.

Club Activities

Maclay School은 공립학교 때와 달리 많은 클럽 활동들을 보유하고 있었다. 모든 클럽들은 점심시간에 모여 활동에 대해 논의했고 학교 안이나 밖에서 활동을 했다.

아래는 Maclay에서 제공하는 클럽들이고 굵은 글씨는 내가 활동한 클럽이다.

Club
Interclub Council
National Honor Society
Cum Laude Society
Spanish Honor Society
French Honor Society
Junior Classical League
Mu Alpha Theta
Upper School Student Council
Art Honor Society
Le Cercle Francais
Company
Multicultural Awareness Club
History Club
Anchor Club
Key Club
Maclay Community Service Club
Cheerleading
Brain Bowl
Green Club
Outdoors Club
Senior Class
Junior Class
Sophomore Class
Freshman Class
Rowdy Marauders
Art and Ideas Club
Genesis Dance Team
Strategy Games Club
Global Awareness Club
Robotics Club
Writing Club

Marine Life/Aquarium Club
Mentor Club
Chess Club
Break Dance Club
Bowling Club

클럽은 크게 Honor Club과 Activity Club으로 나누어진다. Honor Club은 Academic Club(학업 클럽)으로 과목 성적이나 전체적 GPA(평점)로 뽑혀야 들어갈 수 있는 클럽이다. 대개 의무적으로 활동에 참여해야 하고 활동은 많이 없지만 대학 원서를 쓸 때 도움이 많이 되는 클럽이다. 내가 속한 Honor Club들은 아래와 같다.

Cum Laude Society	GPA Top 10%(Junior), 20%(Senior) 성적 우수자 명예학생 단체
National Honor Society	성적뿐 아니라 스포츠활동이나 리더십을 모두 고려한 명예학생 단체
Mu Alpha Theta	수학 명예학생 단체. 수학경시대회에 나간다.
Art Honor Society	미술 명예학생 단체. AP Art 학생들 단체였다.
Spanish Honor Society	스페인어 명예학생 단체.

▶ Mu Alpha Theta 수학 경시대회의 Calculus Team.
한 명을 제외한 다른 팀원들이 학교에 몇 안 되는 한국인이었다.

Activity Club이 Honor Club을 제외한 나머지 클럽들로 관심사에 따라 다양한 활동을 할 수 있는 기회가 주어진다.

Multicultural Awareness Club에서는 다문화에 대해서 배우고 세계 각국 어린이들에게 성금을 기부도 하는 시간을 가졌다. MAC의 가장 큰 행사가 11월에 열리는 학교 Multicultural Day인데 해마다 각국의 전통 요리나 놀이로 시선을 끌었다. 학교에 20명 가까이 되는 다양한 국제 학생들이 적극적으로 자기 나라를 알릴 수 있는 기회가 되었다.

Anchor Club은 고학년 여학생들이 하는 봉사활동 클럽으로 다양한 봉사활동 기회를 주었다. 집에서 맛있는 쿠키를 구워와 쉬는 시간에 판 돈을 기부하기도 하고 밸런타인 때는 멤버들이 직접 초콜릿을 포장해 양로원에 드리기도 했다. Anchor에서 한 활동들은 모두 컴퓨터에 기록이 되어 대학 지원 시 유용하게 쓰였다.

Green Club and Aquarium Club. 내가 가장 많이 활동한 그린 클럽은 환경 보호 클럽이고 아쿠아리움 클럽은 학교 과학관에서 해양 생물을 키우고 관찰하는 클럽이었는데 둘 다 하는 일이 비슷하고 멤버 또한 비슷해 마치 하나의 클럽처럼 활동을 해 왔다. 그린/해양 클럽은 호스트 가족 여건으로 인해 마을을 벗어나서 플로리다를 맘껏 느껴보지 못했던 나에게 여러 바다와 수족관에 방문할 수 있는 기회를 주었다.

▸ 해양클럽활동

05 미국 상류층의 세계

Glimpse of an Upper Side

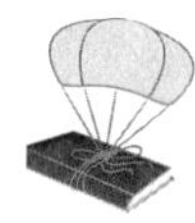

친구의 집 Friend's House… Or Palace

Alexandra는 내가 Junior 때 가장 친했던 친구이다. 학교 첫날 점심을 같이 먹을 친구를 구하기 위해 옆 자리에 앉았던 Alexandra에게 "I'm new here, Can I have a lunch with you?"(신입생이야, 너랑 점심 같이 해도 될까?)라고 물었는데 그를 계기로 많이 친해졌다. 당시 Senior였던 Alexandra와 나는 알고 보니 수업도 3개나 같아 공부 핑계로도 자주 붙어 다녔다. 허리 끝까지 늘어뜨린 아름다운 미모의 소유자인 그녀는 나를 누구보다도 따뜻하게 맞이해 주었다. 전형적인 Maclay 여학생들과는 달리 외국인에게 더 마음의 문을 열고 친절하고 마음씨 고왔던 그녀는 Junior 때 내가 바랄 수 있는 친구로서는 그 이상이 되어 주었다.

공부면 공부, 운동이면 운동, 뭐 하나 빠진 게 없었던 그녀의 집에 처음 초대를 받아 갔을 때가 기억난다. 그녀의 아버지는 플로리다의 유명한 의사이다. 차가 없는 나를 배려하여 놀러갈 때마다 내 라이드를 책임져 주었는데 그날도 예외가 아니었다. Maclay 거리를 지나 좀더 깊숙한 곳으로 들어가자 도로에서 지나가면서 보던 집과는 비교도 되지 않는 엄청난 저택이 자리 잡고 있었다. 전용 보트가 있는 아름다운 강을 끼고 있는 이 집은 Tallahassee의 우거진 나무들과 잘 어울렸다. 집 옆에는 예쁜 수영장과 테니스 코트, 골프 코트, 정원, 작은 동물원이 있었다. 저택에는 놀이 공간인 지하와 거실과 부모님들의 공간인 1층, 그리고 네 형제들이 쓰는 2층으로 나누어져 있었다. 그녀의 방은 우리 호스트 가족의 집 크기쯤 되었는데 공부하는 공간, 잠자는 공간, 운동하는 공간, 휴식 공간, 옷장으로 나누어져 있었다. 식당도 아침 식사, 점심 식사, 저녁 식사를 하는 식당이 모두 다르게 세팅 되어 있었다. 집 안을 둘러보는데 입을 다물지 못했다.

그러다 문득, 왜 호스트 가족들은 모두 중산층일까? 하는 의문이 들었다. 내가 Maclay에 다니는 학생이라면 유치원부터 고등학교까지 있는 수많은 Maclay 아이들의 학부모가 신청할 만도 한데 왜 하지 않는 걸까? 왜 대부분의 교환학생에게 자신의 집 문을 활짝 열어주는 가정은 돈이 많은 쪽이 아니라 오히려 적은 곳일까?

내 생각은 이렇다. 잘사는 가정일수록 자기 자녀에 대한 투자가 많은 것 같았다.

지금 존스홉킨스 대학에 다니고 있는 Alexandra는 내가 탤러하시를 떠나기 바로 전날 절친한 친구로서 마지막 인사를 나누며 그 동안 쌓였던 고마운 정을 나누며 수다를 떨었다.

한국에 계신 부모님이 영화 배우 브룩 쉴즈를 닮았다고 한 Alexandra가 나보다 한 살 더 많아서 학창시절 1년만 함께 한 것이 매우 아쉬웠다.

▶ 고2 Junior 시절 가장 친했던 Alexandra(가운데)와 함께

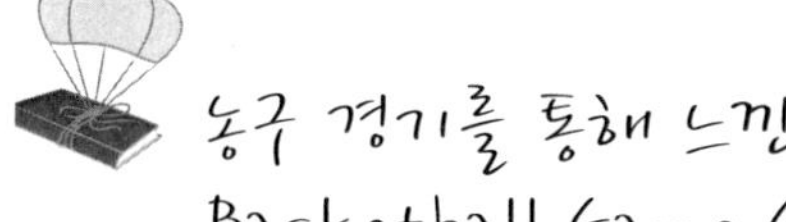

농구 경기를 통해 느낀 빈부 격차
Basketball Game Gone Bad

내가 살고 있는 Tallahassee의 Leon County에는 세 개의 큰 공립학교와 몇몇 사립학교가 있다. 살고 있는 지역에 따라 다니는 학교가 다르다. Tallahassee에서 가장 돈이 많은 상류층에 사는 학생들이 우리 학교를 다녔고, 그 다음 부유한 마을에 있는 학생들이 Chiles라는 공립학교에 다니고 다음이 Lincoln, Leon 순이라고 했다. 참고로 내가 살고 있는 지역은 Leon 학교 지역이며 호스트 시스터를 포함한 내 주위의 사람들은 모두 Leon에 다닌다.

Leon 지역에 살면서 Maclay를 보는 시선들이 곱지 않다는 것을 알게 되었다. Maclay에 대한 인식은 '돈 많은 아이들이 부모 믿고 다니는 학교'였다. 물론 나를 제외한 우리 학교 학생들은 돈이 넘쳐났지만 모든 학생들이 부모님 돈을 믿고 대충 다니지는 않았다. 물론 몇몇 학생들이 그런 태도로 학교를 대충 다니기는 했지만 대부분의 학생들은 성실하고 검소하며 전액 장학금을 받아 대학에 입학했다. 웃긴 것은 Maclay 학생들 또한 공립학교에 대해서 좋지 않게 생각하고 있다는 거다. 공립학교 학생들은 멍청하고 게으르며 대학도 제대로 가지 못해 커서 직장도 못 가진다고 생각했다. "I'm so lucky to be in Maclay."(Maclay에 다니게 돼서 정말 행운인 것 같아)라고 입 모아 말했다.

난 공립과 사립학교 두 군데를 다 다녔기에 두 주장에 공감을 했다. 사립학교에 오고부터 나랑 맞는 친구 찾기가 여간 어려운 것이 아니었다. 공립학교 학생들은 다양한 배경의 학생들과 어울렸기 때문에 훨씬 쉽게 마음의 문을 열어줬고 마음 씀씀이가 깊었다. 그에 비해 사립학교 학생들은 그들끼리 지낸 시간이 길었기에 그들의 상류 문화 이상의 세계밖에 모르는 것 같았다. 이들과 친구가 되기 위해서는 내가 그들에게 맞춰주어야 했다.

하지만 공립학교에 다닐 때에는 대학 입시나 미래에 대한 공감대가 없었다. 대부분의 학생들이 대학을 가지 않거나 직장을 바로 구하기 위해 2년제 대학에 입학하기 때문에 열심히 공부하는 나를 이해하기 힘들었다. 학교 수업 또한 충분히 도전적이지 않았다. 이에 비해 사립학교 학생들과는 생각하는 사고가 비슷해 소속감이 들었다. 수업 또한 어려웠다. 둘 중 내가 어디에서 더 행복할지는 모르겠지만 분명 공립, 사립학교는 모두 장단점이 있었다.

이런 공립학교와 사립학교의 충돌은 Basketball Court(농구 경기장)에서 종종 일어났다. Leon County에서 가장 큰 공립학교가 Chiles이다. Chiles는 Maclay와 천적으로 각종 스포츠나 학업 대회에서 겨루는 공립학교이다. 특히 농구경기 때가 되면 충돌이 가장 심해졌다.

금요일 저녁, 우리 학교에서 이루어진 Maclay vs Chiles의 경기에서 우리 학교가 이겼다. 이긴 기쁨도 잠시, 다음 날 아침 어이없는 일이 일어났다. 그날 아침 학교는 엉망진창이었다. 락커 안의 책이나 공책들은 밖에서 굴러다니고 있고 여기저기에 낙서와 욕설이 적혀 있었다. 고등학교 건물 중앙을 차지하는 우리의 신성한 나무에는 지울 수도 없는 스프레이로 낙서가 거대하게 그려져 있었다. 이 낙서는 나무뿐 아니라 교장실, 바닥, 락커, 음료수 자판기, 심지어는 초등학교 건물까지 침범했다. Chiles 학교는 더러운 스포츠정신으로 유명하다면서 아이들은 작년에 비하면 올해는 아무것도 아니라고 했다. Leon 학교가 이겼던 해에는 Leon 학교를 상징하는 사자 동상이 없어지고 비 오는 날, 온 학교가 젖은 두루마리 휴지 테러를 당했다고 했다.

Maclay vs Chiles 경기는 며칠 뒤 Chiles 학교에서 다시 이루어졌다. 이 품위 없는 학교에게 본때를 보여주자면서 집에서 가장 Preppy한 옷을 입고 오라고 했다(Prep은 Chiles 아이들이 우리를 놀릴 때 사용하던 말이다). 남자아이들은 모두 스트라이프 무늬의 군청색 재킷에 가문이나 학교의 문장이 새겨진 넥타이를 매고 카키색 바지를 입었다. 단정한 머리와 비싼 구두는 옵션이었다. 여학생들은 너나 할 것 없이 플리츠 스커트와 체크 무늬의 니트에 비싼 구두를 신고 미국 드라마 가십걸을 연상케 하는 머리띠를 썼다.

경기장에 도착하니 우리 작전이 기가 막혔다는 걸 알았다. 스포츠 이벤트라 모두 캐주얼한 티를 입고 경기에 왔는데 프레피룩의 Maclay 부대들이 등장하자 여기저기에서 수군거림이 들려왔다. 평소에 그렇게 차려 입는 우리 학교 학생들이 아니었지만 터지는 웃음을 참고 Chiles를 최대한 짜증나게 하는 것이 목적이라며 하늘 높이 뿌릴 가짜 돈뭉치를 나눠주기도 했다. 돈뭉치 계획은 발각된 후에 징계되었지만 말이다.

Chiles 학교에 도착하자 우리는 숫자적으로 딸렸다. 고작 백 명도 안 되는 Maclay 응원단에 비해 천 명은 넘어 보이는 거대한 상대 응원단에 놀랐다. 그들은 거대한 플래카드를 들고 약 올리고 있었는데 그 내용이 가관이었다.

"Daddy is not here and Your Lawyer can't win in THIS Court!"(네 아빠는 지금 여기 없어, 그리고 네 변호사는 우리 시합(법정)에서 이기지 못해!)

Maclay 학생들을 아예 아빠 돈을 믿고 비싼 변호사를 고용해 부당하게 이익을 얻는 부류라고 조롱하는 것이다. 심히 고정관념적이었다. 열 받은 우리 학생들이 너희들이 우리에 대해 그렇게 생각한다면 그렇게 되어주지, 라는 생각으로 "It's okay, it's alright, You're gonna work for us someday!"(괜찮아, 괜찮고 말고, 어차피 너희들은 나중에 우리를 위해 일할 텐데!) 혹은 "Who cares about sports, we are going to college!"(누가 스포츠 따위에 신경을 쓴대? 우리는 대학에 갈 텐데!)라는 똑같은 수준의 응원을 했다.

더러운 비방의 응원 끝에 간발의 차이로 우리 학교가 패하게 되었다. 승리한 우리 Chiles는 꼴이 좋다는 표정을 지었다. 자존심 상한 우리 팀은 적어도 학교 테러 당할 일은 없을 거다, 라며 좋은 쪽으로 생각했다.

농구 게임을 통해 미국 학교 간의 빈부 격차에 대해 생각해 보았다. 한국 또한 겉으로 드러나지 않지만 돈 있는 집의 아이들이 더 많은 사교육을 받고 비싼 사립대학에 입학할 수 있는 교육의 빈부 차가 크다. 하지만 고등학교가 평준화 되어 있어 적어도 교육 방침은 모든 학생들에게 똑같은 기회를 주려고 한다.

그러나 미국은 사립학교-공립학교 이렇게 눈에 너무 쉽게 보이도록 구분 짓는 것 같다. 많은 공립학교 아이들은 대학진학을 꿈도 못 꾼다. 아이들이 자라면서 이 차이를 느낀다고 생각하니 미국 또한 교육의 천국이 아니라는 것을 느꼈다. 우리가 열광하는 아이비리그와 톱 사립과 주립대들은 미국의 대다수의 학생들이 꿈도 꾸지 못하는 학교들이다. 미국은 다른 나라에 비해 대학 진학률이나 졸업률이 현저히 떨어진다. 오직 상류 몇 퍼센트만이 좋은 교육을 누리고, 나라를 이끌어가는 것이다. 미국의 전반적인 평균 교육 수준은 한국보다 훨씬 못하다고 생각한다.

가끔씩 우리 학교 학생들 집에 초대를 받아 가면 부유한 집 분위기에 놀랄 정도다. 나의 호스트 가족이 사는 중산층의 집과는 비교도 되지 않는 거대한 저택이 등장한다. 저택에는 호수를 끼고 보트를 즐기는 강까지 개인 소유이며 전용 수영장, 테니스 경기장, 골프장, 정원, 심지어는 미니 동물원까지 있다. 내 친구 방의 크기는 우리 집 크기만 하다. 이런 부자 아이들은 또 같은 부류의 아이들끼리 어울리고 부모님 출신의 대학에 입학한다. 그러면 비슷한 직장을 가지겠고 자녀들 또한 비슷한 삶을 살 것이다.

미국에서 주로 국제학생을 호스트 하는 중산층의 가정에서는 한 달에 얼마 정도의 보조금을 받는다. 하지만 경제에 보탬이 될 정도의 보조금은 아니다.

미국은 부유한 가정일수록 자기 자녀들을 교육하는데 에너지를 다 쓰는 것 같고 또 해외여행을 자주 다니다 보니 굳이 외국인을 호스트하면서 가족의 일원으로 받아들여야 하는 일은 하지 않는 것 같다. 중산층일수록 여유가 더 있고 국제 학생들과 자신의 아이들이 서로 많은 것을 교류하길 원하는 것 같다. 물론 이건 순전히 내 생각이다.

세상 어느 곳을 가나 사람 사는 곳은 비슷하다는 말이 있다. 가진 자와 가지지 않은 자. 기회가 많은 자와 한 번의 기회조차 없는 자. 가져도 불행한 자와 가지지 않아도 행복한 자. 그리고 이에 상관없이 꿈을 이루는 자.

06 잔인한 주말과 휴일

Cruel Weekends and Holidays

유타 주의 10학년의 생활을 돌아보면 주말과 휴일에 지루했던 적이 없었다. 호스트 가족은 주말마다 여행을 가거나 캠핑을 갔다. 덕분에 가족끼리 보낼 수 있는 시간도 있었고 일주일의 스트레스도 날려 보낼 수 있었다. 호스트 가족이 집에 있을 땐 나의 친한 친구들과 모여 놀았다. 작년에는 공부하느라, 수영하느라, 친구들과 사교적인 모임을 하느라 정말 바쁜 한 해였다.

그에 비해 올해는 아무 데도 가지 않는 호스트와 돈이 많아 따로 가족들과 휴가를 보내러 가는 학교 친구들로 인해 주말에도 어김없이 주어지는 과제 속에 휴일만 되면 집 안 신세를 면하지 못하였다. 주중에는 주말만을 기다리며 학교와 집만 돌며 공부했는데 막상 주말이 되면 마땅히 할 것 없이 집에만 있어야 한다는 현실이 싫었다. 주말에는 어느 정도 푹 쉬고 스트레스를 풀어줘야 그 다음 주를 또 열심히 살 수 있는데 그 욕구를 억누르고 책상 앞에 앉아 다음 주 과제를 하자니 가슴이 답답해져 왔다.

플로리다는 유타보다 볼 거리가 열 배는 더 많다. 세계 최고의 휴양지

답게 디즈니월드와 유니버설, 각종 해변가와 해양 생태 공원, 내가 세상에서 가장 좋아하는 해변가 등 멋진 곳이 많은 주이다. 처음 사립학교를 정했을 때도 플로리다에 있다는 이유만으로 오고 싶었던 곳이다. 그런데 이런 좋은 곳들을 코앞에 두고 탤러하시 조그마한 동네 숲 속에 그것도 집 안에서만 갇혀 코를 박고 공부를 하고 있자니 울분이 터질 수밖에. 여행을 좋아하는 나인데 월요일만 되면 친구들이 "가족과 해변을 갔었어", "디즈니월드가 환상적이었어!" 하는 소리를 들으면 부러워서 미칠 것 같았다.

나의 미국 친구들은 주말만 되면 가족끼리 해변에 갔고(대부분은 해변가에 별장이 있었다) 학교 외에 여러 취미 활동이나 가족생활에 참여하는 것 같았다. 그래서 주말에 친구들이랑 영화를 보려고 해도 모두 자기 생활에 바빠 시간이 없는 것 같았다. 그런 친구들이 마냥 부러웠고 플로리다에 있으면서 내게 바다 구경 한번도 안 시켜 주는 호스트 가족에게 섭섭했다. 이런 상황에서 나 자신을 구제하기 위해 친구들에게 주말에 같이 놀자고 미리 약속을 했는데 내가 차도 없고 뭘 해야 할지도 모르니까 친구들이 전적으로 내 라이드와 오락을 책임져야 하는 부담감과 그들의 바쁜 스케줄에 약속은 자주 취소되었다. 가끔 시간이 되어 저녁을 함께 먹거나 쇼핑을 가거나 Sleep Over(친구 집에서 자는 것)를 할 수 있으면 정말 감지덕지한 상황이었다. 언제나 내 곁에 있고 필요할 때 총알같이 달려와 주던 공립학교의 친구들이 미친 듯이 그리웠다.

이런 상태가 지속되자 주말만 되면 울적해졌다. 더 이상의 사태를 방지하기 위해 단순히 주말을 텅 비어두는 것보다 작은 일이라도 계획을 세우기로 했다. 안 하던 집 청소를 했고 못하는 요리 연습도 할 겸 요리도 해 먹으며 뒷마당에서 따스한 햇볕을 즐기기도 했고 좋아하는 그림도 그렸다. 숙제나 과제는 최대한 빨리 끝내도록 하고 호스트 언니들이 집에 있을 때는 라이드를 받아 도서관에서 재미있는 소설도 읽었다. 어쩔 수 없을 때에는 영화를 다운받아 보는 것으로 외로움을 달랬다. 그런데 아무리 내가 노력해 뭘 해도 혼자 하면 재미가 없는 것 같았다. 그때부터 나와 같은 처지인 국제학생들과 주말을 보냈다.

울프(본명 김용균)는 같은 학교에 다니면서 나와 가장 친했던 한국 학생이다. 다양한 학생들이 있는 공립과는 달리 모두 비슷한 배경과 취미생활을 가진 소수의 사립 학생들 때문에 줄곧 정에 목말라 했다. 그나마 같은 처지에 놓인 학교에 몇 안 되는 한국 학생들이 얼마나 반가운지. 용균이와 나는 성격도 많이 다른데 의외로 아주 가깝게 지내게 되었다. 학교에서는 남매 지간이 아니냐고 툭하면 오해도 받았다. 그때부터 호스트에게 미리 주말 계획을 이야기해 두고 용균이와 몇 명 다른 국제 학생들과 함께 한국 음식도 해 먹고 쇼핑도 가고 영화도 보았다. 아마 졸업하면 볼 유일한 동창일 거라고 생각하니 더 애틋하기도 했다. 힘들 때 서로 의지할 수 있는 좋은 친구가 되어 고마웠다.

갇혀 있는 생활에 신물이 제대로 나 버린 우리는 여행을 할 계획을 짰다. 공휴일마다 학교 친구들은 여행을 떠나는데 집에만 있는 호스트들 때문에 집에서 휴가기간을 낭비하기에는 너무 아쉬웠기 때문이다. 일주일이나 되는 봄방학을 겨냥해 보스턴으로 대학투어를 할 계획을 세웠다. 미국에서 대학 한번 제대로 투어를 못 해봤는데 이번 기회에 가 보겠다는 다짐을 했다.

문제는 기관으로부터 허락을 받아내는 것이었다. 미성년 남녀가 보호자 없이 먼 여행을 떠난다는 것이 문젯거리가 되었다. 물론 기관 입장도 이해가 되지만 주말이나 휴일만 되면 집에 갇혀 사는 우리들에게 아무런 대책은커녕 항의를 무시했던 것을 견뎌야 했던 우리 입장도 이해를 해 주었으면 했다.

용균이의 호스트 맘의 실득으로 기관으로부터 가까스로 Yes를 받아

낸 우리는 뛸 듯이 기뻤다. 그런데 우리가 여행 계획을 너무 늦게 잡아 문제가 되었다. 보통 미국인 같았으면 봄방학 일주일 전에 계획을 잡아도 무관하지만 기관에 소속이 되어 있는 국제 학생들은 적어도 2주 전에 여행 계획을 완벽하게 잡아 호스트 가족과 한국에 있는 가족에게 허가서를 받아야 하고 서류 절차를 진행해야 했다. 그래서 최종으로 미국 기관에서 허가를 하면 갈 수 있는 것이다. 이런 복잡한 절차를 잘 모르고 며칠 뒤에 떠난다는 우리 계획은 막무가내일 수밖에 없다. 우선 부모님들께 허락을 맡고 대학 투어 일정을 체크해 비행기표와 호텔을 예약했다.

모든 것이 완벽하게 준비된 그 순간 기관으로부터 다시 연락이 왔다. 처음부터 안 된다고 딱 잘라 말을 하든가 하지 여행 허락을 해 줄 것처럼 말을 해놓고 이제 와서 안 된다는 거였다. 더욱 짜증났던 것은 국제 학생 여행 절차에 위배되는 것을 알았으면서도 우릴 부추긴 용균이 호스트 맘을 지적했는데 기관으로부터 그런 말을 들은 용균이의 호스트 맘이 발뺌을 하며 오히려 우리에게 화를 내는 것이었다. 부푼 희망의 예약은 다 취소를 해야 했던 우리는 너무 화가 났다. 집에 와서 엉엉 울었는데 그 상황에서조차 혼자 집에 있다는 사실이 서러워 더 울었다. 내 영문학 과외를 해 주던 친구 한나에게 울며 전화를 걸자 금세 달려와 자기 집에서 자고 가라고 달래주었다. 지금 생각하면 또 추억이지만 그때는 정말 서러웠다.

안타깝게도 크리스마스나 추수감사절을 제외하고 이런 생활에는 별다른 변화가 없었다. 시간이 흐를수록 익숙해지는 것 같기는 하였지만 학교와 친구들이 내겐 전부였다. 작은 것에 감사하는 법을 배웠다.

07

시간 채우기가 아닌 봉사활동

Filling Hours with Meaning

미국인은 봉사활동을 아주 중요하게 생각한다. 성적, 과외활동을 떠나 그 사람의 인격을 보여줄 수 있는 잣대이자 시민의식을 기초로 지역사회를 보다 살기 좋게 만드는 하나의 의무로 생각하기 때문이다. 따라서 학교뿐 아니라 다양한 단체와 지역사회가 더불어 살아가는 사회에 중요한 봉사활동을 장려한다. 대학 입시에서도 자원봉사활동은 과외활동과 맞먹을 정도로 학생을 평가하는 기준이 된다.

봉사활동은 거창하지 않아도 된다. 한국에 왔을 때 많은 학생들이 단순히 대학 이력서에 적기 위해 비싼 돈을 들여 해외로 며칠간 봉사활동을 다녀간다는 이야기를 들었다. 오히려 그런 단기간의 봉사활동은 대학 이력서에 적기 위해 다녀왔다는 티가 나기 때문에 더 좋지 않을 수 있다. 화려한 경력의 봉사활동이 아니라도 자신이 의미 있다고 생각되는 분야에서 꾸준하게 하는 것이 중요하다.

봉사활동은 꼭 먼 곳, 빈곤한 곳에서 시작하지 않아도 된다. 자신이 관심 있는 분야에서 남에게 도움을 줄 수 있는 것이라면 모두 봉사활동에 포함이 된다. 굳이 쓰레기를 주우러 가거나 아픈 사람을 돕는 것만이 봉사활동이 아니다.

봉사활동은 봉사활동이기에 한다기보다 남에게 도움이 되는 만큼 과연 나에게도 어떤 도움이 되는 가도 생각해 보아야 한다. 내가 단순히 시간을 채우기 위해 억지로 하는 봉사활동인지, 내가 봉사활동을 함으로써 나에게도 어떤 좋은 영향을 끼치는지도 고려해야 한다.

내가 한 대표적인 봉사활동으로는 세 가지가 있다. 하나는 일요일에 아기 놀이방에서 한 봉사활동이다. 온 가족이 교회에 갔기 때문에 교회에 가지 않으면 따로 밖에서 시간을 때워야 했다. 마침 교회에서 주관하는 Nursery Room(육아 방)에서 도움이 필요하다고 해서 매주 일요일에 봉사할 수 있는 기회가 주어졌다. 나는 이제 막 걷고 말하기 시작하는 Toddler(걸음마를 하는 나이의 아이)들을 돌보았다. 부모님들이 교회 활동을 하거나 다른 일들을 끝내기 위해 자원봉사자들을 쓰는 육아방에 아이를 맡겨놓았다. 한 방에 맡겨진 아이들은 6-8명 정도로 2-3명의 자원봉사자들이 아이들을 돌보았다.

아이들은 내가 생각한 것 이상으로 귀여웠다. 백인 아이, 흑인 아이, 아시아 아이, 남미 아이 할 것 없이 아기는 다 보송보송한 피부와 순수한 눈망울에 고소한 우유 냄새가 났다. 나도 몰랐던 모성애가 솟아났다. 아이들은 엄마와 떨어질 때 낯을 가려 한참을 울었다. 그런데 또 울다가도 나와 친해진 후에는 떨어질 때 섭섭해 했다.

같은 한 살짜리들이라도 성격이나 행동이 모두 달랐고 아이에 따라 다르게 대우해 주어야 했다. 어떤 아이는 안겨있기를 좋아했고 다른 아이는 함께 놀기를 좋아했다. 어린 나이이지만 여자 아이들은 꼭 소꿉놀이나 인형놀이를 했고 남자아이들은 자동차나 공룡을 가지고 결투를 했다.

아이들과 놀아주고 씻겨 주며 봉사활동을 한 지 일 년이 지나자 나뿐만 아니라 아이들이 성장하는 것을 보았다. 일 년 사이에 훌쩍 자란 아이들의 지능은 놀라웠다. 작년에만 해도 내 손으로 얼굴을 가리고

Pika Poo!(까꿍!) 하면 까르르 넘어가던 녀석들이 이젠 손 뒤에 내 얼굴이 있다는 것을 배우고는 반응이 없었다. 엄마와 떨어져도 더 이상 울지 않았고 자기 의사 표현도 놀라볼 정도로 나아졌다. 심지어 바지에 오줌을 쌌을 때는 직접 와서 기저귀를 갈아 달라고 하기까지 했다.

처음에 호기심으로 했던 봉사활동이 나중에는 없어서는 안될 내 생활의 일부가 되었다. 한 번쯤 바쁘다는 핑계로 가지 않았을 때는 아이들이 보고 싶고 한 주 내내 아쉬움이 남아 있었다. 부모님이 아이를 키우는 심정이 이런 것일까?

한국에 계신 부모님의 깊은 사랑을 다시금 느꼈다. 평소 의식하지 못했던 많은 생각을 하게 해준 봉사활동이었다.

▶ 나와 사이가 각별했던 Isac. 누나라는 단어를 가르쳐 주었더니 틈만 나면 나를 'Na'로 불렀다.

두 번째 봉사활동은 우리 학교에서 운영하는 Tutor(개인지도) 제도이다. 학생들 사이에서 운영되는 제도로 지도를 하는 학생이 봉사활동으로 무료로 개인지도를 해 주는 시스템이다. 내가 Junior 해에 우리 학교 Senior로부터 무료로 영문학 과외를 받은 적이 있다. 그해 너무 많은 도움을 받았기에 내가 받은 만큼 돌려주고 싶었다. 복잡한 서류절차 없이 신청만 하면 필요한 학생과 연결해 주었다. 나는 우리 학교 국제 학생에게 토플 과외를 하거나 저학년들 수학 과외를 맡았다. 가르치는 것은 쉽지가 않았다. 열심히 노력한 만큼 좋은 성과를 내면 나도 뿌듯한데 열심히 가르쳐 주어도 도통 실력이 오르지 않는 학생도 있었다. 한국에 계시는 부모님께서 하루 종일 교단에서 얼마나 힘드신지 알 것 같았다.

봉사활동으로 시작한 것이지만 가끔 어떤 학부모님들께서는 별도로 돈을 주시기도 했다. 그간 가르쳐준 덕분에 성적이 올랐다며 크리스마스에 감사 편지와 함께 수표가 왔다. 받을 생각으로 한 것은 아니었지만 처음으로 내가 노력하여 번 돈이라 뿌듯했다.

세 번째 활동이 과외활동을 통한 봉사활동이다. 수영을 좋아하는 나였기에 가끔 지역사회 수영 대회에서 기록을 측정하거나 기록하는 사람이 필요할 때 흔쾌히 봉사활동을 하였다. Green Club(환경클럽)에서도 바닷가에 놀러도 갈 겸 담배꽁초를 주우러 가기도 했고 Chorus(합창단)에서 거리에서 공연을 하고 번 돈을 기부하기도 했다.

마음만 있다면 얼마든지 사회에 환원할 기회가 있다. 내가 좋은 환경에서 자라며 많은 기회를 얻었기에 부족한 이들에게 베푸는 것은 의무라고 생각한다. 거창한 일이 아니더라도 앞으로 의미 있는 일을 많이 했으면 좋겠다.

난 미국에 와서 가슴으로 하는 진정한 봉사를 배웠다.

CHAPTER 3
미래를 향한
시니어 시절
"For the Future, Senior"

01 가깝고도 멀었던 가족, Garrett

So close Yet So Far, Garrett

왔던 곳을 또 와서 그런지, 플로리다로의 여정은 작년만큼 설레지 않았다. 세 번째 호스트 가족 배정을 기다리는 것도 새로운 일이 아니어서 여름 내내 별로 신경 쓰지 않았던 것으로 기억한다. 한국에 다시 오기 전에 지역관리자께서 미국인이 아닌 호스트 가족은 어떻겠냐고 물어 보셨다. 더 이상 영어 실력에 지장이 될 터도 아니고 미국 땅에서 새로운 문화를 접해볼 수도 있었기에 미국에 거주하는 외국인 가족에 배정된다면 좋을 것 같다고 답했다. 그래서 처음 배정된 가족은 Maclay 초등학교에 다니는 자녀를 둔 터키 가족이 되었는데, 며칠 후 나에 대한 법적인 책임이 부담스럽고 확신이 서지 않았는지 호스트 계약을 취소해 버렸다. 내심 Maclay와 연관이 있는 가족이기를, 전형적인 남부 가족이 아니기를 바랐는데 실망스러웠다. 그래서 다시 배정받은 가족이 전형적인 미국인 가족 Garrett이 되었다. 몇 주 후, 미국에서의 내 마지막 호스트가 될 Garrett 가족으로부터 연락이 왔다.

호스트 가족은 아빠, 엄마, 16살짜리 여동생, 10살짜리 남동생으로 한국에 있는 나의 가족과 가장 비슷한 가족 구성원으로 이루어져 있었다. 부모님 모두 바삐 일하시며 여동생은 공립고등학교에, 남동생은 기독교 사립중학교에 다니고 있었다. 근면 절약정신을 모토로 삼고 남부 침례교회에서 열심히 활동하며 심히 보수적이고 공화당을 지지하며, 엄격하지만 화목하게 살아가는 전형적인 남부의 중산층 가족이었다.

Garrett 가족은 두 번째 호스트 가정에서 힘들었던 음식, 청결 문제, 라이드 문제를 해결해 주었다. 아침은 꼭 먹어야 한다는 신조를 가진 Garrett 가족은 2년 내내 똑 같은 브랜드의 시리얼만 먹고 산 나에게 따끈하고 푸짐한 아침 식사를 제공해 주었다. 점심도 부탁만 하면 집에서 간단한 땅콩 버터 샌드위치를 싸 주었다. 저녁 또한 하루도 거르지 않고, 메뉴를 바꿔가며 해 주셨다. 물론 한국에 계시는 엄마 솜씨와는 비교도 되지 않지만, 식사를 제공해 주신 것에 감사 드린다. 또한 호스트 엄마는 성격이 깔끔하셔서 매주 가족 전부를 이끌고 몇 시간 동안 대청소를 하셨다. 나와 같은 teenager를 둔 엄마이기 때문에 Pick Up(태우러 가는 것)도 총알 같으셨다. 친구들에게 라이드를 구걸해야 하는 일, 언제 올지 모르는 차를 하염없이 기다리는 일도 없어졌다. 가족 모두가 몹시 바쁜 생활을 했기 때문에 나 또한 바쁜 12학년 생활을 하는 것이 가족에게 피해가 가지 않았다. Garrett 가족은 내가 학교생활을 하는 것에 부족함이 없도록 많은 지원을 해 주셨고 정신적으로도 많은 조언과 지지를 해 주신 고마운 분들이다.

Garrett 가족은 모두 체구가 엄청 컸다. 그중에서도 호스트 아빠가 194cm의 거대한 몸매로 가족 중 가장 컸다. Gregory Garrett은 대학교 경비원으로 일하시며 올해 못다 하신 공부를 끝내려 이중으로 학위도 따고 돈도 버신다고 바쁜 생활을 하신 분이다. 호스트 아빠와 나는 동생 Rachel이 희한하다고 맨날 놀릴 만큼 우리는 가족, 사랑, 결혼, 정치, 종교, 미래 다양한 내용에 걸친 수많은 깊은 대화를 나누었다. 가끔 나랑 전혀 맞지 않다고 생각되는 상당히 보수적인 정치적 견해와 사상으로 열띤 토론을 벌이다 화가 나기도 했지만 나에게 많은 인생 상담을 해 주셔서 밤새 아이스크림을 먹으며 이야기 꽃을 피우기도 했다. 예전에 경찰로 일하셨을 때의 여파가 아직도 남아 계신지 매일 옆구리에 총을 차고 다니셨다. 내가 친구 집에 갈 때도 그 집 부모님께서 계시는지, 친구가 어떤 아이인지, 몇 살인지 별 조사를 하고 내가 안전하다고 확신이 선 후에야 허락해 주셨다. 티끌만큼이라도 위험 요소가 있다고 생각하면 집을 아예 못나가게 하셨다. 내 또래의 딸인 Rachel도 너무 보호하려고만 하는 아빠 때문에 짜증이 난다면서 툭하면 내 방에 와서 하소연을 했다.

호스트 엄마인 Cristie Garrett은 고지식하고 규칙을 고수하는 호스트 아빠와는 정반대 성격의 소유자이다. 그래서 Rachel과 나는 친구 집에 가거나 밖에 놀러 가기 위해 허락을 받아야 할 때는 호스트 아빠 대신 꼭 엄마를 찾았다. 호스트 맘은 낙천적이고 긍정적으로 사시는 분이다. 그래도 한번 화가 나시면 호스트 아빠의 열 배는 더 무서워지는 분이기 때문에 잘못 건드리면 큰일 난다. 광고 회사에서 일하시고 아이들 뒷바라지를 하시느라 하루 종일 바쁘신 분이다. 호스트 아빠와 친구처럼 지냈다고 하면 호스트 엄마와는 좀더 가벼운 호스트-학생 관계로 지냈다. Peacemaker(분쟁을 종식시키려고 하는 중재자)가 별명이었는데 틈만 나면 싸우는 아빠와 딸 혹은 아빠와 아들 사이에서 중재 역할을 한다 하여 붙여진 별명이다.

Rachel Garrett은 처음으로 제대로 가져 보는 여동생이다. 교환학생이래로 만난 여동생이나 언니들은 나의 상상을 깼는데 처음으로 친구 같은 자매를 가진 것 같아 기뻤다. 나보다 두 살이 어린 동생이지만 키는 177cm에 배구 선수로 나의 세배 정도의 어마어마한 덩치를 자랑한다. 함께 나란히 서면 내가 어찌나 작아 보이는지. 학교 대표 배구 선수이기 때문에 하루 종일 쉴 새 없이 배구 연습을 했고 또 배구로 장학금을 받고 대학도 갈 계획이기 때문에 학업에는 전혀 신경을 쓰지 않는 듯했다. Rachel은 운동 선수답게 힘이 엄청 셌다. 배구공을 손바닥으로 퍽 때리는 걸 보면 소름이 돋을 정도이다. Rachel과 나는 서로 관심사도 다르지만 자매로서 굉장히 친해졌다. 귀찮은 남동생과 자유를 주지 않는 아빠 때문에 혼자 많이 답답했었는데 공감대를 형성할 수 있는 내가 와서 기쁘다고 했다.

Shawn Garrett은 10살짜리 남자아이인데 Garrett의 피를 물려 받아 이 아이조차 나보다 키와 덩치가 훨씬 컸다. 우리나라 나이로 하면 중학생 나이인데 한 살이 더 많은 한국의 내 동생과 비교하면 이상하다 싶을 정도로 순수하고 좀 정신연령이 낮았다. 알고 보니 약간의 학습장애와 ADD(주의력 결핍증)가 있었다. 그래서 했던 말을 수천 번 해도 까먹었다. 처음에는 순수하기만 하다고 생각했지만 함께 시간을 보내면 상대방을 심히 지치게 하는 능력이 있었다. 상황 판단력이나 사교성이 부족했고 자신을 방어하는 법도 잘 모르는 것 같았다. 이상하게도 Shawn과 관계된 일들은 온통 엉망진창 꼬여 버렸다. 멍청한 발언으로 어이없게 나만 혼이 났다. Rachel도 그래서 자기 동생과는 상종 안 한다면서 불똥 튀기 전에 동생을 무시하라고 조언을 해 주었다. 내 전자기기를 숨겨놓아 한 달 내내 그걸 찾게 하질 않나, 툭하면 일러바치지를 않나, 자기 잘못을 항상 내 탓으로 돌리지를 않나, 말을 잘 안 듣고 너무 힘들게 해 몇 달 후에는 Rachel의 조언을 받아들일 수 밖에 없었다.

안타깝게도 Garrett 가족은 외출하는 일이 거의 없었다. 평범하고 바뻐게 살아가는 가정이며 주말에 가까운 곳으로 바람 쐬는 것조차 하지 않았다. 가끔은 매치된 여러 명의 가족들과 학생들을 보면서 지역관리자가 일을 제대로 하고 있는지 의문이 들었다. 나처럼 활동적이고 여행 가기를 좋아하는 학생은 정반대의 가족과 매치시켜 놓고 내성적이고 혼자만의 시간을 즐기는 학생은 주말마다 플로리다 곳곳을 누비고 다니는 가족으로 배정해 놓았다. 특히 올해에는 매치된 학생의 반 이상이 호스트 가족과 심각한 불화가 있어 가족을 옮기는 상황이 벌어졌다. 단순히 흥미와 취미에 따라 가족과 학생을 매치시킨 것 같은데, 처음부터 좀더 가족과 학생들의 성향을 분석했더라면 좋았을 거라고 생각했다.

3년 동안 이런 저런 가정에서 지내본 경험이 가져다 준 결론은 세상에 완벽한 가정이 없다는 것이다. 하나가 좋으면 다른 하나가 나빴다. 모든 것이 완벽했다고 생각했을 때조차도 여기저기서 갈등이 생겨 상처를 주고받았다. 첫해와는 달리 문화적 차이에 의한 갈등과 오해는 줄어들었지만, 이해 관계, 성격, 성향, 도덕 관념이 너무나 달랐기에 자꾸만 다투게 되었다. 한 지붕 아래 살기에 사소한 것에서도 감정이 불거졌다.

나는 어느 가정이 어느 가정보다 더 좋았다고 이야기할 수가 없다. 세 가족 모두 가족들 나름대로의 많은 장점과 단점을 가지고 있었고, 즐거웠던 추억, 외롭고 상처받았던 추억들이 공존했다. 단지 그 속에서 내가 어떻게 적응을 했고 있는 그대로 그 가족을 받아들이냐에 따라 내 미국 생활이 달라졌다.

눈빛 한번 마주치지 않은 이방인과 가족이 되어 깊은 대화를 나눴고, 기쁠 때 함께 웃어주고 슬플 때 옆에 있어주며 정이 들었다. 그러나 때로는 기대에 미치지 못해 실망했고, 사소한 한 마디에 서운하기도 했다. 추수감사절이나 크리스마스 때는 가족과 함께 있어도 혼자 있는 것 같다는 느낌을 떨치기 힘들었고 억울하게 혼났을 때는 이불을 덮어쓰고 서럽게 울었다. 하지만 이 모든 경험에 후회라는 단어가 비집고 들어올 자리는 없다. 지난 3년간 호스트 가족들은 내가 낯선 땅에서 홀로 서고 어른으로 성장하는 데 큰 밑거름이 되어 주었다. 그리고 결국 내게 남은 것은 평생 잊지 못할 추억이다.

미국에 오기 전엔 한국의 이혼 가족이 많은 문제점을 가지고 있다고 생각했다. 하지만 이혼을 하거나 엄마가 다른 남매가 존재하는 수많은 내 미국 친구들의 가정을 보면서 아무리 험난한 일이 있더라도 끝까지 가족의 끈을 놓지 않는 한국의 가족 문화가 자랑스러웠다. 나에 대한 믿음보다는 집안 규칙과 벌칙으로 내 자유를 규제하려는 미국 가족을 보면서 수천 마일 떨어진 먼 나라라는 아주 이해하기 힘든 상황에서조차도 나에 대한 믿음을 버리지 않고 끝까지 지지해 주신 한국에 계신 부모님이 감사했다. 진정으로, 한국 가족만큼 내게 더 완벽한 가족이 없다고 느꼈다. 무조건적인 사랑, 끈끈한 유대관계로 그 어떤 장애라도 해결하는 한국의 우리 가족을 내가 너무 사랑함을 깨달았다.

▶ 초등학교 3학년 때 아빠와 마라톤완주 기념촬영

02 미국의 종교와 정치 문제

Dealing with Religious and Political Views

어김없는 종교 갈등 Inevitable Arguments

미국 지폐 뒷면에 보면 "In God We Trust"(우리는 하나님을 믿는다)라는 표어가 있다. 미국은 선진국 중에서 가장 종교적인, 특히 기독교적인 나라로 손꼽힌다. 미국 헌법은 Founding Fathers(미합중국 헌법 제정자들)의 의도를 오롯이 나타내는 중요한 문서인데, 헌법은 그 어디에도 기독교의 예수, 혹은 그 어떤 신의 호소를 포함하지 않는 세속적인 문서이다. 헌법 제정의 목적 의도에는 종교와 정부가 별도였다. 미국 3대 대통령이었던 토마스 제퍼슨(Thomas Jefferson)이 헌법 제1수정안을 만들었을 때 "교회 및 국가의 분리"를 강조할 만큼 세속적이었다. 하지만 20세기에 들어서면서 기독교 움직임이 일어났고 현재에 와서는 인구의 무려 80%가 기독교인이다.

종교 소속	인구 (%)
기독교	78.5 %
- 복음주의 개신교	26.3 %
- 카톨릭	23.9 %
- 개신교	18.1 %
- 흑인 교회	6.9 %
- 모르몬교도	1.7 %
- 여호와의 증인	0.7 %
- 동부 동방 정교회	0.6 %
- 기타 기독교	0.3 %
무소속	16.1 %
-아무것도 아님	12.1 %
-불가지론자	2.4 %
-무신론자	1.6 %
다른 종교	4.6%
-유대인	1.7 %
-불교	0.7 %
-이슬람교	0.6 %
-힌두교	0.4 %
-기타	1.2 %
-답변 거부	0.8 %

지난 3년간 미국에서 나와 종교문제는 순탄한 적이 없었다. 나도 이 때문에 특정 종교에 대한 편견이 생긴 것은 아닌가 걱정이 된다. 나는 호스트 가족의 생활을 경험하고 기독교 문화에 대해 배우고 싶은 자세로 접근을 했지만 매번 돌아온 건 배척과 편견과 강요였다. "지금 교회의 가르침을 배우지 않으면 나중에 꼭 후회할 것이다" "예수를 지금 당장 믿지 않으면 지옥에 갈 것이다"

Garrett 가족과는 첫 번째, 두 번째 가족과는 다른 갈등을 빚었다. 우선, 아니나 다를까 종교 문제가 또 거론되었다. 두 번째 가정에서는 내가 교회에 가지 않는 것이 별 문제가 되지 않았지만 이번 가족은 무조건 가야 한다고 요구를 했다. 덕분에 좋아하던 육아 방 봉사활동도 포기하고 집 앞 남부 침례교회에서 매주 세 시간을 보내야 했다. 교환학생 프로그램을 처음 시작했을 때는 호스트 가족의 종교에 참여하는 것이 적응에 도움이 될 것 같아 기꺼이 참여를 했었다.

하지만 나는 이제 18살 성인으로 종교에 대해 뚜렷한 의견을 가지고 있다(법적으로는 어느 나이에서나 종교 선택권이 주어진다). 현재 나는 무신론자(Atheist)로 내가 살아가는 인생은 한 번뿐이며, 오로지 나만이 그에 대한 책임을 지고 있다고 믿는다. 인생의 아름다움과 경이로움을 초자연적으로 설명하는 것보다 있는 그대로 받아들이고 인식한다. 따라서 난 엄밀히 따지면 종교가 없는 것이지만, 종교가 없다고 해서 무조건적으로 교회를 가야 된다는 법은 없다(호스트 재량이다). 내가 아는 이슬람교도인 친구는 미국인 가톨릭 가족의 이해 아래 교회에 가지 않아도 되었다.

교환학생 프로그램에는 호스트 가족의 종교와 견해를 존중해야 한다는 규칙이 존재하지만, 미국 헌법 제1조로 따지자면 호스트 가족이 강제로 교회를 가게 하는 것은 엄연한 불법이다. 나는 기독교를 싫어하지는 않는다. 단지 내 우주관과 달라 믿지 않는 것뿐이다. 나는 모든 개개인에게는 자유의지에 의하여 종교를 선택할 자유가 있고, 그 선택이 존중되어야 한다고 생각한다. 나는 가족들의 종교를 최대한으로 존중하려 노력했지만, 내가 함께 지낸 세 가족 모두 내 선택을 존중하지 않았다. 그러므로 나도 가족들의 종교 일에 더 이상 관여하고 싶지 않았다. 물론 내가 가족에게 교회에 더 이상 가지 않겠다고 말했을 때는 번번히 충돌이 있었고 실패로 돌아갔다.

이처럼 미국에서 종교 문제는 민감한 부분인 만큼 서로를 이해하는 자세가 필요한데 다른 교회에 비해 좀 더 복음주의적인 경향이 있는 침례교회에 속한 호스트 부모님은 나를 이해하기는커녕 틀리고 옳지 않은 신념을 가지고 있다고 비난했다. 호스트 가족이 학생의 종교나 정치적 견해를 이해하고 인정하는 상황은 왜 작용하지 않는 걸일까? 다름을 인정하는 것이 이토록 어려운 일일까?

적과의 동침, 정치 논쟁
Sleeping with the Enemy

미국은 "법에 의하여 소수자의 권리를 보호하여 다수결의 원칙을 조정하는" 대의 민주주의 입헌 공화국으로 전 세계에서 현존하는 가장 오래된 연방 국가이다. 미국의 정치문화는 미국인들의 정치적 성향에 중추적인 역할을 담당하고 있다. 인종의 도가니라고 불리는 미국에서는 인종뿐만 아니라 종교·문화·경제 등에 걸쳐서 차이가 크며 시민의 이해도 대립하기 쉽기 때문에 미국 정치의 목표는 항상 현실적이며, 동의에 입각한 이해관계의 조정이 이루어졌다. 미국의 정치문화는 많은 가치가 복합된 정치문화인 동시에, 합리적이고 타산적이며, 경험적인 정치문화이다. 때문에 미국의 정치무대는 마치 혼잡한 분위기 속에서 거래가 이루어지고 있는 자유시장을 방불케 한다.

내가 투표를 할 수 있는 나라도 아닌데 미국 정치에 왜 신경을 써야 하는 걸까?"라고 생각하면 큰 오산이다. 미국과 대한민국의 정치는 한국전쟁 이래로 복잡하게 연결되어 왔고 한국의 정치는 미국 정치의 많은 면들을 반영한다. 아직까지도 세계의 경제와 군사력을 거머쥐는 미국이기에 세계인들이 미국의 정치를 숨죽이고 살펴본다. 더군다나 미국에서 공부를 하는 국제 학생이라면 미국에서 태어난 사람들만큼 매일 바뀌는 정치에 영향을 받기 때문에 자기 정치적 의견을 가지는 것이 중요하다고 생각한다. 미국에는 많은 당이 있지만 주요 두 당, 정치에서 흔히들 좌파(진보/급진) 우파(보수/온건)라고들 하는 당을 꼽자면 Democratic Party(민주당)과 Republican Party(공화당)이다.

	민주당	공화당
성향	자유 민주적	보수주의
기호	당나귀	코끼리
유명 대통령들	Franklin Roosevelt, John F. Kennedy, Bill Clinton, Woodrow Wilson, Jimmy Carter	Teddy Roosevelt, Ronald Reagan, George Bush, Abraham Lincoln, Richard Nixon
경제	높은 최저 임금과 진보적 세금, 부유층에게 높은 세금 과세	세금은 그 누구에게도 더 부과되지 않아야 한다, 임금은 자유시장을 반영
사형	다수 강한 반대	다수 강한 지원
낙태	합법이어야 한다	불법이어야 한다
동성끼리의 결혼	지원	반대
군사 문제	지출을 감소해야 한다	지출을 증가해야 한다
총기 규제법	더 강한 규제	더 약한 규제
주요 주	California, Massachusetts	Oklahoma, Kansas, Texas
사회적 기반	지역 사회와 사회적 책임 및 복지	개인의 권리와 정의

Law enforcement(법률 집행에 관여)에 종사하셨던 호스트 아빠는 하필이면 나와 완전 반대의 의견을 가지고 계셨다. 나는 자유 민주적인 민주당 쪽이었는데, 호스트 아빠는 그 반대인 보수파, 공화당이었다. 개인적으로 엉터리에 쓰레기투성이라고 생각하는, 미국의 우월주의와 왜곡을 반영하는 Fox News(극단주의, 민족주의, 근본주의 기독교, 우익파들의 미국의 공화당 뉴스 케이블이다)를 시청하시며 옳다고 외치실

때는 호스트 집을 나오고 싶었던 적이 한두 번이 아니었다. 국제 법률이나 정치 쪽으로 관심이 있는 나로서는 나와 정 반대의 생각을 가지신, 그것도 나만큼이나 열렬히 자기 당을 응원은 물론 다른 당을 심히 비하하는 호스트 아빠와 같이 산다는 것은 적과의 동침이 아닐수 없었다.

03 12학년 수업들

Senior Classes

Senior 수업으로는 미국의 많은 학생들이 한가하고 재미있는 수업을 듣는다. 대학 입시에 12학년 1학기 성적만 포함되기에(Early Decision/Action 수시 제외) 그 동안 듣고 싶어했던 Elective(주요과목이 아닌 선택과목들로 한 학기 짜리 수업이 많다)를 수강하며 한 해를 마무리한다. 하지만 목표하는 대학에 따라 좀 더 도전적으로 수강하여야 할 필요도 있다. 수많은 AP 과목을 수강하다가 갑자기 Senior 스케줄이 쉽다면 도전적이지 않은 학생으로 간주되는 경우가 있어 높은 대학을 꿈꾸는 학생이라면 Senior 수업들도 어렵게 수강하기도 한다. Senior 수업은 정시로 낸다면 1학기 성적만 들어가기 때문에 성적보다도 학생이 어떤 수업을 수강했느냐를 본다.

12학년이 되자 대학에서의 진로계획이 더 뚜렷해졌다. 문과/이과를 구분하지 않는 미국이지만, 나는 수학이나 과학보다 사회과학이나 인문 쪽에 훨씬 관심이 있다는 것을 알았다. 학점을 계산해 보니 과학 5(한 학기), 경제학 필수 5, 영어 1점이 필요했다. 따라서 쉽고 즐겁게 수강할 수 있는 Marine Biology(해양학), Elective English(선택과목영어)인 Southern Literature (남부문학), Multicultural Literature(다문화 문학),

H. Economics(경제학)로 부족한 학점을 메우고 나머지는 듣고 싶은 과목으로 정했다.

☑ AP World History(AP 세계사)

항상 수강하고 싶었던 과목인 AP World History는 작년 AP Government&Politics를 가르쳐 주었던 Dr. Berk의 수업이다. 시간표가 맞지 않는 한이 있더라도 무조건 Dr. Berk 선생님의 수업을 수강하리라 굳게 다짐 했다. 올해 첫 개설한 AP 수업으로 8명의 학생이 있었다. 교수님 한 분에 학생 8명이라니! 사립학교를 다니면서 좋은 점이 AP 수업뿐 아니라 일반 수업에서의 학생 수가 현저히 적다는 것이다.

세계사는 생각했던 것보다 어려웠지만 또 생각했던 것보다 훨씬 흥미로웠다. 고대 문명부터 현재까지 인류 역사의 흐름에 대한 많은 배경지식을 필요로 했다. 세계사 수업에서는 단순한 역사의 암기가 아니라 역사라는 이야기를 통해 포괄적이고 분석적인 주장을 만들고 이를 입증하는 데 주력을 가했다. 예를 들어 우연적 관계, 장기적으로 인접한 집단들의 관계, 상호관계 등을 여러 역사적 원인과 결과를 통해 특정 상황을 분석하고 평가를 했다. 따라서 세계대전이 일어났다는 Fact(사실)보다는 왜 일어나게 됐는지, 혹은 왜 일어날 수밖에 없었는지에 대해 분석했다. 또한 역사의 연속성과 변화의 패턴을 측정해 역사적 사실에 대한 다양한 해석을 만들기도 했고 비슷한 두 문명을 비교함으로써 사회의 문화적 차이에 대해 공부하기도 했다. 역사는 단순히 예전에 일어났던 일을 암기하는 것이라 생각해 왔었는데 이를 분석 및 측정함으로써 현재의 사회와 앞으로의 미래에 대해 생각해 볼 수 있는 놀라운 과목이었다.

역사를 이해하면 지금 우리가 살고 있는 세상에 여러 충돌과 문제에 대해 쉽게 이해할 수 있었다. 왜 남미 국가들이 아직도 경제를 끌어올리지 못하는지, 왜 아프리카는 끝없이 빈곤에 시달리는지, 왜 아시아의 국가들이 무서운 속도로 부상하는지는 역사책에서 해답을 제시해 주었다. 하루는 선생님께서 지도를 펴 설명하시는데 동해에 'Sea of Japan(일본해)'가 표기되어 있었다. 내가 얼굴을 찌푸리고 손을 드는 동시에 선생님께서 한일 관계에 대해 한참 설명해 주셨다. 따라서 지도에는 일본해로 표기가 되어 있으나 우리는 동해와 일본해 이 두 가지를 함께 쓸 것이라고.

역사에는 해답이 없는 것 같다. 해석하는 시대와 사람에 따라 뉘앙스가 완전 달라질 수 있기 때문이다. 선생님이 고등학교를 다니시던 시절에는 World History(세계사)가 없었고 European Civilization(유럽 문명)이 존재했다고 한다. 당시 유럽의 문화만이 우월하다고 생각했던 역사관 때문에 다른 문명에 대해 배우지 않았던 것이다. 한국 전쟁에 대해 배울 때도 한국에서 배우던 관점과 세계사의 관점에서는 확연히 다른 것은 느낄 수 있었다. 단순히 냉전의 충돌 지였던 한국전쟁에 대한 해석이 모두 달랐다. 어떻게 보면 딱 잘라서 좋고 나쁘고를 판가름하기가 불가능했다. 또 역사는 승리자에 의해 필기된 것이므로 "History is written by the victors" 우리가 알고 있는 역사가 단지 표면적인 것에 불과할 수도 있다.

어쨌든 이런 점이 세계사의 매력이었던 것 같다. AP 시험도 세부사항에 대한 질문보다도 역사의 흐름이나 원인결과에 더 중점을 뒀다. 선생님께서는 미국 아이들의 세계사 교육이 절실하다고 하셨다. 마치 미국이 세계의 중심인 것처럼 알고 있는 아이들이 많은데 앞으로 나라를 이끌어 가는 데 큰 장애물이 될 거라고 우려하셨다. 세계사 수업은 미국에서의 수업 중 가장 최고였다.

☑ AP Statistics(AP 통계학)

AP Calculus들을 수강하였기 때문에 AP 수학부분에서 남은 것이 통계학이었다. 자료 탐색을 통한 패턴 연구, 샘플링 및 시험으로 연구 계획, 확률 사용을 통한 패턴 예측, 통계추론을 통한 인구 매개 변수를 예측 및 시험에 대해 배웠는데 계산을 하는 미적분과는 거리가 멀었다. 수학같이 느껴지지 않았던 수업으로 일 년 내내 자료를 통해 계획을 하고 예측 및 추론을 했다. 개인적으로 너무 반복적이고 지루하다고 생각했지만 큰 어려움 없이 수업할 수 있어 좋았다.

☑ AP Studio Art(AP 스튜디오 미술)

스튜디오 미술은 1년간 25점의 작품을 내는 것으로 시험을 치른다. 따라서 일년 내내 약 30점 정도의 작품을 완성하는 것이 수업이자 목표이다.

	Drawing	2-D Design	3-D Design
Section I: Quality	Five actual drawings; maximum size is 18" x 24"	Five actual works; maximum size is 18" x 24"	Five works; two images of each one are submitted
Section II: Concentration	12 images; some may be details	12 images; some may be details	12 images; some may be second views
Section III: Breadth	12 works; one image of each is submitted	12 works; one image of each is submitted	Eight works; two images of each are submitted

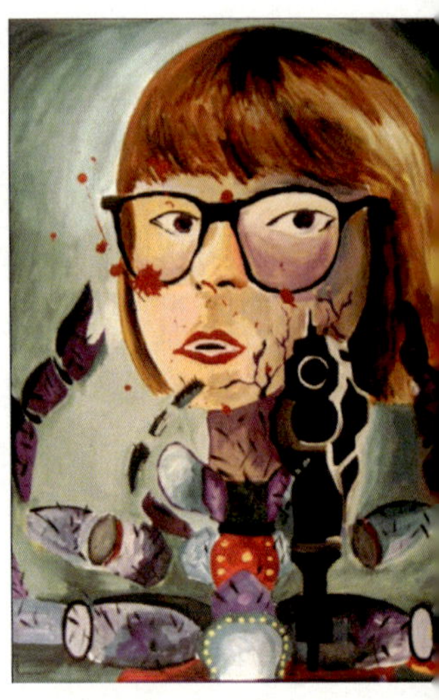

▶ 나의 포트폴리오 작품 중

스튜디오 아트에는 세 종류가 있는데 가장 흔한 것이 Drawing이다. 디자인이나 사진을 중심으로 하는 2-D와 조형물을 중심으로 하는 3-D도 있다. 나처럼 Drawing을 선택했다면 그중 자신의 테마와 맞는 최고의 5점을 골라 직접 AP Central에 보낸다. 그리고 12점의 Concentraion(자신의 테마를 중심으로 한 작품들)과 12점의

Breadth(테마와는 관계없는 다양한 분야로 미술 솜씨를 보여 줄 수 있는 작품들)를 사진으로 찍어 AP Central 사이트에 올린다.

이렇게 Concentration과 Breadth로 완성된 것을 포트폴리오라고 부른다. 나의 Concentration은 초현실주의, 공상, 그리고 팝 아트의 혼합이었다.

AP Studio Art를 수강하면서 어렸을 적부터 많은 관심을 보였던 예술적 감각이 살아났다. 비록 전공으로 공부하지는 않겠지만 앞으로 꾸준히 내 인생에 창조라는 공간을 비워두고 싶다.

☑ Pre-AP Spanish 3(Pre-AP 스페인어 3)

스페인어를 배운 지 벌써 3년이나 지났다. 이제 웬만한 스페인어는 귀에 익었고 쉬운 문장 정도는 해석이 가능했다. 계속해서 동사변형 문법 공부를 했고 간단한 동화책 정도를 읽었다. 영어를 배우고 나니 스페인어가 배우기가 쉬운 것은 사실이다. 그래도 하나의 언어를 완벽하게 구사하기까지는 많은 노력과 시간이 걸린다. 영어를 3년 배워도 간단한 회화조차 구사하기 힘든 것처럼 스페인어 3년을 배웠다 해서 많은 것을 아는 게 아니었다. 영어처럼 'Fluency'(유창함)에 이르기까지는 아직 한참 남은 것 같다. 하지만 언젠가는 머릿속으로 번역하지 않아도 스페인어가 입에서 흘러나오는 날이 오겠지.

☑ Southern Literature/Multicultural Literature (남부 문학, 다문화 문학)

1학기 때 수강한 미국 남부 문학은 미국 남부 주에 관한 미국 문학 또는 그 지역 출신 작가들이 쓴 글을 중심으로 공부하는 수업이다. 플로리다는 위치만 봐도 미국의 아래지점 반도에 위치한 남부 주이다. 모음을 길게 빼 다소 우스꽝스럽게 들리는 남부 사투리는 플로리다에 왔을 때 가장 먼저 발견한 남부의 특징 중 하나였다. 미국 남부의 문화는 미국 남북전쟁 이후로 두드러졌다. 문학 작품들은 가족의 중요성, 사회 계층 의식, 지배적인 종교(기독교-개신교)가 가져다 주는 마음의 부담, 그리고 흑인과 백인 사이의 인종 갈등에 대해 초점을 맞추었다. 그래서 다른 미국 지역의 문학보다 다소 어두웠다.

2학기 때 수강한 다문화 문학은 말 그대로 다양한 문화권의 문학들을 공부하는 것이었다. 아시아, 아프리카, 남미 문화에 초점을 맞추었고 관련 영화들을 많이 보았다. 문학이기도 하지만 특정 지역의 역사와 사회에 대해 공부했다. 전형적인 Senior 수업으로 쉽고 편안하게 수강할 수 있었다.

☑ Drivers Education(운전자 교육)

미국 기관에 속해 있는 신분으로 고등학교 시기에 운전을 할 수 없다. 16살이 되기도 전에 운전대를 붙잡는 미국인 친구들에게는 18살이 되도록 운전 한번 못 해보는 내가 이상하기만 했다. 호스트 맘께서도 18살이면 책임감이 충분히 있을 성인의 나이인데 아직까지 부모가 태워다 주도록 외국인 학생들에게 제한을 한 것에 대해 불만이 많으셨다. 교환학생 혹은 사립 교환학생의 신분으로 운전을 하지 못하는 이유는 따르는 책임이 크기 때문이다. 학생 비자로 거주하는 학생이 사고를 내면 보험이 있어도 일이 상당히 꼬여버릴 수 있고 뒤처리가 복잡한 것과 무엇보다도 학생을 관리하는 기관에게 돌아갈 수 있는 책임 때문에 기관에서는 운전을 금지하고 있다. 덕분에 호스트와의 갈등 중 반 이상이 라이드 가 문제였다.

외국인이 알고 있는 뉴욕 도시, 시카고, 마이애미와 같은 대도시들은 빙산의 일각일 뿐인 미국이다. 대부분의 미국인들은 모든 것이 드문드문 떨어진 소도시나 외곽지역 혹은 시골에 산다. 소도시에 살고 있는 우리 집으로 말할 것 같으면 가장 기까운 음식점이 자동차 15분 거리에 있고 대형 마트는 20분 거리에 있었다. 친구 집에 한번 놀러 가기도 긴 여정이 되었다. 횡단 보도도 거의 없고 오로지 차만 달리는 도로로 걷고 싶어도 걸을 수 없다. 평생 걸을 일 없도록 설계된 넓은 땅이 미국의 높은 비만도에 한몫을 한다. 한마디로 차가 없으면 발이 묶이는 것이다.

따라서 졸업과 동시에 면허증을 따는 것이 좋다고 생각된다. 어차피 교환학생이나 사립 교환학생처럼 미국기관에서 관리를 받는다면 차를 운전할 수 없다. 졸업한 후에 운전할 수 있도록 12학년에 미리 따 두는 것이 좋다.

아래는 내가 면허를 따게 된 과정이다.

1. Learner' s Permit을 따기 위해선 우선 만 15세 이상이 되어야 하며 법정 후견인으로부터 허락이 있어야 한다.
2. 학교에서 Drivers Education 수업을 수강신청 한다.
3. 온라인으로 Drug & Alcohol Awareness Course(약물 및 알코올 주의

수업)을 결제하고 수강한다. 약물 및 알코올 주의 수업은 모든 운전자에게 요구되는 수업으로 Learner' s Permit 시험을 치르러 갈 때 수료증을 가져가야 한다. 온라인 수업은 무조건 4시간을 채워야 하는데 마약과 알코올의 효과에 대해 배운다.

4. DMV Practice Permit Test(DMV- Department of Motor Vehicles 차량관리부 실습허가 시험)를 공부한다. DMV 실습허가 시험이 바로 Learner' s Permit을 따는 시험인데 각 주마다의 DMV 핸드북을 통해 공부를 해야 한다. 플로리다면 Florida DMV Handbook을 Drivers Education시간에 받아 공부한다. 온라인으로 결제후 예행 시험을 미리 보는 것이 좋다. DMV는 Road Rules(도로 규칙)과 Road Signs(도로 간판)에 대해 공부한다.
5. 공부를 다 했으면 가까운 Tax Collectors(세무관리소)에 가서 시험을 위한 등록을 한다. 시험을 치러 갈 때는 미국에 거주하는 외국인이기에 여권을 포함한 비자 같은 신분확인 문서들이 있어야 하고 현재 살고 있는 주거지에 대한 문서도 제출해야 한다. 호스트 가족을 동반하는 것이 최선이다. 시험은 Road Rules에 관한 문제 20개와 Road Signs에 관한 문제 20개를 온라인으로 치른다. 이 중 15개 이상을 맞아야 통과하고 통과하지 못했으면 돈을 더 내고 시험을 통과할 때까지 치를 수 있다.
6. 시험에 통과하면 3주 이내로 Learner' s Permit이 도착한다. 이것을 가지고 운전자교육 수업 시간에 필기 및 실기를 공부한다.
7. 운전자교육을 통과한다(=C학점 이상).
8. 나이가 만 18세이면 기다릴 것 없이 세무관리소에 가서 면허증을 바로 발급받는다. 16세가 아닌 경우 16세 생일까지 Learner' s Permit을 가지고 기다린다.

미국에서 면허증을 따기 위해선 우선 Learner's Permit(운전 허가증)을 따야 한다. 운전 허가증은 운전자 교육을 제공하는 기관이나 학교에서 운전을 할 수 있도록 주는 허가증으로 이 허가증이 없으면 운전자 교육 수업 시간에 차를 운전할 수 없다. 예전에는 실기 시험을 따로 치러야 하는데 요즈음에는 Learner's Permit을 가지고 있고 나이만 16세 이상이면 바로 면허증이 나온다. 미국에서는 우리나라와 같이 주민등록증과 같은 신분확인증이 없고 운전면허증을 대신 사용하기 때문에 미국에서 몇 년 머무를 것이라면 꼭 필요하다. 면허증이 없으면 여권을 항상 가지고 다녀야 하는데 위험할 것이다. 언젠가는 따야 할 면허증, 고등학교 졸업하기 전에 따 놓으면 유리하다.

☑ Marine Biology /Honors Economics

1학기에 수강한 해양생물학은 말 그대로 해양에 사는 생물을 연구하는 과학이다. 플로리다는 물이 넘쳐나는 주이기 때문에 해양생물학으로 아주 유명하다. 플로리다 전역에 해양생물학 연구 단지와 수족관이 있다. 해양생물학을 수강하게 된 가장 큰 이유는 뭐니뭐니해도 다른 수업에 비해 몇 배로 많은 견학 학습이다. 가까운 바다의 연구 단지, 수족관, Sea World(플로리다에 위치한 바다생물 테마파크로 수족관 및 다양한 놀이기구를 제공한다)에 견학 갈 기회가 있었다.

2학기 때 수강한 경제학은 경제가 어떻게 작동하고 경제 활동의 주체들이 어떤 상호 작용 방법을 통해 경제가 형성되는지에 대해 배웠다. 수요와 공급에 따른 메커니즘은 상식이 있다면 쉽게 이해할 수 있었다. AP는 미시와 거시 경제학으로 나누어져 있지만 일반 수업에서는 두 경제학에 대해 간단하게 배웠다. 경제학은 가르치는 선생님에 따라 약간

다르지만 개인적으로 내 경제학 선생님은 정말 지루하고 재미가 없었다. 고등학교 때 싫어한 과목이지만 대학에 가서 흥미롭게 배워보고 싶다.

▶ 바다거북 수족관에 갔을 때

04 AP 수업도 전략이다

Every Exam has a Pattern

모든 학교가 A를 제공하지는 않지만 고등학교에서 심화수준의 내용을 배우는 가장 보편적인 잣대가 AP 수업이다. 무조건 AP 수업을 많이 수강한다고 대학 합격률이 높아지는 것이 아니다. 무리해서 수강했다가 AP 시험에서 좋은 점수를 얻지 못하거나 때문에 GP가 낮아지면 듣지 않은 것보다 못하다. 하지만 정말 관심 있는, 특히 대학 전공과 관련된 분야의 AP에서 높은 점수를 받으면 플러스 요인으로 작용되며 고등학교뿐 아니라 대학 학점까지 일석이조로 이수를 할 수 있다.

대학 선행과정인 AP는 학교가 끝날 무렵인 5월 초 첫째 주에 스케줄이 잡히며, 학교 내에서 시험을 치른다. 시험을 치르기 위해선 과목당 $8를 내야 하는데, 대학교에 가서 그 과목을 수강했을 때의 수강료, 책값, 시간 등을 고려하면 아주 싼 편이다.

A는 총 5점 만점에 3점을 맞으면 통과이다. 대학 학점으로 치면 5점이 A, 4점이 B, 3점이 C정도라 보면 된다.

5점 - Extremely well qualified

4점 - Well qualified

3점 - qualified

2점 - Possibly qualified

1점 - No recommendation

존재하는 AP 시험들

· Art History
· Biology
· Calculus AB
· Calculus BC
· Chemistry
· Chinese Language and Culture
· Computer Science A
· Computer Science AB
· Macroeconomics
· Microeconomics
· English Language
· English Literature
· Environmental Science
· European History
· French Language
· French Literature
· German Language
· Comp Government & Politics
· U.S. Government & Politics
· Human Geography
· Italian Language and Culture
· Japanese Language and Culture
· Latin Literature
· Latin: Vergil
· Music Theory
· Physics B
· Physics C
· Psychology
· Spanish Language
· Spanish Literature
· Statistics
· Studio Art
· U.S. History
· World History

It' s not always how much you know 항상 얼마나 아는지가 시험 결과를 좌우 하지 않는다

AP도 결국에는 시험이다. 모든 시험에는 패턴이 있기 마련이다. 미국 공립학교 1년과 사립학교 2년을 거치며 총 9개의 AP 수업을 들었다. 종종 정말 열심히 공부했음에도 불구하고 과목도 점수가 나오지 않는 경우가 있다. 열심히 했는데 결과가 좋지 않으면 억울하다. 또 같은AP 시험이라도 과목에 따라 시험 스타일과 채점기준이 천차만별이다. 이를 분석, 또 분석해야 좋은 점수를 받을 수 있다. 결국에 AP는 아는 지식+얼마나 시험에 대해 잘 알고 있느냐이다.

Collegeboard AP Central에 들어가면 지난 10년간 기출 문제와 예시 답안 그리고 채점기준이 올라와있다. 이를 분석하는 것이 AP 시험을 공부하는 데 가장 중요한 것이다. 특히 예시 답안과 채점 안을 분석하면 채점자가 어떤 기준으로 점수를 매기는지 눈에 보인다. 이를 유의하여 시험칠 때 똑같은 실수를 반복하지 않도록 해야 한다.

예를 들어 수학 AP인 경우 정답을 유출한 과정을 적는 것이 아주 중요한데 종종 유추 과정을 몇 개 빼먹어 어이없이 점수가 깎이는 경우가 많다. 계산기가 허용되어 계산기를 사용했다 할지라도 마치 계산기를 사용하지 않았던 것처럼 일일이 유추과정을 적어야 하고 사소한 부등호나 수학기호가 빠지면 감점의 요인이 될 수 있으므로 시험공부를 할 때 실수를 하지 않는 연습을 해야 한다.

역사 AP인 경우에는 DBQ(Document Based Question 문서바탕의 에세이)를 쓸 때 지난 몇 년간의 기출문제를 분석하면 올해 나올 영역을 예측할 수 있다. 예를 들어 작년에 미국 혁명에 대한 문제가 나왔으면 올해 이 영역에서 문제가 나올 가능성이 희박할 것이라 유추하고 다른 영역을 더 집중적으로 공부하는 것이다.

DBQ 예시

1. Reform movements in the United States sought to expand democratic ideals. Assess the validity of this statement with specific reference to the years 1825-1850.
(미 개혁운동은 민주주의적 이념을 추구했다. 1825-1850년 사이의 특정 기간하의 이 타당성에 접근하라)

2. In what ways and what extent that constitutional and social development between 1860-1877 amount to evolution?
(어떤 면에서 그리고 어떤 범위에서1860-1877 년 사이의 헌법적 그리고 사회적 발전이 개혁으로 불리기 타당한가?)

DBQ와 같은 에세이를 쓸 때에는 반드시 채점기준을 머릿속에 외우고 있어야 한다. 아무리 좋은 에세이를 적어도 채점자의 기준에 맞지 않으면 억울하게 낮은 점수를 받을 수 있다. 점수를 잘 받으려면 아래의 기준을 유의해야 한다.

1. Contains a clear, well-developed thesis that answers all parts of the prompt 주제의 모든 부분에 대한 답변을 명확하고 논리 정연하게 포함하라
2. Thesis is supported with substantial, relevant information 논문은 실질적인, 관련 정보로 논리를 뒷받침하라
3. Provides evidence of thoughtful analysis 사려 깊은 분석의 증거를 제공하라

내가 의외로 가장 높은 점수를 받았던AP World History는 Essay 채점 기준을 잘 분석했기 때문이다. 운이 좋게도 Dr. Berk는 AP World History를 채점하신 경험이 있었다. 미국 전지에서 모인 세계사 선생님들이 한 달 내내 외부와 차단된 채 하루 종일 같은 에세이를 매긴다고 했다. 하루에 수백 편의 똑 같은 에세이를 매기니 평가가 굉장히 객관적일 수밖에 없기 때문에 에세이 Instruction(설명)을 보고 그 틀에 맞추어 정확히 작성해야 한다는 것이다. "한나라와 로마의 유사성과 차이에 대해 적으시오-적합한 진술의 도입부, 유사/차이점 3개 이상, 논리 정연한 분석, 다른 문화와의 비교 및 분석 포함" 이라는 절차가 주어지면 시

키는 대로 적어야 글쓰기 수준에 관계없이 높은 점수, 혹은 아는 지식에 비해 높은 점수를 받을 수 있다.

Other Tips 다른 팁들

내가 Senior였던 해부터 'No penalty for guessing' -틀리는 것에 대한 감점이 사라졌다. 따라서 모르는 것이라도 모든 문제를 메우는 것이 좋다.
AP는 시간이 촉박하기로 유명하다. 모르는 문제 하나를 두고 시간을 끌기보다 아는 것부터 정확하고 빨리 푸는 것이 좋다.
AP는 몇 시간 동안 고도의 집중력을 요하는 시험이다. 시험 전날에는 무조건 일찍 자고 충분한 영양섭취를 해야 한다.
더 자세한 정보를 위해 Collegeboard AP Central사이트를 이용할 것을 적극 추천한다.

미국 대학 입시 시험들 TOEFL, SAT, SAT2

미국 대학에서 보는 공식 시험 성적으로는 AP, SAT, SAT2, 그리고 외국인인 국제학생에게 필수인 TOEFL이 있다. AP는 성적을 보낼 때 함께 작성이 된다. 토플은 미국에서 몇 년 지내고 SAT를 공부한 사람이라면 쉽게 높은 점수를 받을 수 있다. 토플 100-120점 사이의 점수라면 웬만한 대학에 모두 지원이 가능하다. SAT2는 과목 별로 따로 보는 시험인데 사립대에서 많이 요구하는 시험이다.

가장 큰 골칫거리는 SAT이다. Reading(읽기), Writing(쓰기), Math(수학)으로 구성된 SAT는 학생의 언어와 수학능력을 측정하기 위한 Scholastic Aptitude Test- 학습 능력 적성 시험이기 때문에 공부를 한다고 해서 단기간에 향상되는 것이 아니다. 많은 읽기와 쓰기를 통해 서서히 느는 것이기 때문에 외국 학생들 입장에서는 어려울 수밖에 없는 시험이다.

나는 10학년 때 공립 교환학생으로 미국에 와서 11학년에 사립학교 생활을 했기 때문에 SAT를 준비할 시간이 많이 없었다. 11학년 말이나

12학년 초에 SAT를 치르고 12학년 1학기를 마치기 전에 원서를 마무리 해야 하기 때문에 시간이 남는 방학을 잘 이용해야 한다.

원서를 앞두고 이제 처음으로 SAT 공부를 하자니 많이 뒤처진 느낌이 들었다. 소문대로 SAT는 공부를 해도 잘 늘지 않았다. 토플처럼 문제 유형을 분석해 잘 치는 방법 따위도 없었고 무조건 많이 읽고 써야만 아주 서서히 늘었다. 최대한 단어를 많이 외우고 글을 빠른 시간 안에 읽고 정확히 포인트를 찾아내는 것 만이 Reading의 상책이었다. Writing은 문법책에 둘러 쌓여 많은 문제를 풀어보아야 했고 에세이를 잘 쓰는 공부를 해야 했다. 수학은 쉬웠지만 만점 받기가 까다로웠다. 하나라도 틀리면 점수가 가장 많이 깎이는 것이 수학인데 곳곳에 함정이 있어 나같이 덜렁대는 사람이면 꼭 실수하게 설계되어 있었다. 11학년을 마치고 4개월 정도 집중적으로 공부한 실력으로 SAT를 치렀다.

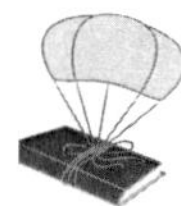

어느 대학에 지원할까? Choosing Colleges

대학은 지원하기 전 많은 조사가 필요하고 기회가 된다면 캠퍼스를 직접 방문해 보는 것이 좋다. 학교 사이트로는 부족하니 각종 대학 매치 사이트를 이용하여 정보를 수집한다. 대표적인 사이트로는 Collegeboard와 College Confidential가 있다. 학교 등록금, 주립/사립, 성향, 지리, 랭킹, 전공 분야 프로그램이 모든 것을 고려해 상향지원대학, 나에게 알맞은 대학, 안전하게 합격할 수 있는 대학들로 나누어 5-10개의 대학을 선택한다.

여기서 중요한 것은 Safety(안전하게 합격하여 다닐 수 있는 학교) 몇 군데를 지원하는 것이다. 어느 곳도 합격하지 않으면 재수를 하지 않는 미국에서 1년을 쉴 수밖에 없다. 미국 대학 등록금이 하늘을 찌르는 것은 누구나 알고 있는 사실이다. 따라서 장학금이나 재정보조가 없다는 가정하에 다닐 수 있는 대학이며 현 성적과 대학 합격자들의 성적을 비교해 합격 가능성이 80% 이상이라 추측되는 대학 3군데에는 꼭 지원하자.

나는 주립대에 갈 것인지 Liberal Arts College에 갈 것인지에 대해 고민을 많이 했다. 미국 대학은 크게 National College(국가 대학)에 속하는 주립대와 사립대가 있고, 한국 못지않게 학맥과 인맥이 강조되는 미국 상류층 인사들이 선호하는 대학으로 소수의 학생만 합격시키는 Liberal Arts College(인문과학대학)이 있다.

사립대는 대부분 등록금이 아주 비싸고 아이비리그급의 우수한 주립대를 겨냥하고 있었다. 그런데 12학년이 되고부터 인문과학대학에 높은 관심을 가지게 되었다. 2,000명 이내의 학생을 선발하는 Liberal Arts College는 들어가기가 아주 어려운 별칭 귀족학교였다. 등록금은 비싼 사립 대학을 훨씬 뛰어넘는 수준이지만 아주 우수한 외국 학생들을 유치하기 위해 과감하게 학자금 지원을 해주며 높은 수준의 교육을 받을 수 있다는 장점이 있었다.

하지만 외국인으로서 장학금을 받고 가기란 거의 불가능하다. 주립대학교에서는 주민을 제외한 Out of State(다른 주 혹은 외국에서 온 학생)들에게 주민들이 내는 학비의 3-4배를 낸다. 말 그대로 그 주의 사람들이 낸 세금으로 운영되며 그들을 위해 지어진 대학이기 때문에 해당 주에 사는 사람들에게는 혜택이 많다. 따라서 특정 주립대가 아주 원하는 수재가 아닌 이상 외국인 신분으로 장학금이나 어떠한 재정지원을 받기란 하늘의 별 따기이다. 명문 사립학교는 재정지원서를 같이 내면 불합격시키는 경우가 거의 대부분이므로 장학금 받기는 더더욱 힘들다. 내가 Liberal Arts College에 끌렸던 이유가 대학 종류 중 유일하게 외국인에게 많은 재정 지원과 대학원을 아이비리그로 많이 진학하는 학교로 널리 알려졌기 때문이었다.

대학 응시는 얼마든지 많이 할 수 있기 때문에 미국의 우수한 명문 대학 11개 대학에 지원했다. 6개의 아이비리그급의 높은 Liberal Arts College와 세계 우수 대학에 속하는 주립대학 몇 곳과 장학금 받을 가능성이 있는 사립대학 몇 곳을 지원했다.

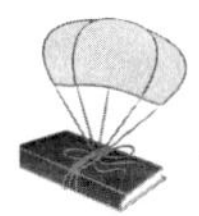

대학 지원 방법 및 절차 Application Process

11개 대학 지원은 12학년 1학기 동안 나의 에너지를 다 빼 놓았다. SAT 치랴, AP 수업 따라가랴, 바쁜 와중에 대학 지원을 위한 시간을 따로 만들어 해야 했다. 대학 입학원서는 모든 것을 나의 혼자만의 힘으로 SAT 성적, 내신성적, 특별활동, 봉사활동, 수상내역, 포트폴리오, 학교마다 다른 에세이, 교사 추천서 등 많은 서류들을 챙기며 지원했다. 아시아권의 학생들은 입학원서와 관련된 서류들을 대행 업체에 맡기는 경우가 있다고 하는데 대학 입학원서도 혼자서 못쓰는 학생이 어떻게 대학공부를 해낼는지 걱정이 되는 소리이다. 대학 지원은 8월 개학한 지 2개월 정도 지난 10월부터 3개월간 본격적으로 시작된다. 지원 방법은 Early Decision, Early Action, Regular Decision으로 나누어진다.

· Early Decision: 11월 전까지 빨리 지원하는 수시의 일종으로 특정 대학에 합격하면 무조건 그 대학을 가야 한다는 약속 하에 지원하는 방법이다. 단 한 군데의 대학에만 Early Decision을 쓸 수 있다. 따라서 가고 싶은 대학이 확실 하다면 Early Decision을 지원하는 것이 합격률도 높여주어 좋다.

· Early Action: ED처럼 여러 군데 학교를 수시처럼 지원할 수 있는 것

이지만 합격한다고 해서 해당 학교에 간다고 약속하는 것은 아니다. 여러 군데에 Early Action으로 지원할 수 있고 장점으로는 빨리 원서를 끝낼 수 있다는 점과 특정 학교에 대해 관심을 보여줌으로써 입학률을 약간 높일 수 있다는 것이다.

· Regular Decision: 1월에 마감하는 정시로 합격 발표도 ED나 EA에 비해 훨씬 늦다. 가고 싶은 대학을 정하지 못하였거나 붙은 대학에 가고 싶다면 RD가 가장 좋은 방법이다.

나는 Early Action 학교 두 군데를 제외하고 나머지 대학은 Regular Decision 으로 지원했다.

본격적으로 대학에 지원하기 위해서는 각 대학 사이트에서 지원 시기와 방법을 알아내야 한다. 대부분의 주립대학들은 대학 사이트 자체에서 제공하는 입학 프로그램이 있어 그 절차를 따르면 된다. 그리고 몇몇 사립 대학들은 이러한 입학 절차를 줄이기 위해 Common Application을 사용한다. Common Application은 비공식 일반 입학 프로그램이라고도 불리며 미국 및 여러 다른 나라의 414개 대학이 함께 사용하는 입학 프로그램이다. Common App 사용 여부는 물론 대학 사이트에서 검색하여 알 수 있다.

따라서 지원서를 한번만 작성하면 Common Application을 사용하는 다른 대학에게도 동시에 보낼 수 있다는 장점이 있다. 예를 들어 나에게는 Common Application을 사용하는 대학이 9개나 되었는데 단 한 번의 서류 작성으로 각 대학의 지원프로그램에 맞추어 9개를 작성하지 않아도 되었다.

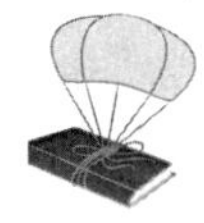

대학이 학생으로부터 알고 싶어 하는 것
What Colleges Want to See

미국 대학에 지원할 때에는 대학들이 기업이고 내가 하나의 상품이라는 생각을 해야 한다. 나를 어떻게 잘 포장하여 어필하느냐에 따라 합격 여부가 갈린다. 미국 대학은 다양한 배경의 다양한 인종의 다양한 분야에서 뛰는 다양한 사고의 학생을 원한다. 단순히 성적만 높은 것은 합격 여부를 100% 좌우하지 못한다. 특히 어려운 대학일수록 비슷한 지원자들 사이에서 두드러져야 한다. 따라서 '나'에 대한 테마를 정해 이를 부각시키도록 노력하면 좋다. 스포츠면 스포츠, 봉사활동이면 봉사활동, 음악이면 음악, 역경 속에 열심히 공부한 사람, 다양한 문화에서 자란 사람 등 '나'를 포장하자. 나의 테마는 '이른 시기에 문화의 다양성을 경험하고 앞으로 다양한 문화 속에서의 연구 및 일하기를 바라는 사람'이었다. 그래서 과외활동, 추천서, 에세이를 테마에 맞게 작성했다.

Admission requirements Example (대입 조건 예시)

- Essay(s) required (에세이)
- Required: SAT Reasoning Test or ACT (SAT 혹은 ACT 점수)
- Class Rank (학급 석차)
- Rigor of secondary school record (고등학교 기록)
- Academic GPA (학업 평점)

Important admission factors(주요 입시 요인들)

- Recommendations (추천서)
- Standardized Test Scores (시험 성적들)
- State Residency (거주지-주립학교일 경우)

· Alumni Relation (동창회 관계)
· Character/Personal Qualities (캐릭터 및 개인 자질)
· Application Essay(입시 에세이)
· Extracurricular Activities (과외활동)
· Racial/Ethnic Status (민족 및 인종 상태)
· Talent/Ability (재주 및 능력)
· Volunteer Work (봉사활동)
· Work Experience (일 경력)
· Level of Applicant's Interest (지원자의 학교에 대한 관심 수준)

나의 Major(전공)는 줄여 IR이라고도 불리는 International Relation(국제관계학)이다. 국제관계학은 국가 간의 관계에 대한 연구로 정부 기관, 국제 비정부 기구, 비정부 기구 및 다국적 기업의 역할을 포함한다. 학술 및 공공 정책 분야로 특정 국가간의 대외 정책을 수립 분석하고자 하며 경제, 역사, 국제법, 철학, 지리, 사회학, 인류학, 심리학, 여성학, 문화 연구 등을 포함한다. 세계화, 국가 주권, 생태 지속성, 핵 확산, 민족주의, 경제 개발, 국제 금융, 테러 및 범죄, 국가 안보 등 하나의 범위에 국한되지 않은 다양한 문제를 다룬다.

추천서는 나에 대해 가장 많이 아는 선생님, 나에 대해 긍정적으로 묘사해 줄 수 있는 선생님, 높은 위치의 선생님, 내가 가장 열심히 혹은 높은 성적을 유지하며 수강했던 선생님, 나의 전공 관련 선생님께 추천서를 받는 것이 좋다. 나는 심리학 선생님과 세계사 선생님으로부터 추천서를 받았다.

대학에 지원하기 전에는 고등학교 4년간의 모든 공식적인 기록을 모은다. 과외활동, 리더십활동, 수상, 봉사활동 등으로 나누어 정리한 후 대학 원서를 쓰기 시작하면 쉽다.

나의 원서에 적었던 내용들을 적어 보았다.

예시

과외활동

1) Varsity Swimming (10-12)
2) Junior Varsity Soccer (11)
3) Drama Club (9,11)
4) Chorus (9-12)
5) Multicultural Awareness Club (11,12)
6) Tallahassee International Club (11,12)
7) Aquarium Club (11,12)
8) Mentor Club (11,12)
9) Green Club (11,12)
10) Break Dance Club (11,12)
11) Key/Anchor Club (10-12)

리더십 활동

1) Drama Club, President (9), Stage manager (11)
2) Foreign Exchange, 2008-09 Representative of Haniedu Cultural Exchange Student Program (10)
3) Chorus, Soprano Leader (10)
4) Aquarium Club, Secretary (11)
5) National Honor Society of Highschool Scholars, Ambassador (11,12)
6) Art Honor Society, Vice President(12)

상

1) Highest Class Average Award (9)
2) Daegu City English Act Contest, Second Place (9)

3) Class Rank Top 1% (9-10)

4) GPA High Honor Roll (11-12)

5) Foreign Exchange: Gold Award of Excellence(10)

6) National Honor Society (10,11,12)

7) Mu Alpha Theta (11,12)

8) Spanish Honor Society (11,12)

9) Art Honor Society (12)

10) National Honor Society of High School Scholars (11,12)

봉사활동

1) Elementary School Tutor (10)

2) Wildlife preservation campaign (10)

3) Maclay Upper School Tutor (11,12)

4) Florida Coastal Clean Up (11,12)

5) Daegu International Triathlon (Translator) (10-12)

6) Volunteer for Sungbo School as Special Education Assistant (10-12)

7) Nursery at Church (11,12)

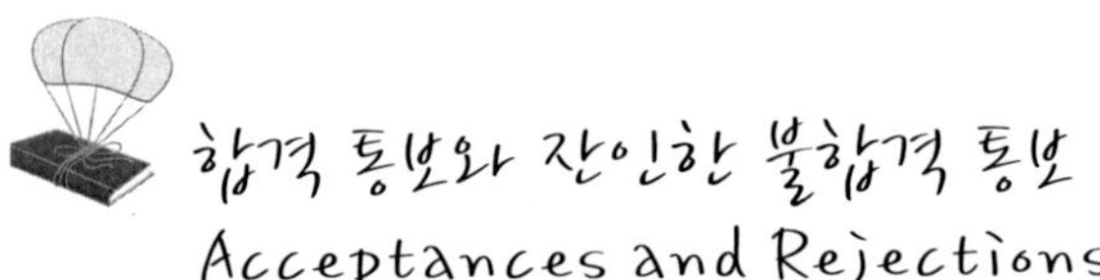

합격 통보와 잔인한 불합격 통보 Acceptances and Rejections

첫 소식은 10월에 가장 먼저 지원했던 **University of Wisconsin-Madison**에서 온 합격증이었다. 혹시 어느 대학에 붙지 않으면 어떡할까 조마조마하게 기다렸는데 2학기 초에 합격을 하자 뛸 듯이 기뻤다. Congratulation!(축하합니다)은 가장 달콤한 축하였다. 세계적인 수준의 연구대학이며 미국 최고의 주립대학 중의 하나에 속하는 대학으로 사립대에 비해 수업료가 많이 저렴하면서도 좋은 사회과학 프로그램을 제공하는 위스콘신 주립대학 매디슨 캠퍼스는 눈 여겨 보았던 주립 대학 중 하나였다. 곧 대학생이 될 것이라는 게 실감이 났다.

곧 이어 **Ohio State University, University of Washington-Seattle, Fordham University, University of Miami**에서 줄줄이 합격 소식이 잇따랐다. 주립대학에서는 예상했던 대로 장학금 제안이 없었지만 플로리다에 위치한 사립 대학 중 하나인 마이애미 대학에서 $5,000/ year 장학금 제의가 왔다. 그런데 연 당 학비만 해도 $38,000인데 $5,000을 준다고 해서 거절했다.

Liberal Arts Colleges는 늦게 발표가 되었기 때문에 3월까지 기다려야 했다. Liberal Arts College에는 모두 재정 지원을 했기 때문에 아주 우수한 특별한 학생이 아닌 이상 합격 여부가 불안한 상태였다. 가장 가고 싶었던 Vassar College로부터 불합격 소식이 왔다. 상향 지원이라 불합격을 예측했지만 막상 떨어지고 나니 좌절감에 시달려야 했다. 곧이어 Trinity College, Grinnell College, Dickinson College, Macalester College, Colgate University등 Liberal Arts Colleges에도 재정 지원을 신청했기에 불합격 릴레이가 쏟아졌다. 미국은 명문가 우수한 자녀들이 주로 Liberal Arts Colleges를 나오고 대학원을 아이비리그 대학으로 진출하는 경우가 많다. 이 대학들이 미국에서는 아이비리그 대학만큼 모두 쟁쟁한 대학인 줄은 알았으나 한 군데도 붙지 못한 나에게 실망을 안겨주었다.

불합격 소식에는 패턴이 있었다. 합격 소식은 화려하거나 거대한 봉투에 갖가지 책자들이 함께 오지만 불합격 소식은 조그마한 일반 봉투에 달랑 한 장의 편지가 왔다. 작은 봉투가 보이면 떨어졌구나 예상할 수 있었다. 불합격 통보는 대개 '올해 우리는 몇천 명의 지원자가 있었으며…… 합격률이 10% 채 안되어……'로 시작해 '이 사실을 알리게 되어 매우 유감스럽게 생각합니다.'로 끝이 났다. 차라리 "You are just not good enough for our school"(당신은 그저 우리 학교에 다닐 만큼 실력이 좋지 않습니다) 이라고 사실대로 말해주면 나을 텐데 합격률을 먹여 변명하는 것 같아 꽤나 마음이 불편했다.

꿈꾸던 Liberal Arts Colleges에 합격했다 하더라도 재정 지원 서류가 통과되지 않으면 비싼 등록금을 감당하지 못할 것이었다. 국제학생으로 장학금을 받으며 미국 대학을 다닌다는 것이 결코 쉬운 길이 아니라는 것을 알았다. Liberal Arts Colleges에 불합격 했다 하여 실망하지 않았다. 오히려 지원하지 않고 후회하며 모르는 것보다 지원해서 떨어져 낫다고 생각했다. 어떻게 생각해 보면 학부생 2,000명 이하의 작은 학교에서 공부를 하는 것보다 큰 주립대학에서 여러 사람과 만나는 것이 오히려 내게 좋을 수도 있었다.

3월 말경에는 합격한 대학 중 한 곳을 결정을 해야 했는데 University of Washington-Seattle와 University of Wisconsin-Madison을 두고 어느 곳을 갈 것인지 갈등을 했다. 합격 대학 중 등록금 및 생활비와 전공 프로그램, 그리고 환경 및 성향을 비교해 본 결과 University of Wisconsin-Madison이 나에게 알맞은 대학이라는 결정을 내렸다. 가장 먼저 지원하여 합격한 곳이다. 그 동안 나머지 대학들에 지원하느라 걸린 시간, 원서비, 기대, 재정지원 서류들, 포트폴리오, 학교마다 다른 에세이를 쓰면서 힘들었던 것을 생각하니 조금 허무하기도 했다. 하지만 도전해 본 것에 대한 후회는 없었다.

얼마 후 University of Wisconsin-Madison에서 합격자 중 상위 10%에게 제공하는 **Honors Program(대학 우수 학생 프로그램)**에 선발되었다는 통보가 왔다. Honors Program은 사립 대학에 비해 많은 학생 수와 큰 수업을 고려하여 훨씬 적은 학생 수의 수업으로 질 높은 수업을 받으며 더 많은 과제를 요구하는 우수 학생 프로그램으로 많은 주립 대학에서 시행하고 있었다. 이리하여 2011년 가을에 'University of Wisconsin-Madion, College of Letters & Science, International Relation Major' 위스콘신 주립대학 매디슨 캠퍼스 인문 과학 대학의 국제관계학 학생이 되었다.

06 편견, 고정관념, 그리고 인종차별

Prejudice, Stereotype, and Racism

인종차별이라는 말은 미국과 비교했을 때 한국인에게는 다소 생소한 말이다. 점점 더 다문화 시대가 열리는 전망이지만, 아직까지 우리나라는 같은 한국인이라는 이름 아래 인종차별을 겪기 힘들다. 하지만 별의별 인종이 섞인 인종의 용광로, 혹은 이민자들의 나라라고 불리는 미국에서 인종차별이라는 단어는 너무 흔한 말이자 현상이다.

개인적으로 나는 미국에서 인종차별을 당해본 적이 없다. 무지와 편견을 맞닥뜨려야 한 경우는 몇 번 있었다. 하지만 나는 직접적인 인종차별을 당해보기보다는 나 이외의 다른 인종 그룹이 차별을 당하는 것을 보았다. 미국으로 유학을 생각하는 학생이라면 미국의 길고도 어두운 역사인 인종차별 문제에 대해 생각해 볼 필요가 있다고 생각한다.

인종차별 문제는 남부의 플로리다주에 오면서 뼈저리게 느끼게 되었다. 유타는 주민의 대부분이 백인이자 모르몬인 워낙 특이한 주다 보니 미국 내 인종 사이의 사회적 차별을 관찰하기 힘들었다. 하지만 흑인이 사는 지대와 백인이 사는 지대가 현저히 분리된 Tallahassee에 오고부터, 그리고 언급하기 부끄럽지만 인종차별적이었던 내 세 번째 가족

Garrett 때문에 주시하게 되었다.

나를 잘 보살펴 주었던 Garrett 가족은 안타깝게도 다른 인종에 대해 차별이 심했고, 편견이 심했고, 타 문화에 대한 역사적 지식이 현저히 부족했고, 결정적으로 흑인에 대해 인종차별이 심했다. 남부에서는 Garrett 가족뿐만 아니라 내가 아는 많은 사람들이 이러한 사고를 가지고 있어 가슴 아팠다.

하루는 저녁 식탁에서 흑인 복지 정치에 대한 이야기가 올라왔다. 여느 때와 다름 없이 호스트 아빠는 그날 저녁 뉴스를 들먹이며 이 나라의 복지 정책에 큰 문제가 있다고 비난하셨다.

"일도 안 하는 흑인들에게 복지 정책을 강화하자는 진보파들 때문에 이 나라가 망하게 생겼어. 뭐? 흑인의 달? 백인의 달은 어디 있는 거지?"

"어…… 흑인에게 복지 정책을 강화하는 것은 당연하다고 보는데요. 흑인은 미국에서 사회 관습 면뿐 아니라 법률적이나 경제적으로 훨씬 차별을 받고 있어요. 실업률도 훨씬 높고 많은 흑인들이 빈곤 속에서 살아가요. 흑인들은 오랜 기간 동안 노예였어요. 그만큼 출발 지점이 다르기에 복지 혜택을 늘여야 하는 건 당연한 거잖아요. 그리고 백인의 달은 거의 매달 아닌가요?"

"노예제도는 끝난 지 오래 됐어. 그리고 네가 잘 몰라서 하는 말인데, 아프리카의 흑인들이 노예가 되지 않았더라면 사나운 이웃 부족들에게 잡혀 죽었을 터인데 오히려 미국에 온 게 잘 된 거지."

나는 할 말을 잃었다. 이런 잘못된 생각을 가진 아빠 아래 자라가는 Rachel과 Shawn의 미래가 걱정되기까지 했다. 호스트 아빠는 툭하면 "흑인과 데이트 하지 마라, 흑인 남자는 아내를 때린다"거나 "흑인들은 예의가 없다"라는 등 인종차별적인 말을 하셨다. 아무리 살아온 시대와 남부라는 환경이 인종차별에 관용적이라도 21세기에 낡아 빠진 보수주의를 고집하는 것은 옳지 않다고 본다.

히브리 속담에는 이런 말이 있다. “너의 혀에게 “나는 모른다”는 말을 할 수 있도록 가르쳐라”. 무지한 사람보다 더 꼴불견인 사람은 무지함을 감추지 못하고 편견과 오만으로 가득한 자신만의 논리로 남을 가르치려는 사람이라 생각한다. 중국 속담에는 또 이런 말이 있다. “네게 말해주면 난 까먹을 것이요, 내게 보여주면 난 기억할 것이요, 날 참여시키면 난 이해할 것이다.” 진정으로 타 문화를 이해한 자는 그 문화를 조금이라도 맛본 자이다.

미국 남부의 노예제도와 흑인 차별
Slavery and Racism Against Blacks

많은 사람들이 알다시피 미국은 오랜 기간 동안 노예 제도를 실행해 왔었다. 공업이 발전한 북부와는 달리 농업이 중심산업이었던 미국 남부 주에서는 노예가 경제를 유지하는 중요한 기반이었기 때문이다. 1780년에서 1804년 사이에 북부 주는 모두 노예 해방 법령을 통과시켰는데, 남부 주에서는 노예제도가 오히려 확대되면서 계속 이윤을 창출하고 견고하게 제도가 유지되어 사라질 기미를 보이지 않게 되자 노예제 반대 세력과 찬성 세력 사이에 유혈 충돌이 벌어졌다. 결국 에이브러햄 링컨이 1860년 대통령으로 당선되면서 남부 주가 연방에서 탈퇴하자 남북 전쟁이 일어났다.

1865년 12월에는 미국 수정 헌법 13조로 미국의 노예 제도가 폐지되었다. 하지만 그 이후로 헌법 아래가 아닌 사회 안에 깊게 박혀버린 인종차별 의식까지 뿌리째 뽑기까지는 수십 년이 걸렸다. 흑인들은 백인들로부터 교육, 공공시설, 식당, 교통시설, 의료, 직업 선택에서 심각한 차별을 받았다. 남부의 기독교 근본주의적인 개신교 단체는 흑인 인종차별을 문자적인 성서 해석으로 지지함으로써 성서를 인용해 기득권을 유지하려 했다.

우리 학교만 해도 아직까지도 미국 사회에서 흑인들이 주도권을 잡지 못하고 있다는 것을 볼 수 있다. 탤러하시는 흑인 인구가 많은 편이지만, 탤러하시 내에서 돈이 많은 가정의 자식들이 다니는 우리 학교에는 흑인이 거의 없었다. 흑인들은 대체로 사회 경제적으로 낮은 지위의 직장을 가지고 있고, 흑인들이 주거하는 지역은 백인 주거지역보다 시설이 떨어졌다.

▶ 위 사진은 1960년대 미국 시민 평등권 운동(Civil Rights Movement)동안에 찍힌 사진으로, 당시 흑인이라는 이유만으로 폭력을 가하는 것은 경찰에게 허용된 행위였다.

미국의 이민자를 바라보는 시선
Immigrants in America

미국이 이민자들에 의해 지어진 공존과 기회의 땅임에도 불구하고, 새로 미국에 상륙하는 이민자들은 거의 항상 차별에 직면한다. 미국의 1800년대와 20세기 초반 동안에 유대인과 이탈리아 이민자 모두 대부분이 극단적인 편견, 인종차별, 그리고 폭력의 대상이 되었다. 특히 소수 민족들은 이민자들이 직업을 빼앗아 갈 것이라는 두려움 때문에 Nativism(미국에서 태어난 사람을 좋아하는 정책)의 반 이민자 단체의 분노에 시달려야 했다. 라틴 아메리카에서 온 사람들은 점점 편견에 의한 범죄의 대상이 되고 있다. 멕시코 자손들은 미국이 사회 및 경제 문제가 있을 때마다 책임의 대상이 되었다. 또한 911 테러 사건 이후에는 아랍계 자손들에 대한 증오에 의한 범죄가 늘고 있다.

할로윈 기간의 조회시간이었다. 변장을 한 학생들이 전교생 앞에서 포즈를 취하는 시간이 주어졌는데, 우리 학교 두 명의 학생들이 멕시코인 의상(편견에 기반을 둔 통모자, 콧수염, 당나귀)을 하고 다른 두 학생들이 미국 국경 순사대처럼 분장을 하여 두 멕시코인에게 수갑을 채우는 듯한 자세를 취했다.

미국은 이민자의 나라이기 때문에 새로운 이민 민족들이 들어올 때마다 텃세와 함께 인종차별이 따랐다. 옛 아일랜드인들이 이민 왔을 때나 아시아인들이 이민 왔을 때 갖은 증오와 인종차별에 시달려야 했지만 시간이 지나 그들이 미국 땅에 정착하면서 인종차별은 서서히 종식했다. 하지만 현재 이 똑같은 패턴이 지금 남미 민족들, 특히 멕시코인들에게 일어나고 있다. '멕시코에서 온 사람들은 모두 불법 이주자'라는 고정관념 때문에 미국내의 멕시코인들의 인권이 바닥으로 떨어졌다. 따라서 이를 풍자하는 할로윈 의상은 엄청나게 인종차별적이었는데 안타까운 것은 많은 학생들이 나처럼 불쾌감을 느끼지 않았다는 것이다. 몇몇 선생님들이 인상을 찌푸리긴 했지만, 학생들에 대해 처벌은 없었다. 매클래이가 남부에 위치하는 사립학교라는 점, 학생이 상류층 자녀라는 것, 학교 내 민족 다양성이 현저히 떨어진다는 점을 고려할 때, 유감스럽게도 놀랄 만한 사건은 아니었다.

미국 대중 문화 속의 고정관념
Stereotypes in Pop Culture

LOST(로스트)는 미국에 가기 전부터 시청했던 미국 유명 텔레비전 시리즈이다. 로스트에는 주연인 진과 선이 있는데 한국인 역할을 담당한다. 시리즈를 보면서 미국의 대중문화가 한국을 묘사하는 방식이 아시아에 대한 여러 고정관념에 기반을 두고 있다는 것을 느꼈다. 심한 악센트가 섞여 영어를 못하고, 가부장적이고, 가족 중심적이고, 보수적이고 전통을 고집하고, 비사교적이며 수학과 과학에 능하며 일을 잘하는 것이 미국 대중 문화 속의 아시아인이었다. 게다가 한국이라는 나라는 일본도 아니고 중국도 아닌 그 사이의 혼란스런 어떤 아시아 나라였다.

대중문화의 흑인에 대한 묘사는 더 심하다. 사회는 앞서가고 있는데, 아직까지도 대중문화는 뒤처지고 있는 것 같다. 미국 대중문화는 백인 미국인들이 아프리카 계(혹은 흑인) 미국인을 인식하는 방식에 중요한 역할을 해 왔다. 흑인들을 빈민가, 범죄, 마약 사용, 소식 폭력 등에 대해 초점을 맞추면서 아프리카 계 미국인에 대한 왜곡된 악성 대중 인식을 육성시켜왔다. 흑인들은 수 세기 동안 억압과 차별에 대해 투쟁해 왔지만 미디어는 이러한 역사적인 억압을 열등 시민으로 표현하는 데 핵

심적인 역할을 하기도 한다.

흑인 미국 청소년들의 도시 내의 가장 심각한 범죄율이 8%로 아주 낮음에도 불구하고 사회는 계속해서 흑인 남성들을 범죄자로 묘사해 왔고, 계속해서 흑인 사회를 약물 사용, 범죄 행위, 마약 거래, 복지 남용 등으로 취급하는 바람에 최종적으로 흑인 지역사회 내의 높은 실업에 기여함으로써 빈곤의 순환을 유지했다.

요즘 시대에 대중문화의 영향이 큰 만큼 대중문화를 이끄는 이들이 올바른 사고가 필요하다. 지속적으로 특정 인종에 대해 고정관념을 부여하는 이유는 아직까지 미국의 대중문화가 백인 엘리트들에 의해 만들어지기 때문이고, 그들의 이익을 극대화하고 경제적 안정성을 보장하기 위해서 하층 계급을 억압하는 것으로 볼 수밖에 없다.

인종차별은 미국에만 존재하는 것이 아니다. 우리나라도 몇십 년 후에는 더 이상 단일민족 국가라고 부르기 힘들 것이다. 현재 한국에는 외국인 노동자에 대한 차별이 심하다. 단지 겉모습이 다르다고, 우리보다 더 못사는 국가에서 우리나라에 일하러 왔다고 멸시하고 천대하는 것은 한국인으로서 정말 부끄럽다. 불과 몇십 년 전 우리나라 국민들이 미국에 건너가 슈퍼마켓이나 세탁소를 통해 정착하면서 똑같이 겪었던 인종차별을 모방하는 것 같아 슬프다. 우리나라 사람들이 기피하는 일들을 싼 노동력으로 대신 하는 외국인 거주자들의 인권 보호가 절실하다고 생각한다.

링컨의 노예 해방 선언 148년이 되어 가는 오늘날에 이르러도 미국의 인종 차별은 곳곳에서 일어나고 있다. 더 나아가 세계 곳곳에서도 민족주의 의식과 맞물려 타 인종에 대한 이유 없는 차별이 일어나고 있다. 경제적으로 못사는 나라의 민족이라는 이유, 피부색이 다르다는 이유, 그리고 역사적인 이유 등으로 우리는 누군가를 차별하고 또 같은 이유로 우리는 누군가에게 차별 받는다. 인종 차별주의를 뿌리째 뽑기 위해 지금 자라나는 청소년들이 깨어있는 사고로 올바른 사회를 지향했으면 하는 바람이다.

07

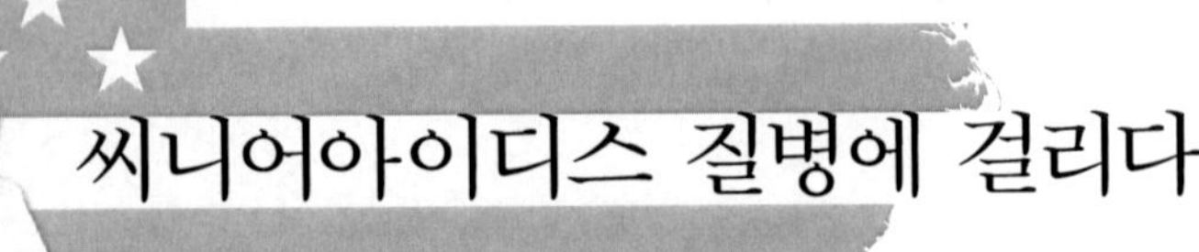

씨니어아이디스 질병에 걸리다

Senioritis is the Scariest Disease

Senioritis(씨니어아이디스)는 미국 최고 학년을 뜻하는 Senior와 접미사 itis(염증 혹은 질병을 뜻함)가 합쳐져 만들어진 단어로 고등학교에 접어들면서 생기는 공부 동기의 감소를 설명하기 위해 미국과 캐나다에서 쓰는 말이다. 1학기 내내 대학 원서를 쓰느라 온 정신을 쏟았는데 갑자기 2학기에 와서 동기 부여 요소가 사라져 일종의 허망함을 느꼈다. 한국에 있는 친구들이 수능 끝나고 학교를 다니는 것과 비슷하다고 했다. 다른 점은 아직 이런 시기가 한 학기나 더 남았다는 것이다. 고등학교 내내 대학을 위해 공부했다고 해도 과언이 아닌데 주사위가 던져졌으니 더 이상 아등바등하며 공부할 이유가 없어졌다.

학생들이 수업에 늦는 일이 잦아졌고 수업 태도나 성적이 형편없어졌다. 학기 말에 시험이 있는 AP를 제외한 다른 수업의 선생님들은 과제가 늦어도 대충 봐주기도 했다. 학생들은 급속도로 게을러졌고 이제 졸업한다는 생각에 들떴다. 대학에 붙었는데 왜 졸업은 하지 않고 여전히 과제를 해야 하냐고 스트레스를 받는 친구들도 속속 늘어났다.

Senior들을 위해 학교에서 특별히 지은 Shack은 그 인기가 하늘을 찔렀다. Shack(판잣집)은 오직 Senior들만을 위해 지어진 휴식 공간으로 각종 X-box 게임들과 TV, 소파, 냉장고 등이 있다. Senior들에게는 자습 시간에 자습 대신 Shack에 갈 수 있는 기회가 있어 많은 학생들이 자습 시간, 쉬는 시간, 점심 시간에 Shack에 가서 놀았다.

나도 이런 Senioritis의 예외는 아니었다. 하지만 내게는 다른 학생들에 비해 더 부정적으로 작용한 것 같다. 1학기 너무 정신 없이 에너지를 다 쏟아 부으며 원서 작성에 학교 AP 과목 공부에 매진하다 보니 갑자기 느껴지는 허무함을 견딜 수가 없었다. 또 갑자기 여유로워진 시간을 어떻게 사용해야 할지도 잘 몰랐다. 나는 여유가 있을 2학기만을 기대하며 열심히 노력했는데 여전히 여행 한번 안가는 가족과 차가 없어 가까운 곳에 아이스크림조차 사 먹으러 갈 수 없는 나의 현실이 싫었다. 차라리 바빠서 생각할 겨를조차 없었던 1학기가 낫다고 생각되었다.

Senioritis는 국제학생들에게 더 심하게 작용한 것 같았다. 나를 포함한 한국인 세 명과 중국인, 태국인 이렇게 다섯 명의 12학년 국제학생들은 더 이상 학교에 남아있기 싫어했다. 작년에만 해도 12학년에 좋은 친구들이 많았는데, 그들이 졸업을 하고 나니 유달리 무신경하고 자기 할 일만 하는 우리 학년이 남은 것이다. 나뿐만 아니라 각국에서 온 5명의 Senior 국제학생들이 동급 학생들의 무신경에 불만을 토하고 있었다. 작년만 해도 잘 지내던 중국인 여학생은 세상에 등돌린 듯한 표정으로 남은 시간을 보냈다. 그래도 나는 평소 친하게 지내던 친구들과 긍정적으로 지내려고 했지만 그게 뜻대로 되지 않았다.

그래서 2학기에는 그간 사립고등학교를 다니면서 억눌렸던 정신적인 스트레스가 터져 나왔다. 조그마한 일에도 갑자기 감정이 북받쳐 슬프기도 하고 절망적이기도 했다. 또 굉장히 비관적이 되어 대화를 냉소적인 비판으로 이끌었다. 드디어 기다리던 Senior 2학기가 왔는데 난 뭘 기다려 왔던 거지?

이러지도 저러지도 못하자 Senioritis가 우울증으로 변했다. 어떻게 해야 할지 몰라 Therapist 치료사를 찾았다(미국에서는 심각한 정신적 문제가 아니라도 정기적으로 치료사를 자주 이용한다). 치료사는 내게 그간 내가 겪은 이야기를 하라고 했고 간단한 질문을 통해 내가 스스로 답을 찾는 식으로 치료를 진행했다. 내 말에 귀를 기울이며 잘 들어주는 치료사를 보며 그 동안 내가 쌓아놓은 감정을 이해할 만한 사람에게 잘 털어놓지 않고 가슴에 묻고만 있어서 그랬다는 것을 알게 되었다.

한국에 계신 부모님께 말을 하면 걱정하실 것 같고 미국 친구들은 이런 내 감정을 이해할 리가 없었다. 그나마 한국 친구들은 문화적 차이로 공감대 형성이 어려웠다. 마음이 홀가분해지는 것을 느꼈다. 한 시간 반의 속이 뚫리는 세션을 종료하고 청구서를 봤는데 $70였다. 5달러짜리 햄버거도 아까워서 못 사먹는데 한 시간 반에 70달러라니? 아주 기겁을 하고 돌아왔다. 치료사는 적어도 두 세션은 해야 된다고 다음에 한 번 더 오라고 했지만 거절했다. 이유를 알았으니 혼자도 어떻게 할 수 있을 것 같았다.

아주 완쾌는 아니었지만 이젠 혼자서 치유하는 방법을 터득해야 할 것 같았다. 많이 힘들 때는 작년 Life Management 시간의 선생님이 하신 말씀 "If something is happening in your life, remember, I'm always here"(당신의 인생에 어떤 일이 일어나고 있다면, 기억하세요, 전 항상 여기 있을 것입니다)을 잊지 않고 자주 그 선생님의 사무실에 가서 이야기를 했다. 선생님은 흔쾌히 상담을 해 주었고 포옹이 한 시간 세션 비용이라면서 진하게 안아 주었다. 선생님은 나를 통해 국제학생들의 관리가 잘 안 된다는 것을 알게 되어 오히려 고맙다고 했다. 선생님께서도 우리 학년 학생들의 파벌적이고 무관심한 전형적인 작은 사립 고등학교의 문제점을 알고 계셨다. 선생님께서는 앞으로 국제학생들이 학교에 익숙해지는 것뿐 아니라 학교 학생들과 완전히 하나가 될 수 있도록 하는 관리를 할 것이라고 했다.

오르막길이 있으면 내리막길이 있다는 말이 있다. 내게는 힘든 시기였지만 이 시기를 거쳤기에 지금 더 성장할 수 있었다고 생각한다.

Junior Ski Trip

Maclay 학교에는 sophomore은 사파리 여행을, Junior는 스키 여행을, Senior는 졸업 여행을 가는 전통이 있다. 2년 동안 호스트 가족들이 여행을 전혀 가지 않는 분들이라 내게는 금 같은 기회였다. Junior로 Maclay에 입학한 나는 3박 4일간 먼 콜로라도 주에서 스키 여행을 갈 기회가 있었다. 학년의 거의 모든 학생들이 떠나기 때문에 모두들 손꼽아 기다리던 여행이었다.

문제는 비용이었다. 한국 돈 백만 원 상당의 비용은 콜로라도 주까지의 비행기표와 지내게 될 산장 숙박비, 음식비 등을 포함했다. 학교 등록금의 십 분의 일이나 되는 돈을 고작 3박 4일에 쓰다니! 너무 비싸 가고는 싶었지만 한국의 부모님께 말씀드리기가 죄송스러웠다. 거의 마음을 접은 상태였는데 선생님께서 왜 가지 않느냐고 물어 보셨다. "It's too expensive for couple nights. I would rather stay home"(몇 밤 자고 오기에는 너무 비싸요. 차라리 집에 있을래요.) 라고 하자 Life Management 선생님께 전화를 걸더니 선생님을 만나보라고 하셨다.

Mrs. Henderson은 Life Management 선생님이며 학생들을 총괄하는 분이셨다. 선생님이 비행기를 단체로 예약했기 때문에 사람 수를 채워야 하는데 안 가는 학생이 있어 자리가 하나 빈다는 것이었다. 그 자리를 내가 택하고 학교 기부금을 지원받아 나머지 비용을 커버하겠다고 하셨다. 이게 웬 떡. 부모님께서 100만 원을 못 보태주시는 게 아니라 내가 비싸다고 생각하여 가지 않겠다고 마음먹은 것인데 얼떨결에 공짜로 스키 여행을 가게 되다니!

우리는 'Junior Sky Trip'이라 적힌 다소 우스꽝스러운 단체 티를 입고 콜로라도의 가장 큰 스키장에 도착했다. 콜로라도 스키장의 좋은 점은 실력대로 다양한 코스가 주어졌다. 상중하 코스 중 나는 중급 코스를 이용했는데 중급 코스 안에서도 매끄러운 길, 울퉁불퉁한 길, 경사진 길, 장애물 길 등 다양하게 나누어져 있었다. 친구들뿐만 아니라 친한 선생님과도 이야기하며 스키를 즐길 수 있어 좋았다.

▸ 꽁꽁 얼어붙는 날씨에 우리 학년 남학생 몇 명이 속옷바람으로 스키를 탔다. 그날 저녁 튜브활동을 못 한다는 벌을 받았지만 학생과 선생님을 포함한 스키장에 있던 모든 사람들이 Maclay 속옷 영웅들을 찬양했다.

☑ Spring Beach Trip

Maclay에는 아주 고마운 선생님이 한 분 계신다. Mr. Owenby는 한국 국제학생들을 많이 호스트 하신 분으로 학교 내 국제학생들(대부분 한국인)에게는 대부 같은 존재이다. 선생님 수업을 수강한 적은 없었지만 가끔 한국 학생들을 집에 초대하기도 하고 문제가 있으면 금방 해결해 주셨다. 선생님은 한국인 남학생 두 명을 호스트 하고 있었는데, 봄방학 때 내가 내내 집에 혼자 있어야 한다는 것을 아시고는 가족과 가는 바다 여행에 초대해 주셨다. 보통 여행은 성인 동반자가 없으면 호스트 가족과 가지 않는 이상 기관에서 허락해 주지 않는데 학교 선생님과 가는 것이니 기관에서도 흔쾌히 승낙을 했다.

플로리다에 온 지 2년 만에 처음으로 제대로 바다 구경을 떠났다. 선생님께서는 숙박비, 식비, 교통비를 모두 부담하셨다. 오전에는 바다에서 신나게 놀고 저녁에는 근사한 레스토랑에서 저녁을 사 주셨다. 미국에서 처음으로 한국 레스토랑에도 갔었다. 김치돌솥비빔밥 맛이 끝내줬다.

▶ Mr. Owenby 선생님과 함께

☑ Senior Grad Bash

Grad Bash 혹은 Grad Night는 졸업을 앞둔 Senior들이 밤새 즐기는 미국형 졸업 여행이다. 플로리다에서는 Orlando에 위치한 Universal Studios라는 거대한 놀이공원/테마파크에 졸업을 축하하러 갔다. 플로리다 전역에서 모인 "Class of 2011"(2011년 졸업반)들이 Grad Bash를 위해 Orlando로 집합했다.

그날은 Grad Bash를 위한 특별 기간이었기 때문에 Universal에 온 모든 사람들이 나와 같은 Senior였다. 막상 모여보니 모두 백인들만 모여 있는 우리 학교 버스가 웃겼다. 플로리다는 원래 다양한 인종이 섞인 주로 유명한데 유독 북쪽에 위치한 Tallahassee에 사는 우리 사립학교 학생들이 예외적으로 전 학생이 거의 백인이었다. 남 플로리다에서 온 많은 라틴계 혹은 흑인 학생들이 영어 대신 스페인어를 썼다. 똑같은 주에서 왔는데도 너무나 달라 놀라웠다.

Universal이 그 해 인기가 많았던 이유가 세계 최초로 해리포터 테마파크를 열었기 때문이다. 많은 해리포터 팬들이 가짜 호그스미드에서 버터맥주를 마셔보겠다고 줄을 섰다. 해리포터 파크 이 외에도 쥐라기 파크, 슈렉 파크 등 다양한 테마파크들이 즐비했고 보기만 해도 짜릿한 놀이기구들이 깔렸다. 오전에 도착해 밤새 놀다가 새벽에 집으로 돌아왔다. 생애 최고의 파티였던 것 같다.

▶ Universal Studios 라는 거대한 놀이공원/테마파크

끝나지 않은 여정이 곧 목적지이다

CHAPTER 4

"The Never Ending Journey Is the Destination"

01 미국을 뛰어넘어, 스페인 여행

Step to a Bigger World, Spain Trip

한국과 미국의 특별한 정치적 관계 때문인지, 한국인에게 가장 대표적인 외국은 미국이다. 하지만 아무리 땅이 넓은 미국이라도 세계를 대표하기에는 아주 좁은 곳이 아닐 수 없다. 언젠가 세계 이곳저곳을 둘러볼 목표를 가지고 교환학생 프로그램에 참여한 이후 얻은 소중한 것들 중 하나가 세계로 뻗은 인맥이다. 빅토리아는 유타 교환학생 시절에 학교의 유일한 외국인으로 일 년 내내 아주 가깝게 지낸 친구로, 내가 스페인어를 배우기 시작한 이유도 빅토리아 때문이라고 해도 과언이 아니다. 바쁜 사립고 시절에는 먼 거리 때문에 오랫동안 만나지는 못했지만, 언젠가 기회가 되면 자기 나라로 서로 초대하기로 했었다. 매클레이에서 고등학교를 졸업하고 한달 즈음 되었을까, 빅토리아가 자신이 살고 있는 바르셀로나에 한 달간 초대를 했다. 그리하여 여행사를 통한 발 도장 유럽 여행이나 홀로 배낭여행이었더라면 바르셀로나를 깊숙이 보지 못했을 것이다. 친구의 초대로 스페인의 제대로 된 문화를 경험한 최고의 여행을 할 수 있었다.

인천 공항에 들어섰을 때 처음으로 목적지가 미국이 아니라고 생각하니 기분이 이상했다. 저렴한 이유 때문에 러시아 항공으로 러시아를 경유해서 갔는데, 미국만큼이나 먼 거리 때문에 도착했을 때는 머리가 어질 했다. 가는 도중에는 러시아 항공의 불친절함과 형편 없는 비행기 시설 및 서비스 때문에 다시 한번 대한항공이 세계 최고 항공임을 몸소 체험했다. 도착하자 게이트 너머 저편에 보이는 빅토리아에게 힘차게 손을 흔들어 주고 달려가 따뜻하게 안아주었다. 빅토리아는 이제 스페인에 있으니 유럽 식으로 인사를 해야 한다며 양쪽 볼에 키스를 한 번 두 번 했다. 키와 체구가 비슷한 우리는 어떻게 하나도 자라지 않았는지, 변하지 않았는지, 그리고 2년 전 유타 이후로 어떻게 홀쭉해졌는지 감탄하며 웃었다. 금세 친해진 빅토리아의 친구들이 기다리다가 식어 버렸다는 직접 구운 환영 케이크를 건네주었다. 한 달간 빅토리아의 집에서 빅토리아의 친구, 가족 들과 바르셀로나라는 새로운 도시를 체험할 생각을 하니 가슴이 뛰었다.

▸ 바르셀로나 도시 전경

바르셀로나는 스페인의 최대 도시이자 경제의 중심지로 스페인 수도인 마드리드와는 분위기 면에서 아주 다른 특별한 도시이다. 바르셀로나는 서울과 같이 인구 밀도가 높고, 대중교통이 거미줄처럼 뻗어 있다. 유럽의 가장 빨리 자라는 도시 중 하나로, 패션과 관광으로 유명하다. 아름다운 건축물과 세계 최고의 프로 축구팀 FC 바르셀로나를 가지고 있다. 역사적으로, 바르셀로나는 수백 년간 스페인으로부터 분리되어 독립하고 싶어 하는 특별한 도시이다. 처음에는 단순이 지역감정이 심한 줄 알았지만, 바르셀로나는 스페인어와 크게 다른 고유언어인 카탈루냐어 쓰고, 그들만의 역사, 국기, 자부심을 가지고 있었다. 빅토리아를 포함한 대부분의 사람들은 자신이 '스페인인'이 아니라 '바르셀로나인, 혹은 카탈루냐인'이라고 구별했다. 그리하여 미리 준비한 '아이 하트 스페인' 티셔츠를 입었다가 다시 가방 안으로 깊숙이 넣어야 했다. 빅토리아에 의하면, 내가 미국에서 배운 스페인어는 토종 스페인어와는 다른 멕시코에서 쓰는 스페인어이고, 바르셀로나 인들은 카탈루냐어를 쓰기 때문에 빅토리아는 한 달간 나의 통역관이 되어야 했다.

자유로운 젊은이들의 도시
Carefree, Free-Spirited City

바르셀로나에 도착하자 생전 처음 맡아보는 유럽 특유의 냄새가 도시와 사람들에게 났다. 바르셀로나는 매일 바쁘게 움직이는 도시이지만, 사람들에게서는 특유의 느릿함이 묻어났다. 점심을 세 시가 넘어서야 먹기 시작했고 밤 문화는 12시가 훌쩍 넘어서야 본격적으로 시작했다. 지중해 특유의 날씨로 음식점들은 보도에서 서빙을 했고 사람들은 시원한 옷차림을 만끽했다. 도시는 아주 깨끗한 것은 아니었으나 사람들 때가 묻어 있었다. 바르셀로나는 많은 면에서 굉장히 자유분방했다. 예를 들어 해안가에는 수많은 여성들이 비키니 탑을 입지 않을 정도로 성적으로 자유분방했고, 남성들도 그런 여성의 바디 이미지를 아주 자연스럽게 받아들였다. 또한 개인의 성적 취향이 자유로워 수많은 동성애자 커플들의 거주지이기도 했다. 안타까운 점들은 바르셀로나의 남녀노소가 시도 때도 없이 담배를 피워대는 바람에 숨쉬기가 힘들었던 것과, 관광 도시라 외국인을 상대로 한 소매치기가 많았던 점이다.

▶ 바르셀로나의 클럽에서 빅토리아와 함께

▲ 현 정부에 대한 데모로 동상이 온갖 낙서와 표지판으로 꾸며졌다.

바르셀로나는 한 천재 건축사의 예술작품
Antoni Gaudí's City

빅토리아는 나를 이곳저곳 관광시켜 주며 자꾸만 가우디, 가우디, 했다. 도대체 가우디라는 사람이 얼마나 유명하길래? 바르셀로나의 가장 큰 자랑거리는 바로 가우디이다. 파블로 피카소와 호안 미로를 비롯한 스페인이 낳은 20세기 최고의 화가로 바르셀로나 도시 전체는 모조리 가우디의 건축물로 뒤덮여 있어 어디를 가나 이 사람의 건축물을 볼 수 있었다. 심지어 연립주택마저 가우디의 건축물이라 많은 사람들이 예술품 속에서 살고 있었다. 그중 가장 유명한 파밀리아 성당은 전 세계에서 몰려든 관광객들로 줄을 서서 한참을 기다려야 볼 수 있는 곳으로 1882년 가우디의 설계로 시작되어 앞으로 100년은 더 기다려야 완성된다는 거대 작품이다. 워낙 유명한 건축물이라 건축에 필요한 자금은 정부나 대기업의 지원 전혀 없이 오직 성금과 입장료, 후원자들의 기부금만으로 충당하고 있었다. 가우디의 건축물은 신비한 곡선과 색감으로 신선함과 호기심을 동시에 자극했다. 바르셀로나가 도시 전체를 자신의 작품으로 뒤덮을 만큼 자신이 추구하는 세계를 옮겨놓은 화가가 있다는 것이 놀랍고 부러웠다.

▸ 가우디 건축물 아파트, 가우디가 설계하고 지은 공원

미국식 영어를 할 줄 아는 한국인
Korean girl who speaks American English.

내가 단순한 한국인이 아닌 미국에서 공부를 하고 미국식 영어를 구사하는 한국인이라는 점은 바르셀로나인들이 나를 바라보는 관점이나 대하는 태도를 바뀌게 했다. 우선 내가 한국인이라는 점은 많은 이들의 호기심을 일으켰다. 나는 여느 나라와 다름없이 바르셀로나인들도 한국에 대한 일반적인 추정을 가지고 있을 것이라 생각했다. 중국과 일본과 비슷한, 아시아의 외딴 곳에 위치한 나라일 것이라고 생각할 것이라 믿었지만, 놀랍게도 바르셀로나에서 '한국인'은 그 위상과 정확도면에서 내 예상을 뛰어넘었다. 미국에서도 한국 전자제품 점유율이 뛰어나지만, 스페인에서는 거의 모든 전자제품이 한국산이었다. 휴대폰은 모두 LG나 SAMSUNG이었고 한국 기업들이 도시 곳곳에 뻗어있었다. 마침 K-POP이 유명해져, 클럽 몇몇 곳에서는 한두 번씩 한국 댄스음악을 틀었고, 많은 사람들이 한국 영화와 드라마에 대단한 관심을 드러내고 있었다. 한국에 대한 이미지가 좋은 덕에 덩달아 내 이미지까지 좋아진 것 같았다. 한국인이라는 점이 매우 자랑스러웠다.

바르셀로나에서는 한국처럼 곳곳에서 미국을 볼 수 있었다. 수많은 간판들이 영어로 되어 있었고, 미국 대기업들이 들어서 있었고, 미국 팝음악들이 젊은 이들의 귀를 장악했으며 텔레비전에는 MTV와 같은 채널이 유명했다. 영어 교육에 열성인 나라가 한국뿐이 아니라는 점은 놀라운 일이 아니었다. 사람들이 미국이라는 나라에 대한 어렴풋한 동경을 가지고 있다는 것을 금세 눈치챌 수 있었다. 대부분 카탈루냐어를 사용하는 환경과 고작 3년 된 내 스페인어 실력 때문에, 빅토리아가 내 통역관이 되어야 했지만, 생각보다 능숙한 그들의 영어 실력 덕분에 줄곧 영어로 대화를 하게 되었다. 심지어 빅토리아의 어머니께서는 내가 머무는 기간이 영어 회화를 배울 절호의 기회라며 빅토리아 동생에게 한 달 내내 영어만 쓰도록 하라는 당부를 하셨다. 그리하여 3년간 배운 스페인어를 실전에서 써 보겠다는 나의 목표는 물거품이 되고야 말았다. 더군다나 내가 그냥 영어도 아닌 미국식 영어를 사용했기 때문에 많은 이들이 나를 미국인으로 착각하고 말았다. 그들은 내가 한국인이기 때문에 당연이 한국식 영어(한국어 악센트가 깊게 배인 영어)를 사용할 것이라 예상했나 보다. "어? 이 여자애는 미국인처럼 영어를 하네? 미국에서 왔어요?" 그럴 때마다 빅토리아는 나를 '미국인'에서 '미국에서 공부를 하는 한국인'이라며 사람들에게 당부해야 했다. 수많은 사람들이 "그럼 어떻게 악센트가 없는 완벽한 영어를 구사할 수 있죠?"라는 질문을 했다. 그럴 때마다 나는 미국 영화와 음악을 통해 어렸을 적 혼자 발음 교정을 했다고 일러주었다.

이런 나의 영어 구사에 이의를 제기한 사람이 있었는데, 바로 빅토리아의 할머니이다. 아름다운 시골에 위치한 빅토리아의 할머니 댁에서 친지들과 함께 저녁식사를 하고 대화를 나누던 중이었다. 친지 분들은 우수한 영어 실력으로 나와 대화를 시도했고, 한국에 대한 다양한 질문을 하셨다. 친지 분들 중 세 분이나 서울에 가 본 경험이 있어 한국의 정치나 경제에 대한 상당히 깊은 질문을 해와서 놀라웠다. 대화 도중에는 빅토리아의 고모가 열 살 남짓 되어 보이는 아들에게 그간 배운 영어로 대화를 해 보라고 부추겼는데, 그 모습이 한국의 상황과 비슷해 웃을 수밖에 없었다. 어렸을 적, 엄마가 지나가는 외국인에게 말을 걸어보라고 부추긴 기억이 떠올랐다. 내가 마치 한국과 미국을 대표하는 대사관이 된 듯한 느낌에 이상하기도 하고 우쭐하기도 했다. 이야기꽃이 한창 피고 있는 도중, 빅토리아의 할머니께서 유창한 영어로 왜 스페인에서 스페인어를 사용하지 않느냐는 질문을 하셨다. 순간 당황한 나는 다른 이들이 나와 영어를 구사하고 싶어서이고, 내 스페인어 실력으로는 유창한 대화가 불가능해서라고 했다. 할머니께서는 스페인에 왔으면 스페인어를 하려고 노력을 해야지, 왜 영어를 쓰냐 하셨다. 이에 친지들은 "아이고, 할머니. 당신은 한국어를 합니까? 지난 겨울 터키에 갔을 때 그곳에서 터키어를 하셨나요? 이 아이는 미국인이 아니라 한국인이라구요. 영어를 잘해서 우리와 대화를 할 수 있는 것만으로도 천만다행입니다."라고 맞섰다. 대화가 끝난 후 할머니에게 스페인어로 "저녁 감사합니다"라는 멘트를 날렸다. 할머니께서는 웃으시며 잘 가라는 볼 키스를 날려 주셨다. 집에 오는 길에 할머니의 질문에 대해 곰곰이 생각해 보았다. 스페인에서 내가 영어를 구사함으로써 얻은 특혜는 어마어마했다. 영어가 세계 공용어이기 때문에 바르셀로나에서 나는 스페인어를 쓰지 않아도, 쓸 노력조차 하지 않아도 되었고 오히려 그곳 사람들이 영어를 구사하려고 했다. 수많은 영어권 사람들이 여행을 하며 이러한 특권을 가지고 있다고 생각하니 참 불공평하다 생각했다. 영어를 습득하기 위해 많은 노력과 투자를 한 나로서는 씁쓸한 감정을 떨쳐낼 수 없었다.

한국인 입맛에 맞는 스페인 요리
Delicious Spainish Dish

스페인 하면 대표적인 음식이 Paella(파에냐)이다. 우리나라 음식과 비교하면 볶음밥과 비슷한데 밥, 고기, 해물, 야채를 잔뜩 넣고 큰 판에 볶은 요리로 강렬한 색을 띤다. 해안가에 위치한 바르셀로나에는 이 외에도 다양한 해물요리가 유명하다. 주 재료로는 토마토, 감자, 쌀, 해물이 있다. 스페인 요리는 올리브기름이 거의 모든 음식에 들어가는데 세계 전체 올리브의 44%가 생산된다고 한다. 레스토랑이 비교적 비싸다는 점만 아니면 한국인의 입맛에 기가 막히는 요리를 맛볼 수 있다. 미국의 싸구려 패스트푸드에 익숙했던 나는 세계에서 죽기 전에 먹어봐야 하는 맛난 요리가 얼마나 많은지 잊고 있었다.

젊은 인구가 많은 만큼 바르셀로나는 다양한 주류로 유명했다. 스페인 사람들은 와인을 너무 사랑해서 아침을 제외한 점심 저녁에 꼭 와인을 곁들였다. 어린 아이들까지 마시는 것을 보면 스페인 사람들은 와인을 음식의 일부로 보지 전혀 술로 보지 않는 것 같았다. 상그리아라는 과실주는 남녀노소가 즐겨 마시는 음료로 특유의 상큼함이 있었고 콜라와 와인을 섞은 깔리모초는 젊은이들에게 인기 만점이었다. 알코올 향이 거의 없어 마시기 좋았고 계속해서 마시다 보면 약간 취할 정도였다. 스페인 음식과 주류는 환상의 조합이었다. 음식 문화가 판에 박힌 대기업에 이끌려가는 미국과는 달리 아직까지도 가족들이 대대로 이끄는 맛 집이 있었고 아직까지도 시장이 번성해 보기 좋았다.

▸ 심각하게 맛있는 스페인 대표 요리 파에야

▸ 기에, 이안과 함께 첫 깔리모초를 들고

빅토리아 덕에 세상의 또 다른 저편을 엿볼 수 있어 좋았다. 다음 여름에는 빅토리아에게 내가 한국을 구경시켜 주고 싶다. 새로운 사람들을 만나면 만날수록 보이지 않는 선물을 받게 되어 여행이 아름다운가 보다.

02 내가 선택한 자유와 기회의 도시, 매디슨

The City I Chose, Madison

단 한 지역을 가 보고 미국을 평가할 수 없는 이유는 거대한 대륙에 걸맞게 지역마다 완전히 다른 문화를 가지고 있기 때문이다. 중서부는 내가 살았던 서부와 남부에 비해 새로운 분위기와 문화를 뽐냈다. 재즈, 펑크, 락앤롤, 블루스 및 다양한 음악과 미술이 번성하게 된 시카고를 비롯한 중심지들로 미국인들의 사랑을 듬뿍 받았고, 중서부 특유의 친절함과 개방정신으로 외부인들에게 높은 점수를 받았다. 위스콘신 매디슨에서 대학교를 가기로 결정한 것은 내 생애 최고의 선택이다. 위스콘신은 미국을 크게 네 부분으로 나누었을 때(북동부, 중서부, 남부, 서부), 오대호 호수를 끼고 있는 중서부에 위치하며, 매디슨은 역사 깊은 수도이다.

플로리다에서 위스콘신 대학에 가기로 결정할 때에 여건이 되지 않아 캠퍼스를 방문하지 못했다. 그 대신 여러 사진들과 도시에 대한 충분한 조사를 통해 매디슨에 관한 긍정적인 확신을 느꼈다. 고등학교 생활과는 달리 대학만큼은, 꼭 내가 살고 싶은, 나와 맞는 주에서 생활하고 공부하고 싶었다. 미국의 대학 생활은 지역에 따라 천차만별이기 때문에 지역의 분위기와 학교의 분위기를 잘 고려해야 한다. 예를 들어 활발하고 파티를 좋아하며 대학 생활을 책에 묻혀 사는 것보다 즐기고 싶다면 그에 알맞은 학교를 찾아야 한다. 미국의 한적한 교외 지역이나 시골에서 불편함을 겪었다면 대도시 학교에 가야 한다. 종교나 정치적 분위기가 중요하다면 자신과 알맞은 학교를 찾아야 한다.

따라서 내게 무엇이 가장 중요한지, Priority(우선)를 정해야 한다. 내게는 문화와 사교생활이 활발한 지역, 대도시는 아니더라도 대중교통이 발달한 큰 도시, 진보주의가 뿌리깊게 박힌 정치적 환경, 종교로부터 비교적 관대하고 자유로운 지역, 큰 학교, 학업과 연구가 뛰어난 환경이 중요했다. 따라서 위스콘신 매디슨은 내게 완벽한 매치라고 생각된다. 지금 와서 돌아보지만, 대부분 시골에 위치한 작은 리버럴 아츠 대학에 가지 않은 것이 참 다행이라는 생각이 든다.

매디슨의 진보주의 Progressive Politics

내가 매디슨을 사랑하는 이유 중 하나는 매디슨의 우세적인 자유민주적 (Liberal)이고 진보적인(Progressive) 이데올로기 때문이다. 매디슨은 민주당 (Democratic party)을 꾸준히 지지해 왔으며 별명이 '매디슨 인민 공화국' 혹은 '중서부의 서부 해안(캘리포티아)' 이라고 불릴 정도로 정치적 성향이 자유민주적이다. 매디슨의 몇몇 현 의원들이 자신이 동성애자임을 밝힐 만큼, LGBT(미국의 동성애자, 트랜스젠더 인권단체) 활동이 활발하고, 도시는 종교 재단으로부터 자유로워 공공장소에서 종교 표현하는 것을 엄격히 금지하고 있다. 매디슨은 교회와 국가의 분리에 관한 문제에 있어서의 본국으로, 종교 재단이 정부에 영향을 미치는 것을 엄격히 차단하고 있다. 또한 한 해 수많은 소수집단의 인권을 보호하기 위해 수많은 시위가 벌어지고 각종 조합들이 권리를 내세운다. 내가 살았던 남부나 유타 주에서 눈 씻고 찾아보기 힘든 광경들이다.

▶ 유매디슨 수도 건물로 매디슨인들의 자유와 정의를 상징한다

▶ 2011년 현 위스콘신 주지사 Scott Walker를 소환하기 위한 시위로 전 매디슨 주민이 의사당을 감쌌다.

문화의 도시 Cultural Mecca

매디슨은 미국 내 가장 아름다운 캠퍼스 중 하나로 손꼽히는데 호수를 끼고 있어 아름답고 자유로운 분위기를 선사한다. 학교가 시내와 자연스럽게 연결되어 있기 때문에 학구적인 분위기와 도심지를 동시에 즐길 수 있다. 여름에는 호수 주변에서 각종 음악회가 열리고 밤에는 각종 댄스파티가 한창이다. 시내에는 이색 음식점들이 즐비하고 다양한 쇼핑몰들이 눈을 사로잡는다. 매주 토요일에는 매디슨 주민들이 직접 재배하고 만든 신선한 채소, 과일, 배이커리, 치즈, 또는 수공예 제품들을 살 수 있는 시장(farmers market)이 열린다. 배고픈 대학생들에게는 집에서 만든 음식을 맛볼 수 있는 기회이다. 시내 거리는 음악가들 예술가들의 터전으로, 거리에서 그림을 그리거나 연주를 하는 아마추어 예술가들을 쉽게 볼 수 있다. 주말에는 각종 밴드 공연이 있고 거리에서는 각종 예술가들이 다투어가며 밴드, 공연 홍보를 한다.

▸ 호수를 끼고 있는 아름다운 매디슨 전경

매디슨은 빅텐 학교 중 뛰어난 풋볼 팀으로 유명해 매년 경기로 들썩인다. 풋볼 게임 티켓은 하루도 안 되어 죄다 팔려 버리고 게임이 있는 날에는 한국의 2002년 월드컵을 연상시킬 정도의 붉은 티를 입은 학생들로 경기장이 메워진다. 풋볼 게임 이후에는 각 기숙사, 아파트, 집에서 뒤풀이 파티가 열린다. 풋볼에 관심이 있다면 흥미진진한 일 년을 보낼 수 있을 것이다.

열심히 공부하고 더 열심히 즐기는 매디슨 정신 Study hard and play harder

시험 기간 매디슨은 도시 전체가 마치 도서관이 된 듯하다. 어디를 가든 시험공부를 하는 학생들이 도서관, 빌딩, 음식점, 카페, 잔디밭, 벤치 등을 장악하고 있다. 하고자 하는 열성만 있다면 그 무엇이든 할 수 있도록 기회를 조성해 주는 학교 분위기 덕에 학교 수업은 흥미진진하고 교수님들은 열성적이고 다양한 재능을 가진 학생들로 넘쳐난다. 매디슨은 학업으로도 우수하지만 잘 놀기로 유명하다. 가장 술을 많이 마시기로 유명한 학교이기도 하다. 매디슨 기숙사는 크게 시내와 연결된 남동부 기숙사와 강 근처에 위치한 레이크쇼어 기숙사로 나뉘는데, 대개 사교생활을 중시하고 파티를 즐기는 학생들은 남동부 기숙사에 살고 조용한 자연 속에서 공부를 하고 파티를 피하고 싶은 학생들은 레이크쇼어를 택한다. 기숙사 분위기가 얼마나 중요한지 알았기 때문에 그중에서도 사교생활이 10점 만점에 10점이며 파티 문화를 즐기는 Witte Hall(위디 기숙사)에 위치한 MLC Floor-Multicultural Learning Community(다문화 학습 커뮤니티 층)에 기숙사를 재빨리 신청했고, 운 좋게 붙게 되었다.

다문화 학습 커뮤니티는 인간의 다양성과 사회 정의의 문제, 이슈, 장점, 공헌에 관심 있는 학생들을 위한 커뮤니티로 매년 색다른 배경과 문화에서 온 학생 54명이 위디 홀 2층에서 1년간 함께 살게 된다. 그래서 MLC에는 흑인, 라티노 및 소수민족과 LGBT(레즈비언, 게이, 바이섹슈얼, 트랜스젠더) 학생들도 꽤 있으며 First Wave(힙합 음악 장학금을 받은 아이들)와 같이 재능 있는 학생들, 다양한 환경에서 자라온 아이들로 가득하다.

MLC 학생들은 모두가 하나같이 Outgoing(활발하고), Open-minded(마음이 열린, 편견 없는), Talented(특별하고 재능 있어)하여 위디 홀에서 많은 아이들이 금요일 밤마다 우리 층에 놀러 온다. 파티 돔으로 유명한 위디 기숙사에서 이날 만큼은 층 전체가 음악 소리와 First Wave 아이들의 힙합으로 흔들린다. 파티광인 나로서는 금요일 밤의 MLC가 한 주 내내 쌓인 스트레스를 제대로 풀 수 있는 소중한 거주지이다.

MLC는 다른 층과는 달리 같은 프로그램에 속한 이들이 함께 살기 때문에 서로를 가장 잘 알며 가족 같은 분위기에 지낸다. 바로 위층만 해도 자기 옆방 사람과 말도 안 섞고 산다는데, 이런 따뜻한 분위기 속에서 지낼 수 있다는 것이 참 다행이다. 그리고 MLC는 자선단체와 연결되어 있어 매주 단체 봉사활동을 하러 가기도 하고, 특별 초빙 강사를 부르기도 하고, 특별 저녁 및 댄스 파티를 열기도 하고, 일요일에는 Lemon Squeeze라는 토론을 연다.

주로 토론의 주제는 대부분 미국 내에 이슈화되어 있는 인종 차별, 동성애자 권리, 여성인권, 종교, 정체성, 시민권, 사회의 억압, 다문화사회, 이종문화, 혹은 우리가 아무렇지 않게 지나치는 사회적 억압 등에 대한 것으로 우리 사회의 다문화주의, 창의성, 그리고 혁신을 위해 진보적인 접근을 하고자 한다.

MLC는 모두 자신의 분야에서 최선을 다하는 아이들이 큰 꿈을 가지고 열심히 배우는 곳으로 항상 웃음소리, 데모 소리, 음악 소리가 끊이지 않는 내게 최고의 보금자리가 되었다.

우리 MLC 단체 셔츠에는 이런 문구가 있다. “Never doubt that a small group of thoughtful, committed citizens can change the world.” -Margaret Mead (절대로 사려 깊고, 헌신적인 소수의 시민들이 세상을 바꿀 수 있다는 것을 의심하지 마라.)

마침내 독립되다. Finally Independent.

교환학생 프로그램 이래로 타지에서 지내다 보니 혼자 살아남는 법을 배웠다. 내가 가진 것에 더욱 감사하게 되었고 스스로 일을 진행하고 책임지는 것에 익숙해졌다. 하지만 그렇다고 내가 독립한 것은 아니었다. 지난 3년간 여러 가족들과 부딪히며 지내다 보니 내가 정한 규칙 아래

나 혼자 살고 싶다는 생각이 가득했다. 특히 시니어 때는 다른 학생들이 대학에서 가족들과 멀리 떨어져 생활한 것을 염려하고 있을 때 혼자 독립하고 싶어 안달이 났었다. 길었던 고등학교 생활을 접고 대학에 도착했을 때 나는 뛸 듯이 기뻤다. 이제 라이드 걱정 없이 내가 만나고 싶은 친구를 허락 없이 언제든지 만날 수 있다는 점, 18세 성인으로 내가 모든 것을 결정하고 그에 책임을 질 수 있다는 것, 남의 집 규칙에 얽매이지 않고 내가 알아서 행동할 수 있다는 황홀감에 젖었다.

▸ 나의 보금자리 기숙사 방

매디슨에서 가장 감사하는 것은 다름 아닌 친구들이다. 지난 3년간 미국에서 많은 친구를 사귀었지만, 현재 친구들만큼 마음 맞고 각별한 친구들은 만나지 못했다. 동고동락하며 매일 함께 지내는 아이들이기 때문에 친구가 아니라 가족 같은 존재들이다. 매디슨에서 매일 살아가는 데 힘을 불어넣어주고 행복한 생활을 할 수 있도록 지탱해 주는 친구들이 너무 고맙다!

▶ 사랑하는 대학 기숙사 친구들

매디슨 대학에서 한 학기를 보낸 지금 많은 것이 바뀌어 고등학교 생활이 까마득한 옛날 같아 놀랍다. 꿈이 많고 젊음이 넘치는 지금, 더욱 다양한 영역의 학문을 공부해 보고 새로운 것에 도전해 보고 싶다. 미래는 내가 만들어 가는 것이니까.

" Exchange Student Program "

교환학생 프로그램이란?

What is the Exchange Student Program?

내가 처음 교환학생에 대해 알게 된 것은 초등학교 시절 영어를 무척 좋아하며 영어 회화 공부를 열심히 하던 어느 날 원어민 영어 선생님으로부터 교환학생 프로그램 소개를 받았다. 중학교 2학년 여름방학 때 나에게 어머니께서 교환학생 프로그램 설명회를 함께 가보자고 제안을 하셨다. 1년간 미국에서 현지 그대로의 생활을 할 수 있다니! 어렸을 적부터 세계여행 프로그램이나 외국 학교에서의 생활을 동경해 온 나로서는 꿈 같은 기회였다.

한국 기관으로 달려가 당장 Slep Test(교환학생 프로그램에 참가하기 위해 거치는 영어시험)와 영어 인터뷰 시험을 마쳤다. 결과는 통과! 다만 문제가 있다면 교환학생 프로그램 참가 자격인 만15살 나이 조건이었다. 중학교 3학년 1학기를 마치고 참가하고 싶었으나 11월 생인 나는 미국 학기 시작인 9월 기준으로 만 15세가 되지 않아 고등학교 1학년 1학기를 마칠 때까지 기다려야 했다.

1962년 충주고등학교 반기문 학생에게 외교관의 꿈을 안겨 주었던 미국 국무부의 교환학생 프로그램은 미국 정부에서 세계 각국의 청소년을 초청하여 미국의 자원봉사인 호스트 가정에서 생활하며 공립학교에서 현지 학생들과 동일한 정규수업 및 다양한 스포츠 활동 및 이벤트에 참가하고 그들의 문화와 언어를 경험하고 각국의 교환학생들과의 교제를 통하여 세계 속에서 자신의 꿈을 키워가는 공식 유학 프로그램이다.

외고 입시에 실패한 학생, 외고 편입을 준비하는 학생, 미국 사립 고등학교 유학을 준비하는 학생, 명문대 국제학부 진학을 희망하는 학생들이 매년 교환학생의 문을 두드린다. 교환학생 프로그램은 단순한 유학 또는 여행이 아니고 가정, 학교, 사회생활을 포함하는 문화교류 프로그램으로 나라와 지역의 문화를 이해하고 더불어 한국의 문화도 알려주는 데에 기초한다. 따라서 평생 한 번밖에 없는 고등학교 시절에 일 년간 한 나라의 모든 것을 체험해 볼 수 있는 기회이다. 그리고 학교와 호스트 가족 비용이 없고 미국과 한국 기관의 프로그램비만 들기 때문에 아주 저렴하게 체험할 수 있다.

미국 국무성은 교환학생 프로그램을 총괄하고 있으며 담당부서는 Bureau of Educational and Cultural Affairs(교육 문화 사업국)이며 연방법률 내에서 프로그램을 운영하기에 안전하다. DS-2019(Certificate of Eligibility)를 발급하여 J-1학생비자를 받는다.

미국 기관은 국무성이 인정하는 사설 비영리기관으로 참가자를 선발하며 지역관리자를 통해 호스트 가족을 선발, 학교 배정, 교환학생 생활 지도 및 관리를 한다. 우리는 한국 기관과 연결되어 있는 미국 기관을 통해 가는 것이다.

지역관리자는 미국 기관 아래에 있는 사람으로 학생과 미국 기관을 잇는 Middle Man(중개인) 역할을 한다. 지역관리자는 학생들을 가까이서 관리하고 프로그램 기간 내 학교, 호스트 가족, 학생 간의 연락을 담당하는 사람으로 월간 보고서를 미국 기관과 한국 기관 및 부모님께 보내 학생을 평가한다. 한국에 계신 부모님은 이 보고서를 통해 학생의 학교생활, 미국 생활의 적응 등 여러 가지의 정보를 받게 된다. 호스트 가족은 경제적 보수를 바라지 않고 1년간 외국인 학생을 돌보는 자원봉사 가정이다. 그들 또한 학생으로부터 다른 문화를 체험하고 배우기를 원한다. 호스트 가족과의 좋은 관계는 미국 교환학생 생활을 좌지우지하는 큰 문제이기 때문에 서로 많은 대화를 통해 이해를 하여 좋은 관계를 유지해야 한다.

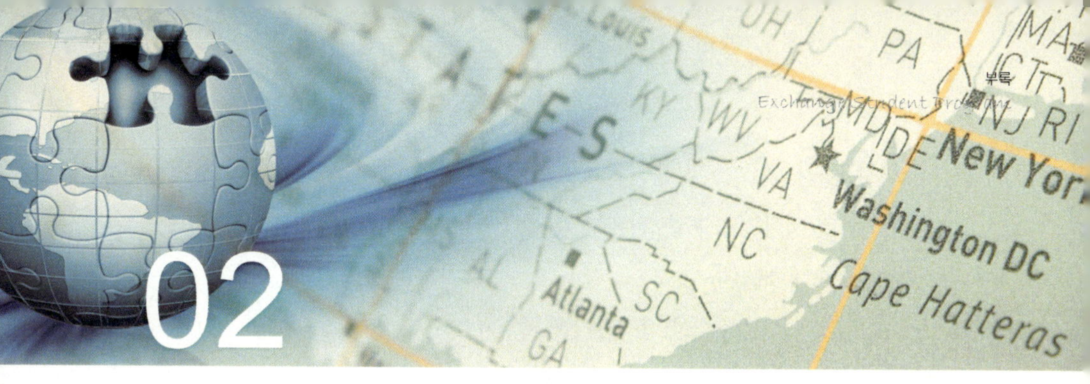

교환학생 프로그램 절차

Exchange Student Program Process

Slep시험과 인터뷰 시험에 통과하고 난 후 내가 만15세가 되었을 때 미국 기관으로 내 프로필이 담긴 지원서를 보냈다. 나의 정보와 에세이 이외에 우리 가족 사진첩을 직접 만들어 함께 보냈는데 미국 기관에서 합격 소식을 전해 왔고 나의 프로필과 사진첩은 다른 학생보다 창의적이고 모범적이어서 나중에 교환학생 예시본으로 쓰기로 했다는 말을 전해 들었다. 운이 좋게도 서류를 보낸 지 2달이 채 되지 않아 호스트와 공립학교가 배정이 되었다는 소식을 들었다. 다른 학생들은 비자를 받을 때까지도 호스트가 배정되지 않아 안절부절못하는 것에 비하면 난 행운아였다. 공립 교환학생 프로그램은 호스트가 원하는 학생을 뽑기 때문에 내가 미국 어느 주에 어느 도시에 어떤 가족과 살지 전혀 예측할 수 없기 때문에 엄마는 애가 탔다고 하지만 나는 오히려 스릴 있다고 생각했다.

호스트 배정이 일찍 되었기 때문에 미국에 가기까지 무려 6개월이라는 긴 시간이 주어졌다. 처음에는 이메일을 통해 간단한 인사와 감사의 말을 주고 받았고 일주일 후에는 미국의 호스트 가정으로 전화를 걸었다. 너무 들뜬 나머지 호스트 맘과 두 시간 동안 전화로 이야기했었고

6개월 동안 수많은 이메일을 보내며 미국에서 보내게 될 1년의 생활을 계획했고 떠나기 1주일 전에는 미국 도착 항공 날짜와 시간, 항공편을 메일로 보내 드렸다.

그리고 미국 기관의 또 하나의 중요한 사람으로 지역관리자(Local Coordinator)는 각 지역마다 학생들을 관리하고 학생들이 프로그램을 성공적으로 마칠 수 있도록 현지에서 관리와 Mentor 역할을 해주시는 분으로 지역관리자와도 메일을 주고받았다.

비자를 발급 받을 시에 꼭 필요한 DS-2019 발급(J-1 비자 발급 시 미국 운영기관이 문화사절단으로 초청한다는 취지로 발급)도 받았고 비자 수속을 마쳤다.

드디어 나는 고등학교 1학년 1학기를 마치고 항공 수속 후 출국했다. 중요한 점은 미국에 간다고 해서 성적 관리를 소홀히 하지 말아야 한다는 것이다. 미국은 대학 입시에 우리나라 중학교 3학년부터 성적이 들어갔는데, 그때 열심히 내신 관리를 한 것이 나중에 사립학교로 옮겨서 대학 원서를 작성할 때 많은 도움이 되었다.

2008년 8월 5일 기다리던 미국으로 가족, 친지 및 친구들과 1년간 헤어질 준비를 하고 미국 교환학생 PAX기관의 프로그램 교육을 받으러 뉴욕 행 비행기를 탔다.

떠나기 전에 준비해야 할 것

Before you Leave

출국 전 준비해야 할 것들 중에서 가장 중요한 것은 마음 자세이다. 대한민국을 대표하는 민간 외교관으로서 자신의 행동에 책임을 질 수 있는 성숙한 태도를 가져야 한다. 낯선 타지에서 생전 처음 보는 가족과 지내면서 지금은 상상조차 하지 못할 많은 문제와 부딪힐 것이다. 이럴 때일수록 내가 미국에 어떤 목적으로 왜 왔는지를 생각하고 그들과 문화적인 차이의 다름을 인정하고 극복하려는 노력을 해야 한다. 출국 전에는 들뜬 마음과 불안한 마음이 섞인다. 이럴 때일수록 마음 가짐을 단단히 해야 미국에 가서도 흔들리지 않을 수 있다.

책임감 기르기 Take Charge in your life

미국의 청소년들은 책임감이 강하다. 미국의 16살 학생은 혼자 돈을 벌고, 차를 몰고, 집안일을 다 하며 부모로부터 독립할 준비를 한다. 따라서 지금부터라도 혼자 자기가 입은 옷은 빨래를 하고 스스로 간단한 식사를 준비할 수 있는 연습을 해야 한다. 더불어 아무 보상 없이 그들의 가정을 개방하는 호스트 가족까지 도울 수 있는 배려를 길러야 한다.

자기 일은 스스로 챙겨야 한다. 아침에 학교 가는데 호스트 엄마가 깨워 주겠지 라는 기대를 절대 하면 안 된다. 체력을 기르고 학교와 지역사회 일에 열심히 참여한다. 자신의 일은 가기가 결정하고 책임지며 호스트 가족에게 너무 많은 것을 기대하지 않도록 한다.

열린 자세 갖기
Have an Open-Minded Attitude

다른 문화를 가진 가족이나 친구들과의 관계에서 처음부터 모든 것을 알 수 없다. 그럴 때마다 문화의 상대성을 존중하고 이해해야 한다. 한국에도 예절이 있듯이 미국에도 그 문화의 에티켓이 있다. 예를 들어 한국에서 다른 사람들을 위해 문을 열어주는 것이 굳이 예절은 아니지만 미국에서는 다른 사람을, 특히 어린이, 여성, 노약자를 배려하는 에티켓이다. 대신 한국에서는 노약자에게 자리를 양보하거나 공손히 존댓말을 사용하는 것이 예절이다. 미국인이 한국과 똑같이 행동하지 않는다 하여 편협한 사고로 무례한 것이라 지레 짐작하면 안 된다.

미국인들은 겉으로 표현하기를 좋아한다. Please, Thank you, I love you를 입에 달고 산다. 포옹이나 뺨 키스도 좋아하기 때문에 그들의 방식에 적응하려는 자세가 필요하다. 사소한 것일지라도 미국의 문화를 이해하고 그에 맞추어 행동하려는 자세를 가져야 한다.

올바른 호스트-학생 관계에 대해 이해하기 Understand a good Host-Student Relationship

아무리 호스트 가족이 1년간 학생의 가족일지라도 한국의 가족과 똑같이 대하면 안 된다. 말로는 가족이지만 여전히 우리는 그들에게 친딸이나 친아들보다는 '중요한 손님'일 뿐이다. 너무 세세한 가족사에 대해 이야기한다거나 영향을 미치면 서로 부담스러워지고 나중에 갈등이 생기면 감정이 더 상하게 되는 요인이 된다. 호스트 가족에게 개인적인 짐을 지우지 말자. 호스트 가족은 언제까지나 자원봉사 가족이다. Give and Take(오는 게 있으면 가는 게 있다)를 중요하게 생각하는 미국인이기에 그들이 해 주는 것만큼 우리도 돌려주려는 자세가 필요하다. 호스트 맘이 오늘 근사한 저녁 식사를 만들어 주었으면 제가 설거지를 할까요? 라고 묻는 매너가 필요하다.

도전 정신 기르기 Yes! Yes! Yes!

공립 교환학생은 단순히 영어를 배우러 가는 것도 미국 여행을 가는 것도 공부만 하러 가는 것도 아니다. 대한민국의 청소년을 대표하여 미국에서 한국의 문화를 알리는 민간 대사로서 문화 교류를 하러 가는 것이 주 목적이다. 그렇기 때문에 오로지 학교에 매달리려고만 하거나 혼자만의 생활을 즐기려는 태도는 버려야 한다. 가족과 지역사회의 생활에 참여하고 한국에 대해서도 알려야 한다. 또한 한국에서 겪지 못했던 다양한 체험에 대한 도전적인 정신을 가져야 한다. Yes! 라는 태도를 가지자. 스포츠 팀에 참여해 볼까? Yes. 가족과 낚시를 가 볼까? Yes! 한국에 대해 알리는 프레젠테이션을 준비해 볼까? Yes. 좀 더 어려운 수업에 도전을 해 볼까? Yes! 부끄러워하지 말고 모든 일에 적극적으로 나서자.

한국에 대해 알고 가기 Studying Korea

한국의 역사, 사회, 문화에 대해 공부를 해 두자. 미국인에게 한국에 대해 말해 주는 것이 생각 외로 어려울 수 있다. 알고 있던 내용이라도 영어로 설명해 줄 수 있도록 준비하자. 한국 전통 무예를 알거나 악기를 다룰 수 있는 것도 좋은 방법이다.

건강 체크하기 Check your Health

미국의 의료 보험은 순위로 따지면 세계에서 하위이다. 미국의 보험료는 아주 비싸고 보험이 되는 것도 별로 없다. 따라서 출국 전에 건강을 상세히 체크해야 한다. 미국에서는 치과 치료 시 보험이 되지 않아 한순간에 목돈을 잃을 수 있다. 필요한 치과 치료는 반드시 한국에서 진료를 미리 받고 따로 약을 복용 중인 학생은 체류 기간 동안 필요한 충분한 약을 준비한다. 또 미국에 가서는 스스로 체력 관리를 충분히 해야 한다.

미국에 가져가야 할 것들 Things to Bring

- 전자사전: 한영, 영한, 영영, 국어사전이 되는 사전이라면 모두 오케이.
- 안경, 렌즈: 여분을 장만해 둔다.
- 변환기: 220v에서 110v로 바꾸는 변환기 구입하기.
- 한국 사진: 한국에 있는 가족을 기억할 만한 가족 사진, 한국의 모습을 보여줄 수 있는 사진 혹은 엽서.
- 카메라: 소중한 추억을 담을 성능이 좋은 디지털 카메라.
- 시계, 자명종: 규칙적인 생활을 위해 꼭 가져가자.
- 개인 생리용품 및 화장품: 자기가 필요하다 싶은 용품을 가져가면 된다. 다른 샤워 용품은 미국에서도 싸게 구입하면 되니 한국에서 굳이 가져갈 필요 없다. 기억하자, 수화물 짐 가방은 가방 1개당 23kg 이내로 2개까지 가능하다.
- 드라이기, 면도기: 미국에서 사도 되지만 한국에서 더 싸고 질 좋은 것으로 구입할 수 있다.
- 옷: 가는 곳의 계절에 따라 한국에서 좋아하는 옷을 챙겨 간다. 미국에서는 아이들이 입는 옷이 달라 현지에서 값싼 옷을 구입해도 된다.
- 작은 재봉 용구: 간단한 바늘과 실, 필요한 순간이 꼭 온다.
- 의약품: 소화제, 감기약, 진통제는 필수로 가져가고 따로 개인 상비약을 챙긴다.
- 일기장: 이 책은 미국에서 꾸준히 써 왔던 통신원 일기와 사진을 바탕으로 쓴 것이다. 평생의 추억이 되므로 매일 쓰지는 못하더라도 기억에 남는 것을 기록하고 보관할 만한 것을 가져가자.
- 한국적인 것: 한복, 태극기는 필수이다. 한국 지도, 지폐 및 동전, 태

권도 도복, 단소, 수저 한국에 관련된 작은 것이라면 가져가자.

· 선물: 비싼 선물은 저리 가라. 전통 시장에서 값싼 한국 전통 열쇠고리나 책갈피, 동전 지갑을 사자. 여학생들은 특히 아기자기한 다양한 색 펜, 샤프, 지우개, 휴대폰 고리와 캐릭터 양말을 좋아한다. 전통놀이 공기나 제기를 가져가도 괜찮고 심지어는 동전 몇 개도 선물이 될 수 있다. 선물은 한번에 공개하지 말고 좋은 선물 몇 개를 호스트와 만났을 때 주고 작은 선물들은 친한 친구들에게 주며 나중에 가족들 생일이나 크리스마스와 같은 휴일에 나눠주면 좋다.

· 노트북과 휴대폰: 나는 공립 교환학생을 간 해에는 가져가지 않았다. 컴퓨터는 호스트 가족 컴퓨터나 학교 도서관 컴퓨터를 이용했고 휴대폰은 사지 않았다. 컴퓨터나 휴대폰에 정신이 뺏길까 봐 염려하여 결정한 것이나 가져간다고 해서 나쁠 것 없다. 휴대폰은 로밍을 하거나 현지에서 구입하면 된다.

· No 각종 영어 공부 서적 및 한국 문제집들: 종종 교환학생으로 미국에 떠나는데 토플 공부를 한다고 여러 영어 서적을 가져가거나 한국에 복학할 때를 대비해서 한국 공부를 해야 된다며 한국 문제집들을 가져가는 학생들을 보았다. 영어 공부는 미국 현지 학교에서 충분히 할 수 있다. 높은 수업을 수강하면 얼마든지 할 과제가 넘쳐날 것이다. 하루 학교생활, 과외활동, 가족 활동에 참가하기만 해도 빠듯할 텐데 따로 영어 시험 공부나 한국 공부를 할 서적을 가져가려면 차라리 한국에 남아있으라고 조언해 주고 싶다. 열심히 생활하다 보면 영어는 자신도 모르는 사이 실력이 늘어날 있을 것이다. 미국에 가기 전에는 단어나 문법 공부보다는 재미있는 미국 영화나 드라마를 자막 없이 수 편씩 보는 것이 오히려 도움이 많이 된다.